5.—

«DIE SCHÖNE

STADT BASEL WAR

UNSER ZIEL»

UTA FELDGES

« Die schöne
ZUR GESCHICHTE
Stadt Basel war
DES BASLER HEIMATSCHUTZES
unser Ziel »

1905–2005

Herausgegeben
vom Heimatschutz Basel

Friedrich Reinhardt Verlag

IMPRESSUM

TEXT UND KONZEPT
Uta Feldges

HERAUSGEBER
Heimatschutz Basel
www.heimatschutz.ch/basel

FINAZIERUNG
Die Drucklegung wurde finanziert mit Beiträgen des Lotteriefonds des Kantons Basel-Stadt, der Berta Hess-Cohn Stiftung, der Ulrich und Klara Huber-Reber Stiftung sowie von zwei namentlich nicht genannt sein wollenden Gönnern.

GESTALTUNG
Martin Sommer

DRUCK UND VERLAG
Friedrich Reinhardt Verlag

COPYRIGHT
© 2005, Heimatschutz Basel und die Autorin

ISBN
3-7245-1410-7

BUCHUMSCHLAG
Grosse Abbildung:
Die historische Wettsteinbrücke, vor 1900.

Vorderseite, kleine Abbildung:
Die Grossbasler Rheinfront um 1900.

Rückseite, kleine Abbildung:
Entwurf für die Wettsteinbrücke, von Santiago Calatrava, 1988.

INHALT

Vorwort	8
Einleitung	10

1905 – 25
Gründung und erste grosse Erfolge
Die Heimatschutzbewegung in der Schweiz

Vorläufer und Anfänge	18
Die Entstehung der «Schweizerischen Vereinigung für Heimatschutz» im Jahr 1905	20
Der Basler Regierungsrat Albert Burckhardt-Finsler als erster Präsident des Schweizerischen Heimatschutzes	21
«Was wir wollen»	23
Die Zeitschrift «Heimatschutz» als Medium der Aufklärung und Erziehung zum Sehen	25

Die Gründung des «Basler Heimatschutzes» am 23. November 1905

Sektion Basel der Schweizerischen Vereinigung für Heimatschutz	26
In Basel entsteht die grösste Sektion von allen Schweizer Kantonen	28
Wie sah die Stadt Basel in der Zeit um 1905 aus?	29
Die Tätigkeiten des Basler Heimatschutzes der ersten Jahre	32

Erste grosse Erfolge

Die Durchsetzung des baulichen Heimatschutzes auf Gesetzesebene 1911	34
Die Einsetzung der Staatlichen Heimatschutzkommission	36
Die erste Denkmälerliste in Basel, ein kühner Versuch, der nur begrenzt gelingt (1912/15)	39
Erfolgreiche Eingabe zur Schaffung einer staatlich subventionierten Denkmalpflege (1919)	42

1925 – 45
Fortschrittsglaube – Zerstörungswelle – erste Korrekturen
Die Zwanziger Jahre

Ein schwerwiegender Eingriff in die Baubustanz des St. Alban-Grabens	46
Die «Spalentor»-Abstimmung, von 1927	48
Die Auseinandersetzung mit dem «Neuen Bauen»	50
Erste Innerstadt-Korrektionspläne für den Verkehr 1929	51

Eine beispiellose Abbruchserie von Dreistern-Denkmälern (1932 – 1936)

Der Abbruch des Württembergerhofs	55
Ein Eingriff in das Stadtbild der Grossbasler Rheinfront	56
Erneute Diskussion der Strassenkorrektionspläne für die Innenstadt	58
«Basler Verlustliste» (1935)	60
Der vergebliche Kampf um das Zeughaus (1936)	60
Der Kahlschlag am Petersberg	67

«Die Erhaltung der Altstadt als Pflicht unserer modernen Kulturstadt» (1938)

Der «Arbeitsrappen»	70
«Basel besinnt sich auf sich selbst»	71
Erstmals Zonenvorschriften für die Altstadt (1939)	71

DIE GESCHICHTE DES BASLER HEIMATSCHUTZES

Erfolgreiche Grundlagenarbeiten des Heimatschutzes

Das Buch «Baukultur im alten Basel», von Hans Eppens — 72
Die Eingabe eines «Illustrierten Verzeichnisses der besonders schutzwürdigen
Bauten im Kanton Basel-Stadt» (1939) — 74
Die «Denkschrift, enthaltend die Wünsche und Vorschläge der Schweizerischen
Vereinigung für Heimatschutz Sektion beider Basel an das Baudepartement des Kantons
Basel-Stadt» (1944) — 76
Das Denkmalverzeichnis von 1945 samt verbesserten Vorschriften über den
baulichen Heimatschutz — 79
Der Führer «Die schöne Altstadt» (1949) — 82

1945 – 75
Hochkonjunktur – Verkehrsgerechte Stadt – Entdeckung des 19. Jahrh.

Die Nachkriegszeit: Planungen für die verkehrsgerechten Stadt

Der «Korrektionsplan für Grossbasel» (mit Talentlastungsstrasse), (1949) — 87
«Die Altstadt in Gefahr»: Das Referendum wird ergriffen — 88
Die Aufgabe der Aeschenvorstadt wegen einer Verkehrsplanung «für die Katze» — 92

Die Tätigkeiten der Fünfzigerjahre

Eine eigene Heimatschutz-Sektion in Baselland und eine Untergruppe in Riehen — 96
Der Basler Heimatschutz zieht erstmals wegen eines städtebaulichen
Problems vor Gericht (1950/51) — 96
Die ersten Basler Hochhäuser — 99
Das fünfzigjährige Jubiläum des Heimatschutzes (1955) — 100
Nur schöne Worte: «Wir Basler sind verpflichtet, unsere Altstadt zu erhalten.» — 102
Bedrohte Architektur des 19. Jahrhunderts wird neu bewertet — 103
Eingabe eines «Erweiterten Denkmalverzeichnisses für die Architektur
des 19. Jahrhunderts» (1958) — 104
Ein neuer Gesamtverkehrsplan mit Tiefbahn und Cityring (Leibbrand, 1958) — 108
«Das Sommercasino muss auferstehen» — 109
Riehen bekommt eine Violette Altstadtzone (1960) — 110

«Soll das so weitergehen?» Die Hochkonjunktur verursacht herbe Verluste

Der «Basler Abreisskalender», ein Inventar — 112
Die Gefährdung der Altstadt geht weiter — 112
Der Fackelzug für den Rosshof (1961) — 114
Opposition gegen die Erweiterung des Bürgerspitals (3. Bauetappe) — 116
Weiterhin bedrohte Bausubstanz — 120
Eingabe einer Initiative zur Erhaltung der Altstadt und zur Schaffung eines
Denkmalschutzgesetzes (1963) — 121
Das Thomas-Platter-Haus soll fallen — 122

Die Erweiterung der Altstadtzone im Jahr 1968:
Eine Wende zugunsten von Altstadterhaltung zeichnet sich ab

Zwei Referenden werden gewonnen: Gerichtsgebäude und Rittergasse-Turnhalle — 124
Denkmalschutz für Strassenzüge des 19. Jahrhunderts — 125
Fragwürdige Fassadenerhaltungen und Rekonstruktionen — 126
Zwei Zunfthäuser bedroht – und gerettet: die Schmiedenzunft und die Safranzunft
(1970 und 1973) — 129
Kampf um den «Bäumlihof» (1971 – 1983) — 132
Das Europäische Jahr für Denkmalpflege und Heimatschutz (1975) — 133
In Basel ist 1975 immer noch ein Jahr der Abbrüche — 136

Der Basler Heimatschutz startet neue Öffentlichkeitsarbeit

Der Heimatschutz beginnt Bauten zu prämieren (1969)	138
Das Mitteilungsblatt «Heimatschutz Basel liest für Sie» (Ab 1972)	139
Der «Basler Abreisskalender» von Rolf Brönnimann (Ab 1975)	141

1976–80
Meinungsumschwung – Markthofreferendum – Denkmalschutzgesetz

Der Kampf um den Marktplatz wird zum Wendepunkt in der Geschichte der Altstadterhaltung (1973–76)

Tiefparkings in der Innenstadt?	148

Endlich wirksame Gesetze zum Schutz der Altstadt und der historisch wertvollen Bausubstanz

Die Schutz- und die Schonzone von 1977	150
Die Revision des Zonenplans von 1939 im Sinn der Abzonung weiter Gebiete der Stadt (Anzug Miville)	152
Das Denkmalschutzgesetz von 1980	153
Der Basler Heimatschutz wird rekursberechtigt (1982)	156

1980–96
Altstadtrestaurierung – Neues Bauen in historischem Kontext

Die Achtzigerjahre: «Villen ‹sterben› – doch die Altstadt lebt neu auf»

Das «Villensterben»	160
Endlich werden Altstadthäuser in grosser Zahl restauriert	162
Zwei Initiativen werden verloren: «Bachlettendreieck» und «Opéra»	163
Die Einsprachetätigkeit des Basler Heimatschutzes	164
Das Denkmalschutzgesetz wird zunächst nicht angewendet	166

Die Sanierung des St. Alban-Tals und das Debakel um die Wettsteinbrücke

Die Sanierung des St. Alban-Tals	170
Das Debakel um die Wettsteinbrücke	174
Eine Calatrava-Brücke soll nicht sein	177

Neues Bauen im historischen Kontext (Ab 1980)

Basel bekommt 1996 den Wakkerpreis für «Alt und Neu im Dialog»	180

1996–2005
Leitbild – Bautenprämierungen – Rekurse

Das 21. Jahrhundert beginnt

Der Heimatschutz Basel gibt sich ein neues Leitbild (2001)	184
Der Heimatschutz bekommt einen Internet-Auftritt (2001)	185
Die Bautenprämierungen des Basler Heimatschutzes, ein Rückblick	185
Die jüngsten Rekurs-Fälle des Basler Heimatschutzes	187
Der Heimatschutz gibt sich einen Kodex für den Umgang mit dem Beschwerderecht (2003)	190

Ausblick 192

Anhang

Anmerkungen	196
Bildnachweis	205
Liste der Präsidenten des Basler Heimatschutzes	207

VORWORT

  In den ersten Jahrzehnten seines Bestehens schenkte der Basler Heimatschutz seinen Mitgliedern jeweils zu Weihnachten eine Jahresgabe. Es war ein Dank für deren Treue und Engagement. Zuerst waren es Fotohefte, später dann von Basler Künstlern gestaltete Druckgraphiken mit Motiven von Basler Baudenkmälern. Diese Tradition schlief in den späten 30er Jahren ein. Schon mit dem Buch «Die Zunft- und Gesellschaftshäuser der Stadt Basel» haben wir uns aber an diese Tradition zurückerinnert. Und wir schätzen uns heute glücklich, mit dem Buch «Die schöne Stadt Basel war unser Ziel» diese Tradition fortsetzen zu können und freuen uns, den Mitgliedern des Vereins Heimatschutz Basel als Zeichen der Dankbarkeit das vorliegende Buch überreichen zu dürfen. Wir verknüpfen damit die Hoffnung, dass Sie dem Heimatschutz Basel weiterhin treu bleiben und ihn unterstützen, zum Wohle der Schönheiten dieser Stadt.

  Unser aufrichtiger Dank richtet sich an unsere Autorin, Uta Feldges, die sich in Aktenberge vertieft und in Dutzenden von Fotoschachteln gestöbert hat. Herausgekommen ist eine Geschichte des Basler Heimatschutzes, welche die Notwendigkeit der Existenz unseres Vereins eindringlich vor Augen führt. Ohne unseren steten Einsatz wären viele Bauten dieser Stadt verschwunden. Die schöne Stadt Basel war unser Ziel, sie ist es und sie wird es bleiben – über alle Widerstände hinweg, die uns immer mal wieder in den Weg gelegt werden, auch von

VORWORT

offizieller Seite. Dazu möchte ich aus dem Entscheid des Verwaltungsgerichts zu dem jüngst entgegen den Wünschen des Basler Regierungsrates ins Denkmalverzeichnis eingetragenen Geschäftshaus Füglistaller zitieren: Der Gesetzgeber habe im Denkmalschutzgesetz die Berücksichtigung finanzieller Erwägungen «nicht in das Ermessen des Regierungsrates gestellt. Vielmehr hat er mit der imperativen Forderung von § 6 Abs. 1 DSchG, wonach Denkmäler zu erhalten sind, klargestellt, dass dieser Entscheid nicht nach freiem Ermessen der zuständigen Behörde oder nach Opportunitätsgesichtspunkten bzw. politischen Überlegungen zu fällen ist, sondern sich ganz massgeblich an der Denkmalqualität des betreffenden Objektes zu orientieren hat. Es besteht daher auf dem Gebiet des Denkmalschutzes höchstens in Extremsituationen Raum für Erwägungen betreffend den Staatshaushalt.» – Deutliche Worte von höchster kantonaler gerichtlicher Instanz.

Ein ebenso aufrichtiger Dank geht an unseren typografischen Gestalter, Martin Sommer, für die hervorragende Umsetzung in Buchform. Für finanzielle Unterstützung danken wir dem Lotteriefonds des Kantons Basel-Stadt, der Berta Hess-Cohn Stiftung, der Ulrich und Klara Huber-Reber Stiftung sowie zwei namentlich nicht genannt sein wollenden Gönnern. Ohne deren grosszügige Beiträge an die Druckkosten hätte das vorliegende Buch nicht erscheinen können.

ROBERT SCHIESS
Obmann Heimatschutz Basel

EINLEITUNG

Als ich zu Beginn der sechziger Jahre als Studentin der Kunstgeschichte nach Basel kam, wohnten wir im äusseren Teil der Eulerstrasse, in einem schönen Mehrfamilienhaus aus dem 19. Jahrhundert. Dies hat letztlich meinen beruflichen Werdegang geprägt.

Das äussere Spalenquartier war damals noch weitgehend intakt erhalten und von einer besonderen Schönheit: Die Breite der Strassen war im Verhältnis zur Gebäudehöhe harmonisch, die Reihenbebauungen in einem sanften Ockerton gehalten und von feiner klassizistischer Formensprache, und irgendwie herrschte über allem ein ganz besonderes helles Licht. Hinter den Reihenhäusern verbargen sich grosse Grünflächen, bei denen viele private Gartenparzellen zusammen eine parkähnliche Wirkung erzeugten. Der Weg zur Stadt führte natürlich durch das Spalentor und zwar selbstverständlich zu Fuss. Und der Verkehr war damals in den meisten Strassen noch so gering, dass man nachts durch ein Velo aufgeschreckt werden konnte.

> «Was du ererbt von deinen Vätern hast, erwirb es, um es zu besitzen.»
> GOETHE, FAUST

Diese positive Einschätzung des Quartiers ist übrigens nicht nur meine Privatmeinung. Liest man in der Kunstgeschichte der Schweiz, Band IV, von ADOLF REINLE nach, so stuft dieser das äussere Spalenquartier als eine der grössten städtebaulichen Leistungen der Schweiz im 19. Jahrhundert ein. Aber das wusste ich damals zunächst noch nicht. Was ich aber erlebte war, wie dieses Quartier nach und nach zerstört wurde. Die wohnlichen Hinterhöfe wurden zugebaut, aus den einheitlichen Häuserzeilen wurden Einzelbauten herausgerissen und durch etwas höhere und vor allem viel tiefere Neubauten ersetzt, womit natürlich jeweils auch die Gartensituation verschlechtert wurde. Wenn man damals aus den Sommerferien zurückkehrte, konnte man sicher sein, dass wieder ein paar Häuser im Quartier verschwunden waren.

Meine erste Arbeit nach Beendigung des Studiums führte mich zur Denkmalpflege (Bereich Inventarisation). Später widmete ich mich dann zwar noch längere Zeit einem kunsthistorischen Forschungsauftrag, aber daneben begann ich, in der «National-Zeitung» und auch in der «Neuen Zürcher Zeitung» zu Altstadt-Themen zu schreiben, zunächst noch über historische Architektur, später hauptsächlich über Häuserabbrüche. Es war unwahrscheinlich, was damals alles in Basel geplant wurde. Es war nicht nur die gesamte Nordseite des Marktplatzes, die fallen sollte, auch der Globus plante einmal den Abbruch und Neubau. An der Schifflände sollte die alte Kantonalbank einem hohen Neubau der Anker-Brauerei weichen, das obere Imbergässlein wollte man in Beton ersetzen, ebenso den hinteren Andreasplatz, um nur einige Beispiele zu nennen. Und bezüglich des Verkehrs war nicht nur ein Münsterplatz-Parking geplant, sondern auch die Unterhöhlung des Marktplatzes wurde ernsthaft diskutiert.

Als Mitglied des Heimatschutzes habe ich bei vielen Unterschriftensammlungen, Referenden und Volksabstimmungen mitgemacht. Von 1978 bis

EINLEITUNG

1998 war ich dann Adjunktin bei der Basler Denkmalpflege und konnte mich so beruflich für die Altstadt einsetzen. Seitdem tue ich es immer noch, aber nicht mehr beruflich.

Der Heimatschutz Schweiz und mit ihm der Heimatschutz Basel werden in diesem Jahr hundert Jahre alt. Was ist der Heimatschutz und was hat er in hundert Jahren bewirkt? Er ist eine private Bürger-Vereinigung, die sich in breitem Sinn für die Umwelt, die gebaute und die natürlich gewachsene, einsetzt. Was dabei in Basel erreicht – und auch nicht erreicht – wurde, soll die vorliegende Broschüre zeigen. Als Titel habe ich ein leicht abgewandeltes Zitat des Heimatschutz-Obmanns RUDOLF MASSINI aus den fünfziger Jahren gewählt: «Die schöne Stadt Basel war unser Ziel.» Damit wird ausgesagt, dass es den im Heimatschutz engagierten Bürgern nicht einseitig nur um das Erhalten, sondern auch um das Gestalten des Neuen ging. «Ligue pour la Beauté» nannte sich der Heimatschutz im Welschland bezeichnenderweise in seinen Anfängen. Man wollte auch in Basel eine schöne Stadt erschaffen.

Die Heimatschutz-Bewegung in Europa entstand zu Beginn des 20. Jahrhunderts als Antwort auf die Verluste, die damals mit einer allzu schnellen Industrialisierung und Technisierung der modernen internationalen Welt einhergingen. Man wollte auf die bestehenden eigenen Werte der Landschaft und der Baukultur aufmerksam machen und bei deren Umgestaltung mitreden können. Dabei ging es nicht um das Verhindern des Neuen, das man vor allem in den grossen Städten als absolut notwendig ansah, sondern darum, das Neue mit dem Bestehenden in Einklang zu bringen. Erst in zweiter Linie war auch das Bewahren ein Thema.

Die Schweizerische Vereinigung für Heimatschutz wurde am 1./2. Juli 1905 in Bern gegründet. Es waren vor allem die Künstler, die ja gewöhnlich den Puls der Zeit fühlen, die zu einer solchen Vereinigung drängten. Aber auch Architekten, Historiker und Kunsthistoriker waren tatkräftig dabei. Die Organisation bestand aus einem Zentralvorstand und selbständigen Sektionen in den einzelnen Kantonen. Diese bildeten sich damals sehr rasch, denn das Grundanliegen brannte vielen auf den Nägeln. Je nach geografischer Situation wurden die Akzente innerhalb dieser Sektionen natürlich verschieden gesetzt. In den Alpen war der Landschaftsschutz das vorherrschende Thema, in den Städten die baulichen Veränderungen im Verhältnis zum Bestehenden.

Der Heimatschutz Schweiz und der Heimatschutz Basel werden in diesem Jahr hundert Jahre alt.

Basler Gelehrte und Politiker prägten die Heimatschutz-Bewegung entscheidend mit. Sie stellten mit dem Regierungsrat und Historiker ALBERT-BURCKHARDT-FINSLER den ersten schweizerischen Obmann der Vereinigung. In Basel befanden sich das Sekretariat und die Redaktion der Zeitschrift «Heimatschutz», die seit 1906 regelmässig erscheint und damals von den Kunsthistorikern PAUL GANZ und CASIMIR HERMANN BAER herausgegeben wurde. Und es waren auch Basler Juristen, die die erste Heimatschutz-Gesetzgebung schufen. Um es auf den Punkt zu bringen, der Heimatschutz in der

Schweiz war, wie übrigens auch der Naturschutz, recht eigentlich eine Basler Erfindung.

Dies erstaunt wenig, denn Basel war jahrhundertelang die schönste und grösste historische Stadt der Schweiz. Seit der zweiten Hälfte des 19. Jahrhunderts hatte aber ein starker Wandel begonnen. Basel wuchs zu einer modernen Industriestadt heran, in der sich die Bevölkerungszahl innerhalb weniger Jahrzehnte vervierfachte. Damit einher gingen ein rascher Ausbau der Strassen und die Auswechslung von Bausubstanz. Dies führte schliesslich dazu, dass breite Kreise sich zusammenschlossen, um Einfluss zu nehmen auf die allzu rasche Veränderung des Stadtbilds.

Als der Basler Heimatschutz gegründet wurde, gab es hier noch keine Denkmalpflege und natürlich auch keine Denkmalschutz-Gesetzgebung. Es gab auch keine nennenswerten Verzeichnisse von erhaltenswerten Baudenkmälern. All dies wurde erst im Lauf des 20. Jahrhunderts geschaffen und zwar entweder durch den Heimatschutz selbst oder durch ihm zugewandte Orte. Als erstes wurde 1911 die Schaffung eines baulichen Heimatschutzes auf Gesetzesebene erreicht, samt einer Staatlichen Heimatschutzkommission (heute: Stadtbildkommission), die die neuen Gesetze umsetzen sollte. Anschliessend wurde die erste Denkmälerliste Basels gemacht (1915). 1919 entstand auf Betreiben des Heimatschutzes die erste staatlich subventionierte Denkmalpflege, die später zur heutigen Basler Denkmalpflege führte. Der Heimatschutz war beteiligt an der Schaffung der ersten Altstadtzone (1939) und lieferte auch die ersten Denkmälerinventare von schützenswerten Bauten (Eingaben von 1939 und 1958). Erst in den sechziger Jahren konnte dann die mittlerweile etwas ausgebaute Basler Denkmalpflege diese Aufgabe übernehmen. Aber ihre gesetzliche Grundlage erhielt sie erst mit dem Denkmalschutzgesetz von 1980, für das viele jahrzehntelang gekämpft hatten.

Für die Erhaltung der Altstadt hat sich der Heimatschutz erst im Lauf des Jahrhunderts immer stärker eingesetzt, vor allem seit den dreissiger Jahren, als eine Reihe hervorragender Baudenkmäler abgebrochen wurde. Immer wieder haben die Vorstandsmitglieder Eingaben an die Regierung, den Grossen Rat oder das Baudepartement geschrieben und immer wieder mussten sie zusehen, wie ihre Anliegen nicht berücksichtigt wurden. Es ist absolut bewundernswert, wie man dennoch nie aufgab – und schliesslich wurden die gewünschten Ziele ja auch erreicht. Aber leider mit einer so grossen Verspätung, dass vieles unwiederbringlich verloren gegangen war.

Rückblickend gesehen ist es eine grossartige Leistung, dass in den achtziger Jahren eine Zonenplanrevision durchgesetzt wurde, die viel von der vorher entstandenen Unwirtlichkeit der Stadt wieder behoben hat. Und die Altstadt ist regelrecht aufgeblüht und bildet heute einen wesentlichen Bestandteil der Attraktivität Basels. Eine kürzlich durchgeführte Umfrage in der Region Zürich ergab, dass die Basler Altstadt dort ein besonders hohes Ansehen geniesst, weit vor dem Zoo, der Fasnacht, den Messen und dem FCB.[1]

> Basel war jahrhundertelang die schönste und grösste historische Stadt in der Schweiz.

EINLEITUNG

Aber das alles ist natürlich nicht nur das Verdienst des Basler Heimatschutzes. Es gab im Lauf des 20. Jahrhunderts immer wieder zusätzliche Gruppierungen, die die gleichen Ziele unterstützten, vor allem seit der Mitte des Jahrhunderts. Aber bis in die späten sechziger Jahre wurden Volksabstimmungen gewöhnlich verloren. Erst in den siebziger Jahren fand das grosse Umdenken statt. Sehr wichtig wurde nun die breite Unterstützung aus dem linken politischen Lager. Ohne dieses wären keine politischen Mehrheiten für Denkmalschutz und Altstadterhaltung zustande gekommen.

Es bestehen übrigens in Basel drei verschiedene Institutionen, die sich mit Denkmalschutzfragen und Altstadterhaltung beschäftigen. Die staatliche Basler Denkmalpflege und zwei private Vereinigungen: der Heimatschutz Basel und die Freiwillige Basler Denkmalpflege. Die beiden privaten Vereine agieren getrennt, spannen aber bei wichtigen konkreten Fällen oft zusammen. Die Freiwillige Basler Denkmalpflege entstand etwas später als der Basler Heimatschutz, zwischen 1913 und 1916[2], und beschäftigte sich zunächst mit der konkreten Gründung einer Denkmalpflege und später dann vor allem mit spezifisch denkmalpflegerischen Problemen. Erst seit dem Abstimmungskampf um das Bürgerspital in den sechziger Jahren hat sie die politische Bühne betreten und sich dann vor allem beim Kampf um den Bäumlihof und den Markthof grosse Verdienste erworben. Durch das Denkmalschutzgesetz von 1980 wurden beide Vereine rekursberechtigt und seitdem versuchen sie beide, die «schöne Stadt Basel» zu bewahren und zu fördern.

Ich habe die hundertjährige Geschichte des Vereins Heimatschutz Basel chronologisch dargestellt, aber teilweise auch Themen zusammengefasst, die übergreifend sind. Vor allem aber hat mich die Geschichte der Erhaltung der Basler Altstadt interessiert. Wie ist es gekommen, dass in einer Stadt, die keine Kriegsschäden zu ertragen hatte, so viel historische Bausubstanz verloren ging? Und wie kam schliesslich ein Umdenken auf breiter Basis zustande? Dies soll die vorliegende Studie zeigen.

Ohne Kriege: Wie konnte so viel historische Bausubstanz verloren gehen?

Als Titel habe ich – wie gesagt – eine Aussage von RUDOLF MASSINI gewählt, der als Obmann in den fünfziger Jahren einen sehr überzeugenden, besinnlichen Überblick über die ersten fünf Jahrzehnte des Basler Heimatschutzes gegeben hat: «Die schöne Stadt Basel musste unser Ziel sein.» Damit hat MASSINI den Nerv der Heimatschutzbewegung, wie mir scheint, ganz besonders gut getroffen. Ich habe das leicht abgewandelt, in: «Die schöne Stadt Basel war unser Ziel.» – Und sie bleibt es auch!

Die vorliegende Geschichte des Basler Heimatschutzes hat mich mehrere Jahre lang beschäftigt. Als Unterlagen dienten vor allem die Original-Akten des Basler Heimatschutzes, die heute im Staatsarchiv Basel aufbewahrt werden. Sie wurden diesem in mehreren Lieferungen und zu verschiedenen Zeitpunkten übergeben, leider in ungeordnetem Zustand, dafür aber in enormer Fülle. Vieles ist dort doppelt oder auch dreifach anzutreffen, besonders Einladungen zu Veranstaltungen oder Sitzungen. Nur das Protokoll dazu, was wesentlich interessanter wäre, bleibt oft unauffindbar. Es war einiges an Staub zu schlucken, auch einiges an Frust. Öfters konnte ich die gesuchten Informationen nur über andere Privatarchive, die Sammlung der Zeitungsausschnitte des Staatsarchivs, die wohlgeordneten Akten der Freiwilligen Basler Denkmalpflege oder aber auch überhaupt nicht finden. Immerhin ist es mir gelungen, die sehr lückenhafte Reihe der Jahresberichte des Basler Heimatschutzes aus der zweiten Hälfte des 20. Jahrhunderts fast vollständig zusammenzutragen, dank der tätigen Mithilfe der Mitglieder des heutigen Heimatschutz-Vorstandes.

Damit bin ich beim Thema Danken angelangt. Mein Dank gilt vor allem dem Basler Staatsarchiv, dessen Mitarbeiter mit unerschütterlicher Freundlichkeit meine vielen Wünsche erfüllten. Ein besonderer Dank gilt hier Herrn FRANCO MENEGHETTI, der die Umsetzung von verschiedenstem Quellenmaterial in moderne Druckvorlagen schuf. Ferner danke ich der Basler Denkmalpflege, deren Archive ich grosszügig benutzen durfte und aus deren Fotothek die meisten Abbildungen stammen. Hier bin ich Frau YVONNE SANDOZ zu besonderem Dank verpflichtet. Herr MARTIN SOMMER ist als Typograph kurzfristig eingesprungen, als eine erste Planung aufgelaufen war. Dank ihm ist doch noch ein schön gestaltetes Buch entstanden.

Ohne die finanzielle Unterstützung verschiedener Institutionen, die im Vorwort genannt sind, hätte dieses Buch nicht gedruckt werden können. Ihnen allen sei herzlich gedankt.

UTA FELDGES
Basel, im Oktober 2005

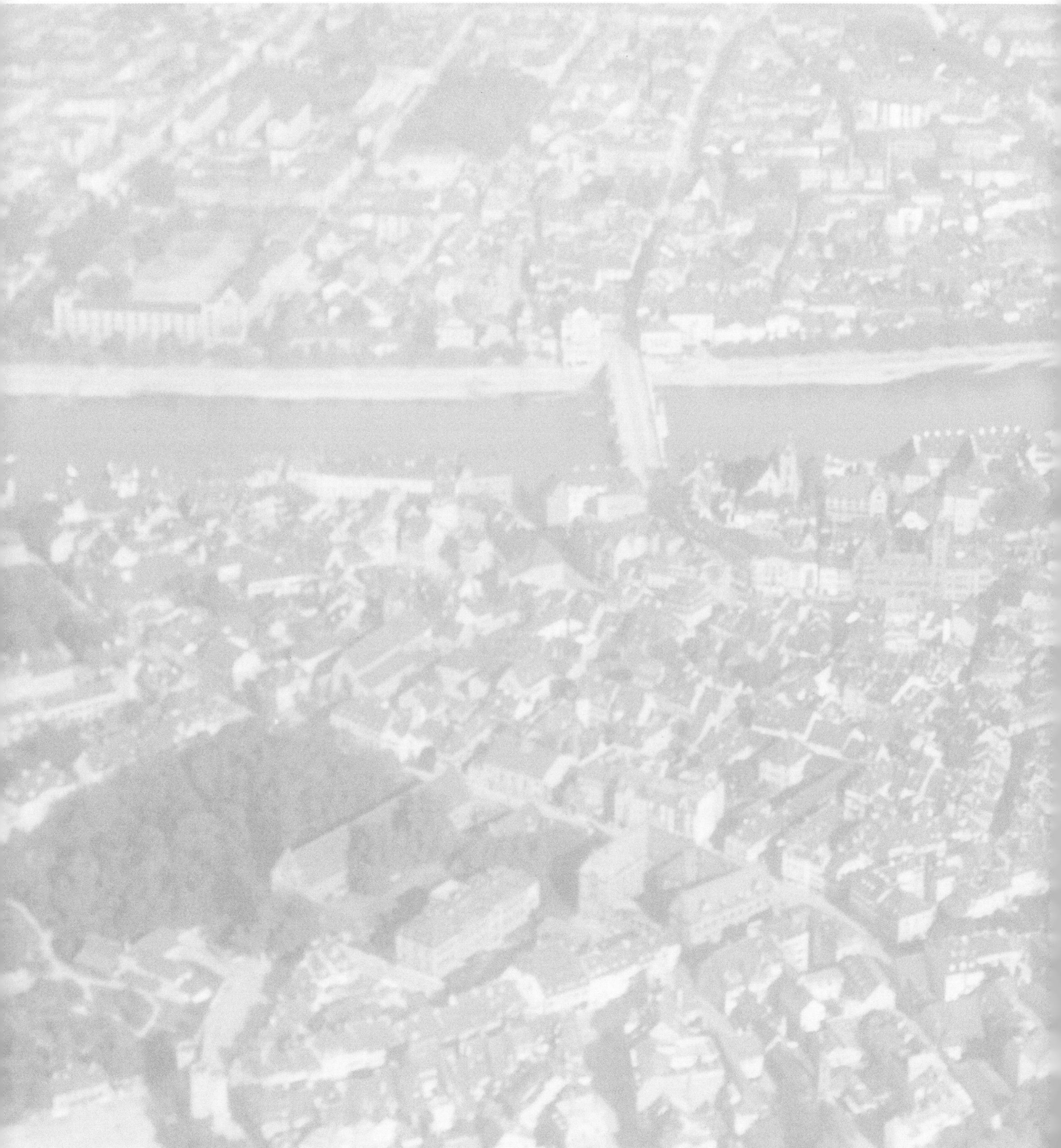

1905–1925

Gründung
und erste grosse
Erfolge

Die Heimatschutzbewegung in der Schweiz

Der Begriff «Heimatschutz» wurde von dem deutschen Musiker und Professor an der Staatlichen Musikhochschule Berlin, ERNST RUDORFF (1840 – 1916) geprägt. In seiner Schrift «Heimatschutz», von 1897, rief er zur Besinnung auf gegen die Mechanisierung des Lebens durch Industrie, Technik und Verkehr und forderte Schutz für bedrohte Natur- und Kunstdenkmäler.[3] Die Bezeichnung «Heimatschutz», mit der die Vereinigung im späten 20. Jahrhundert zeitweise Mühe hatte, galt zu Beginn der Bewegung als geniale Neuschöpfung. In der «Deutschen Bauzeitung» wird in einem Artikel über die Heimatschutzbewegung in der Schweiz der Name «Heimatschutz» sogar als «monumental» bezeichnet.[4] Bereits 1880 hatte sich RUDORFF auch in einem Essay «Über das Verhältnis des modernen Lebens zur Natur» geäussert. Der Begriff «Naturschutz» geht ebenfalls auf ihn zurück.[5] 1904 gründet RUDORFF in Dresden den «Deutschen Bund Heimatschutz». Frankreich hatte schon seit 1901 eine «Société pour la Protection des Paysages de France».[6] In Österreich bildet sich 1908 in Nordtirol eine Heimatschutzvereinigung.

Vorläufer und Anfänge

In den Anfängen lassen sich die Natur- und die Heimatschutzbewegung nicht voneinander trennen. Ihre Wurzeln gehen bis ins 18. Jahrhundert zurück, in die Zeit der Romantik mit der Entdeckung der Natur und der beginnenden Wertschätzung von mittelalterlicher nationaler Geschichte und Baukunst. In der Schweiz wurde erstmals 1798, in der kurzen Epoche der Helvetik, gefordert, es sei nach dem Vorbild Frankreichs «eine ausführliche Beschreibung aller schon bekannten Monumente» zu erstellen und der Regierungs-Statthalter eines jeden «Cantons» solle darüber wachen, dass die «besagten Monumente auf keine Art verderbt oder beschädigt werden»; auch seien «wirksame Massregeln zu deren Erhaltung» zu ergreifen.[7] Mit dem Sturz der Helvetik geriet diese Forderung rasch wieder in Vergessenheit. Im Lauf des 19. Jahrhunderts bilden sich in verschiedenen Kantonen Geschichtsvereine, so z.B. in Basel 1836 die Historische Gesellschaft. Diese bildet drei Jahre später einen Antiquarischen Ausschuss, der sich u.a. mit Bodenfunden befasste. 1842 wird dann die Gesellschaft für vaterländische Altertümer gegründet, die bald einmal Antiquarische Gesellschaft heisst. Sie hat zum Ziel, Denkmäler in und um Basel aus heidnischer und christlicher Zeit zu erforschen, zu beschreiben und für ihre Erhaltung nach Kräften zu sorgen.[8] 1875 fusioniert sie dann mit der historischen Gesellschaft zur heute noch bestehenden Historischen und antiquarischen Gesellschaft Basel. Diese hat zwar die Erforschung der Geschichte im Zentrum ihrer Interessen, beschäftigt sich aber auch bereits mit aktuellen Themen der Denkmalerhaltung. So regt sie 1876 die Gründung eines Münsterbauvereins an, gibt Hefte zu einzelnen Baudenkmälern heraus (z.B. Barfüsserkirche, Klosterkirche Klingental, Rathaus). Sie fordert und erreicht u.a. die Restaurierung des Chors der Predigerkirche und setzt sich für die Erhaltung der Barfüsserkirche (1882) und auch der alten Rheinbrücke (1899) ein.[9]

1872 beginnt der Zürcher Kunstgeschichtsprofessor JOHANN RUDOLF RAHN zur Förderung der schweizerischen Kunstgeschichte eine Statistik schweizerischer Kunstdenkmäler aufzustellen, um «dem Mangel zuverlässiger Notizen über den heimischen Monumentalbestand» abzuhelfen.[10] Ab 1872 erscheinen von ihm im «Anzeiger für schweizerische Altertumskunde» regelmässig kurze Beiträge zu diesem Thema, eingestreut in die grosse Fülle von Aufsätzen und Berichten über Bodenfunde, Pfahlbauten, Pfeilspitzen etc., die damals die Öffentlichkeit weitaus mehr interessierten als Baudenkmäler. In die Statistik für Basel nimmt Rahn vor allem das Münster und die bekannten Kirchen und Kapellen auf; ferner einzelne Brunnen, die Festungswerke, Rathaus und Kaufhaus, die Schmiedenzunft und schliesslich noch drei Privatbauten: den Engelhof, den Ringelhof und den Seidenhof.[11]

1880 entsteht auf Betreiben des Schweizerischen Kunstvereins der Verein für Erhaltung vaterländischer Kunstdenkmäler (später: Schweiz. Gesellschaft für Erhaltung historischer Kunstdenkmäler, noch später: Gesellschaft für schweizerische Kunstgeschichte, GSK). Sein Ziel ist es, die öffentliche Aufmerksamkeit auf die historischen Denkmäler und Kunstwerke der Schweiz zu lenken und zu deren Erhaltung beizutragen. PROF. RAHN gehört im Vorstand zu den prägenden Persönlichkeiten. In einem Aufruf zum Beitritt zur neugegründeten Gesellschaft schreibt er: «Wir stellen uns spät – das ist wahr – zum Werke ein. Die Zahl der Denkmäler und Kunstwerke, die innerhalb der letzten fünfzig Jahre der Zerstörung und Verschleuderung anheimgestellt worden sind, ist eine ungemein grosse. Nichtsdestoweniger treten wir mit Mut an unsere Aufgabe heran: sie besteht darin, wenigstens das zu erhalten, was uns bis zur Stunde noch in unserer Heimat verblieben ist.»[12] Die Feststellung «fünfzig Jahre zu spät» sollte bis weit ins 20. Jahrhundert hinein ein Stossseufzer der Fachleute bleiben.

> Schon 1880: «Die Zahl der Denkmäler und Kunstwerke, die innerhalb der letzten fünfzig Jahre der Zerstörung und Verschleuderung anheimgestellt worden sind, ist eine ungemein grosse».

1882 setzt sich der Verein für Erhaltung vaterländischer Kunstdenkmäler erstmals für ein Baudenkmal in Basel ein. Er macht eine Petition an den Grossen Rat gegen den von der Regierung geplanten Abbruch der Barfüsserkirche, an deren Stelle eine Töchterschule gebaut werden sollte. Die Erhaltung der Barfüsserkirche, für die sich übrigens auch JAKOB BURCKHARDT öffentlich eingesetzt hatte, wurde dann vom Grossen Rat mit dem knappen Stimmenverhältnis von 52:50 befürwortet (13. Mai 1882).[13] Die Erhaltung der Allerheiligenkapelle bei St.Theodor dagegen, für die sich interessierte Kreise ebenfalls eingesetzt und auch Geld für die Restaurierung gesammelt hatten, wurde vom Grossen Rat verworfen (Stimmenverhältnis 56:36) und 1881 abgebrochen.[14]

Der Abbruch der Ulrichskapelle an der Rittergasse im Jahr 1887 für eine Turnhalle und der Abbruch des gegenüberliegenden Schönauerhofs samt Obersthelferwohnung und des Kapitelhauses für den Bau der Unteren Realschule scheint dagegen direkt keinerlei Protest hervorgerufen zu haben.[15] Dabei wurde hier die historische Bebauung und Strassenführung der Rittergasse im direkten Umgebungsbereich des Münsters auf eine Art verändert, die bis heute nur als grober Fehlgriff bezeichnet werden kann. Anstatt der engen Strasse, die zum Münster und Münsterplatz führte und den letzteren dann nach einer Linkskurve plötzlich als hellen, unerwartet grossen, weiten Raum erlebbar machte, ist eine städtebaulich beliebig wirkende Öffnung entstanden, die nichts mehr von dem ehemaligen wunderbaren Überraschungseffekt enthält.

Die Entstehung der «Schweizerischen Vereinigung für Heimatschutz» im Jahr 1905

Die zunehmende Zerstörung der landschaftlichen Schönheit der Schweiz durch Eisenbahnen, Bergbahnen, Kraftwerke, Nutzbauten überdimensionierter Art, wie gewisse Hotelkästen in den Bergen, Schul- und Verwaltungsbauten in Dörfern und Städten, aber auch das neue, stark aufkommende Reklamewesen wurden zur Veranlassung, 1905 die Schweizerische Vereinigung für Heimatschutz zu gründen.

Sie setzt sich das Ziel, die Schweiz in ihrer natürlichen und geschichtlich gewordenen Eigenart zu schützen.

Die Vereinigung stellt sich namentlich folgende Aufgaben:

- Schutz der landschaftlichen Naturschönheiten vor jeder Art von Entstellung und gewinnsüchtiger Ausbeutung.
- Pflege der überlieferten ländlichen und bürgerlichen Bauweise; Schutz und Erhaltung charakteristischer Bauten.
- Förderung einer harmonischen Bauentwicklung.
- Erhaltung der heimischen Gebräuche und Trachten, Mundarten und Volkslieder.
- Belebung der einheimischen Kunstgewerbetätigkeit.
- Schutz der einheimischen Tier- und Pflanzenwelt vor Ausrottung.

SATZUNGEN VOM 11. MÄRZ 1906 [16]

In der Schweiz waren neben Historikern und Kunsthistorikern massgeblich Künstler daran beteiligt, eine Vereinigung für Heimatschutz ins Leben zu rufen. In verschiedenen Kantonen gab es seit Jahrhundertbeginn diesbezügliche Bestrebungen, sowohl in Bern wie in den Kantonen Waadt und Genf, wo die Künstlerin MARGUERITE BURNAT-PROVINS als erste die «Idee d'une ligue pour la beauté» lanciert hatte.[17] In der deutschen Schweiz gehörten die Kunsthistoriker PROF. DR. PAUL GANZ (Basel) und DR. CASIMIR H. BAER (Zürich) zu den Wegbereitern des Heimatschutzes.

Einen wesentlichen Anstoss dazu, eine Vereinigung gegen die «zunehmende Verunstaltung unseres Landes» zu gründen bildete die leidenschaftlich geführte Diskussion um den geplanten Abbruch der Solothurner Turnschanze, eines Teils des dortigen Befestigungsringes (1906 abgebrochen). So berief die Sektion Bern der Gesellschaft schweizerischer Maler und Bildhauer am 29. April 1905 in Bern eine vorberatende Versammlung ein, der dann die Gründungsversammlung der «Schweizerischen Vereinigung für Heimatschutz» am 1./2. Juli folgte. Der erste Obmann der neuen Bewegung war der Basler Regierungsrat und Professor für Schweizergeschichte ALBERT BURCKHARDT-FINSLER, der das Amt bis zu seinem Tod 1911 innehatte. Vizepräsident war PROF. PH. GODET, Neuchâtel, Seckelmeister der Industrielle E. LANG, Zofingen, Schreiber der Kunsthistoriker DR. PAUL GANZ, ferner gehörten DR. C. H. BAER und MADAME M. BURNAT-PROVINS dem ersten provisorischen Vorstand an.[18]

Zunächst wurden Statuten ausgearbeitet, die Beschaffung von Finanzen angegangen, die Herausgabe einer Zeitschrift beschlossen und Verhandlungen mit verschiedenen interessierten Gesellschaften geführt. Die erste Jahresversammlung des neuen Vereins fand am 11. März 1906 in Olten statt. Dort wurde der definitive Vorstand gewählt. Der neu gegründete Verein zählte nach einem Jahr bereits gegen 4000 Mitglieder. Rasch bildeten sich Sektionen in der ganzen Schweiz, die eine weitgehende Selbständigkeit gegenüber der Zentralleitung besitzen. Sie haben einen eigenen Vorstand und handeln vor Ort selbständig. Bereits 1905 entstehen die Sektionen Basel, Bern, Graubünden, Zürich und eine englische Sektion durch Schweizer in London (die sich 1915 wieder auflöst). 1906 folgen St. Gallen, Appenzell IR, Schaffhausen, 1907 Aarau, Genf, Innerschweiz, Solothurn, Thurgau, 1908 Tessin, 1909 Fribourg, 1910 Waadt, Appenzell AR. Später folgen Engadin, 1926, Glarus, 1935, Neuchatel, 1943, Wallis, 1945 und 1950 Baselland (vorher gemeinsame Sektion mit Basel-Stadt).[19]

> Der neu gegründete Verein zählt nach einem Jahr bereits gegen 4000 Mitglieder.

Der Basler Regierungsrat Albert Burckhardt-Finsler als erster Präsident des Schweizerschen Heimatschutzes

Basler Gelehrte hatten eine führende Rolle in der neuen Vereinigung, allen voran Regierungsrat ALBERT BURCKHARDT-FINSLER (1854 – 1911), der den neuen Verein umsichtig leitete und zu frühem Erfolg führte. Wir gehen auf diese interessante Persönlichkeit etwas näher ein, denn heute wäre es kaum

Der Basler Regierungsrat und Historiker Albert Burckhardt-Finsler (1854–1911) war ein wichtiger Vordenker der Heimatschutz-Bewegung und der erste Präsident der Schweizerischen Vereinigung für Heimatschutz (1905–11).

denkbar, dass ein Politiker vom Rang eines Regierungsrats einen solchen Verein führen würde.

ALBERT BURCKHARDT war von Ausbildung Jurist, jedoch von Neigung Historiker und hatte sich diesbezüglich an der Basler Universität habilitiert, wo er seit 1881 Vorlesungen hielt (1890 a.o. Professor). Er wurde 1883 zum Konservator der mittelalterlichen Sammlungen gewählt und hat den Umbau und die Einrichtung der Barfüsserkirche zum Historischen Museum (1890–94) geleitet. Die Universität dankte ihm für diese grosse Leistung mit der Verleihung der Ehrendoktorwürde. 1893 wurde BURCKHARDT in den Grossen Rat gewählt, 1902 in den Regierungsrat. Als echter Radikaldemokrat der damaligen Zeit war er ausgesprochen fortschrittlich. Als Leiter des Erziehungsdepartements setzte er die Revision des Schulgesetzes durch, förderte insbesondere die Volksschulen und war gegen das Schulgeld für Auswärtige. Der Universität erhöhte er die Mittel, schuf die gesetzliche Regelung für die Zulassung der Frauen und forderte methodische Studienpläne für die philosophisch-historische Fakultät. Bereits 1896/7 hatte er sich auch – entgegen dem damaligen «mainstream» – für eine Wiedervereinigung der beiden Halbkantone Basel-Stadt und Basel-Land eingesetzt, weil nur ein geeinter Kanton Basel in der eidgenössischen Politik diejenige Stellung erlangen könne, die ihm Kraft seiner Bedeutung zukomme.[20] HANS BARTH würdigte 1911 BURCKHARDTS Verdienste um den Heimatschutz folgendermassen:

> «*Der schweizerischen Vereinigung für Heimatschutz gehörte er seit ihrer Gründung an und stand ihr als erster Obmann vor. Bei seiner Liebe für Geschichte und Kultur, Natur und Volk seiner engern und weitern Heimat war es gegeben, dass er den Gedanken, die Eigenart unseres Landes gegen Ausbeutung und Verstümmelung zu schützen, mit Lebhaftigkeit erfasste. Die Leichtigkeit und Liebenswürdigkeit, womit er mit Schweizern anderer Kantone verkehrte, seine Neigung auch für die romanische Schweiz, befähigten ihn, an die Spitze der Vereinigung zu treten. Dazu kam, dass er stets*

den klaren Blick für das Erreichbare bewahrte, sich nicht zu übertriebenen Anforderungen und Aufstellungen hinreissen liess, und ungestüme Dränger mit Witz und Humor in ihre Schranken wies. Die Vereinigung verdankt es seiner überlegenen konzilianten Leitung, dass die ersten Jahre, wo naturgemäss die Meinungen am härtesten aufeinander stiessen, glücklich überstanden wurden, dass sie heute gekräftigt und gefestigt ihren Platz im nationalen Leben einnimmt. » [21]

«Was wir wollen»

In der ersten Ausgabe der Zeitschrift «Heimatschutz» formuliert ALBERT BURCKHARDT unter dem Titel «Was wir wollen» die Ziele der neuen Vereinigung:

«*Was auf dem Spiele steht, das ist die Schönheit unseres Landes, ist seine Eigenart, wie sie als das Resultat einer mehrhundertjährigen Entwicklung sich herausgebildet hat. Der Feind aber, der zu bekämpfen ist, tritt in sehr verschiedener Gestalt auf. Bald ist es der Unverstand der irregeleiteten Menge, bald ein übertriebener Erwerbssinn, bald die mangelhafte ästhetische und historische Bildung. [...] Da ist es denn Pflicht aller derjenigen Bürger, welche sich für die Schönheit des Landes und für die Eigenart seiner Kultur noch zu begeistern vermögen, sich zu sammeln, um der zunehmenden Verheerung ein «Halt» zu gebieten und hauptsächlich durch Belehrung dem Volke die Augen zu öffnen über den Wert des bedrohten Besitzes. [...]*

Selbstverständlich sind auch diesen Bestrebungen von vornherein bestimmte Grenzen gezogen. Einmal darf das gewährleistete Eigentum nicht in Frage gestellt werden, und zweitens werden immer die berechtigten Forderungen der Volkswohlfahrt in erster Linie zu ihrem Recht gelangen müssen. Allein mit allem Nachdruck soll jede mutwillige Zerstörung landschaftlicher Schönheit, jede unsinnige Vernichtung kultureller Eigenart rückhaltlos und ohne Ansehen der Person bekämpft werden. Es soll allenthalben da, wo Änderungen und Umgestaltungen nicht zu vermeiden sind, mit Pietät und Vernunft vorgegangen werden. Es wird eine Hauptaufgabe der Vereinigung sein, dahin zu wirken, dass der junge Techniker nach der ästhetischen Seite hin ausgebildet wird, dass aber auch in den breiten Schichten unserer Bevölkerung Sinn und Verständnis für die Schönheit des Landes und für seine Eigenart geweckt wird.» [22]

In der Schrift «Die Bestrebungen der schweizerischen Vereinigung für Heimatschutz», von 1907, führt BURCKHARDT die grundlegenden Ziele des Heimatschutzes in breiterem Rahmen auf: Das Feld des Heimatschutzes seien die «Natur und Kultur unseres Landes und unseres Volkes». Den Heimatschutz sieht er als eine «Erziehungsanstalt, deren Resultate in der Zukunft liegen» an «und erst in zweiter Linie als Erhaltungsverein», dessen Wirken der Vergangenheit zugute komme.[23] Der «Zerstörungssucht» sei durch «Belehrung und

Bekehrung» vorzubeugen. Konkret wendet er sich gegen die «geschmacklosen Hotelpaläste» (Montreux, Interlaken, Luzern, St. Moritz) des internationalen Tourismus, «protzige Gasthöfe mit noch protzigeren Namen, Riesenhotels mit ihren verschwenderisch angeklebten architektonischen Zierglieder». Der Heimatschutz solle hier für eine bessere Eingliederung der Neubauten eintreten. Ein weiteres Thema ist der Bau der zahlreichen Eisenbahnen, bei denen es ihm keineswegs um eine prinzipielle Opposition gehe, sondern um das Wie der Ausführung. Dasselbe gelte für die zahlreichen neuen Bergbahnen und Drahtseilbahnen, wobei gegen die «kaninchenhafte Vermehrung»[24] der letzteren Front zu machen sei, damit die Bergwelt in ihrer Schönheit noch attraktiv bleibe. – Auch die zahlreichen neu entstehenden Wasserkraftwerke sind ein wichtiges Thema für die neue Vereinigung.

Zum Thema der Erhaltung historischer Städte äussert sich Burckhart vorsichtig: Die enorm anwachsende Bevölkerung in den grossen Städten verlange Veränderungen:

> *Blühende Städte dagegen sind im Prozesse steter Umgestaltung und Anbequemung an die Bedürfnisse des gesteigerten modernen Lebens begriffen, was sich ganz besonders durch ihre Architektur offenbart. Neue Verkehrsadern müssen geschaffen, alte erweitert werden. Heimelige Winkel halten nicht mehr stand vor den Anforderungen der heutigen Hygiene; Licht und Luft bekommen allenthalben Zutritt und beengende Mauergürtel mit Schanzen und Stadtgräben müssen schattigen Anlagen und breiten Boulevards Platz machen. Wie die Städte einer gründlichen Umgestaltung unterworfen werden, so auch die einzelnen Häuser derselben, wenn sie nicht von Grund auf neu aufgeführt werden.*
>
> *Wie hat sich diesen Erscheinungen gegenüber der Heimatschutz zu benehmen? Soll er grollend ob all der Modernisierung in den Schmollwinkel sich zurückziehen und die Lauge seiner Bitterkeit über die Baubehörden giessen, die seinen Gefühlen so wenig Rechnung tragen? Wir glauben nicht, dass das ein richtiges Vorgehen wäre. Denn einmal sind Leute die nur zu schimpfen verstehen, nicht ernst zu nehmen, und zweitens richtet man mit einem unaufhörlichen Altertümerkoller nur Schaden an. Auch hier werden also ein ruhiges Urteil und ein massvolles Eingreifen das Richtige sein. Ein allgemein gültiges Rezept lässt sich nicht verschreiben.*[25]

Bei der um 1900 immer noch aktuellen Frage des Abbruchs der alten Stadtmauern und Befestigungen plädiert BURCKHARDT für Beibehaltung von Teilstücken, die in Parkanlagen zu integrieren wären (Beispiel Letzimauer Basel), bei Landstädtchen wie Murten, die nicht dem Druck der grossen Städte ausgesetzt seien, findet er die gesamte Erhaltung der Stadtmauer lobenswert. Bei der damals vieldiskutierten Erhaltung von Ruinen plädiert er – weitsichtig – nur für die Erhaltung des Bestehenden und wendet sich gegen die vielerorts geübten Rekonstruktionen.[26]

Für Neubauten verlangt er für die Architektur «Bodenständigkeit». Er ist gegen Eisen- und Glasbauten im Innern unserer alten Städte, gegen Florentiner und Venezianer Fassaden, gegen «die flachen Dächer, die unserem Klima Hohn sprechen» und gegen alles Fremde und Unwahre, wie es leider nur zu gern importiert werde. Was endlich den sogenannten modernen Stil anbelange, so werde sich der Heimatschutz «nicht von vornherein ablehnend verhalten dürfen [...] Wir sind der Überzeugung, dass [...] der Moderne Grosses leisten kann, auch wenn er sich in den Grundzügen an die historisch gewordene Bauart einer Stadt halten muss.» Dabei sei in Aussenquartieren eine grössere Freiheit einzuräumen als im Innern der Städte.[27]

Nicht zuletzt wird auch auf die Aufgabe des Heimatschutzes hingewiesen, sich gegen die Auswüchse des Reklamewesens zu wehren. «Die Verunstaltung unserer herrlichsten Landschaften durch diese schreienden Tafeln mit allen möglichen Karikaturen gereicht unserem Lande zur grossen Schande.»[28]

Das Masshalten als solches sei eines der wichtigsten Erfordernisse des Heimatschutzes und Besonnenheit im Vorgehen führe dazu, dass die Zahl unserer Freunde in stetem Wachsen begriffen sei.

Die Zeitschrift «Heimatschutz» als Medium der Aufklärung und Erziehung zum Sehen

Der neue Verein wollte in erster Linie aufklären über die Schönheiten des Landes und der eigenen Kultur und zum besseren Sehen erziehen. Er wollte sich nicht dem Fortschritt, der grundgegeben als notwendig erachtet wurde, entgegenstellen, sondern bei der stattfindenden Umgestaltung des Landes mithelfen, grobe Verunstaltungen zu vermeiden. Eines seiner Hauptmittel dazu war die Gründung der Zeitschrift «Heimatschutz» im Jahr 1906. In dieser Zeitschrift, die bis heute regelmässig erscheint, werden seitdem alle wichtigen Fragen des Heimatschutzes abgehandelt. In den frühen Nummern erfährt der Leser sehr viel über die verborgenen Schönheiten des Landes.

> Eines seiner Hauptmittel war die Gründung der Zeitschrift «Heimatschutz» im Jahre 1906.

Es werden nicht nur historische Kleinstädte und Dörfer vorgestellt, sondern auch Detailbereiche wie Verkehrswege, Brückenbauten, Brunnen, moderne Schulhäuser, Gasthäuser, Hotelbauten, Friedhöfe. Dazu immer wieder Bauernhäuser aus dem ganzen Land, besondere Landschaften, alte wertvolle Bäume, Alpenflora und vieles andere.

In den ersten Jahren liebte man es besonders, Gegenüberstellungen nach dem Muster gut-schlecht zu zeigen. Aber das wurde nach ein paar Jahren dann doch aufgegeben.

Die Gründung des «Basler Heimatschutzes» am 23. November 1905

Sektion Basel der Schweizerischen Vereinigung für Heimatschutz

Die Basler Sektion hatte ihre Gründungsversammlung am 23. November 1905 im oberen Saal der Lesegesellschaft (Münsterplatz 8). Die «Vesammlung aus verschiedensten Kreisen der Bürgerschaft»[29] wählte einen 15gliedrigen Vorstand samt einem engeren Ausschuss, der die Geschäfte führte.

Dem 15gliedrigen Vorstand (auch als weitere Kommission bezeichnet) gehörten an:

- Dr. Fritz Baur, (Redaktor)
- Dr. Gerhard Boerlin (Zivilgerichtspräsident)
- Dr. August Burckhardt
- Dr. Franz Fäh (Schulinspektor)
- Prof. Dr. Albert Gessler
- Prof. Dr. Eduard Hoffmann-Krayer
- Theodor Hünerwadel (Hochbauinspektor)
- Burkard Mangold (Kunstmaler)
- J. Sarasin.-Schlumberger (Fabrikant)
- Eduard Schill (Stadtgärtner)
- Rudolf Suter (Architekt)
- F. Vischer-Bachofen (Bürgerratspräsident)
- Dr. Rudolf Wackernagel (Staatsarchivar)
- Prof. Dr. Karl Wieland
- Prof. Dr. Fritz Zschokke

Aus diesen wurden Prof. Dr. Eduard Hoffmann-Krayer zum Obmann, Dr. August Burckhardt zum Schreiber und Dr. Gerhard Boerlin zum Statthalter und Seckelmeister bestimmt. Der Gerichtspräsident Boerlin war dann ab 1912 Schreiber des Schweizerischen Heimatschutzes, von 1915–18 Obmann des Basler und von 1921 an für fast 30 Jahre Obmann des Schweizerischen Heimatschutzes.

Zunächst erarbeitete man die Statuten für den neuen Verein, die an der allgemeinen Mitgliederversammlung vom 4. Januar 1906 genehmigt wurden. Sie regeln vornehmlich die Organisation der Basler Sektion. Der Zweckartikel wurde den Satzungen der schweizerischen Vereinigung überlassen. Für Basel sah man einen Vorstand als geschäftsführendes Organ vor, bestehend aus Obmann, Statthalter/Seckelmeister und Schreiber. Daneben bestand die soge-

Die Zeitschrift Heimatschutz erscheint seit 1905/6. Sie ist seither das wichtigste Medium zur Propagierung der Heimatschutz-Anliegen. In der französischen Schweiz nennt sich der Heimatschutz bezeichnenderweise in den ersten Jahren «Ligue pour la Beauté».

Aufforderung zur Gründung der Ortsgruppe Basel am 23. November 1905.

nannte «Weitere Kommission» (= der Vorstand) aus 15 Mitgliedern, die auf drei Jahre gewählt wurden.[30] Der Mitgliederbeitrag betrug in den ersten Jahren 3 Franken.

Am 21. Juli 1906 wählte man an einer weiteren Mitgliederversammlung die Delegierten für den Zentralvorstand: Franz Baur, Otto Burckhardt, Emil Faesch, Prof. A. Gessler, Dr. Rob. Grüninger, Prof. E. Hoffmann-Krayer, Ed. Rigggenbach, Dr. Fritz Sarasin, P. Sarasin-Alioth, Prof. F. Zschokke.

Die Basler Sektion der Schweizerischen Vereinigung für Heimatschutz vertrat damals übrigens die Interessen von Basel-Stadt und Basel-Land. 1919 bildete sich jedoch bereits eine Untergruppe für das Baselbiet und 1950 schliesslich wurde dort eine selbständige Sektion gegründet.

In Basel entsteht sofort die grösste Sektion von allen Schweizer Kantonen.

Zu Beginn des Jahres 1906 machte der Vorstand Aufrufe in den Zeitungen für Mitgliederwerbung (16. März 1906) und verschickte ausserdem ein Zirkular mit Anmeldekarte in 3500 Exemplaren. Bereits im Mai 1906 konnte man 512 Mitglieder aufweisen.[31] E. Hoffmann-Krayer berichtet in seinem ersten Jahresbericht voller Stolz, dass die Sektion Basel alle anderen Kantone an Mitgliederzahlen übertreffe. Am 31. Dezember 1906 hatte sie eine Stärke von 589 gegenüber der schweizererischen Gesamtzahl von ungefähr 4000.[32] Im 2. Jahr nach der Gründung stieg die Mitgliederzahl in Basel dann sogar auf 708 an.

Im Jahr 1906 wurde vor allem Mitgliederwerbung betrieben. Zu Weihnachten erhielten diese als Jahresgabe gratis ein anschauliches Heft «Basler Bilder» zugestellt. Von 1907 ist erstmals eine Mitgliederliste erhalten.[33] Man bekommt den Eindruck, so ungefähr alles, was damals in Basel Rang und Namen hatte, sei hier verzeichnet. Allein 36mal der Name Burckhardt, zahlreiche Christs und Geigys, Stähelins, Sarasins und Von der Mühlls und schliesslich 12mal der Name Vischer. Ferner sechs Regierungsräte aus Stadt und Land, zwei Nationalräte, insgesamt 37 Professoren und beinahe die Hälfte aller in Basel ansässigen Architekten. In den nächsten Jahren gehen dann die Mitgliederzahlen wieder etwas zurück, u.a. auch, weil die Zeitschrift «Heimatschutz» mit ihren Gegenüberstellungen von guter und schlechter Architektur bei der Architektenschaft auf rechte Kritik stiess.[34] Der Redaktor H. C. Baer folgte hierin dem damals in Deutschland sehr tätigen Norbert Schulze-Naumburg, dessen mehrbändige Publikation «Kulturarbeiten»[35] auf diesem Prinzip aufbaute. Baer verliess dann 1910 die Redaktion der Zeitschrift. Er hat sich später bei der Herausgabe der Kunstdenkmälerbände der Gesellschaft für Schweizerische Kunstgeschichte ausserordentlich verdient gemacht.

Neben den Einzelmitgliedern traten auch verschiedene Vereine und Institutionen der neu gegründeten Basler Sektion des Heimatschutzes bei: der Alpenclub Schweiz Sektion Basel, das Gewerbemuseum, der Kunstverein, die Pädagogia und die Rauracia, der Ski-Club Basel und die beiden Zünfte zu Weinleuten und zu Spinnwettern.

Wie sah die Stadt Basel in der Zeit um 1905 aus?

Die Stadtmauern waren längst gefallen und mit ihnen die Stadttore des inneren und äusseren Mauerrings bis auf die Tore zu St. Alban, Spalen und St. Johann. An Stelle von Mauer und Graben war in Grossbasel ein Gürtel von grosszügigen Grünanlagen angelegt worden. Die beiden Schanzen zu Elisabethen und am Ende der Steinenvorstadt standen noch. Im Stadtkern waren gewisse Bereiche erneuert: An der Freien Strasse war eine elegante moderne Geschäftsstrasse entstanden, der ehemals offene Birsig war zugedeckt und zur Falknerstrasse geworden. Den Marktplatz hatte man auf die doppelte Länge vergrössert, die Eisengasse war verbreitert und die Schifflände war ebenfalls weitgehend erneuert. Die altehrwürdige Rheinbrücke hatte man 1903–5 durch einen steinernen Neubau ersetzt. Im späteren 19. Jahrhundert waren drei neue Rheinübergänge dazu gekommen, die Wettsteinbrücke, die Johanniterbrücke und die Eisenbahnbrücke.

> Im Stadtkern waren moderne Geschäftsstrassen entstanden, aber die übrige Bebauung war noch weitgehend intakt.

In der Altstadt war der Münsterhügel noch weitgehend intakt, mit Ausnahme des bereits erwähnten Areals des Realschulhauses. Die Stadtgebiete links des Birsig, mit Spalenberg, Heuberg, Nadelberg, Petersberg und Blumenrain, waren noch unangetastet, ebenso sämtliche Vorstädte, die fünf mittelalterlichen (St. Alban, Aeschen, Steinen, Spalen und St. Johann) und die Neue Vorstadt (heute: Hebelstrasse) aus der Barockzeit.

Ein markanter Eingriff hatte im Bereich des Steinenbergs stattgefunden, mit der Entstehung eines Kulturzentrums, bestehend aus Kunsthalle, Stadttheater, Musiksaal und Casino, alles Bauten des 19. Jahrhunderts, die hier ein städtebaulich vorzügliches Ensemble bildeten. Der angrenzende St. Alban-Graben war auch noch intakt und galt als besonders schöne Altstadtpartie.

Auch Kleinbasel war im Kern noch weitgehend erhalten, mit Ausnahme der Mauern und Stadttore. Im Norden hatten mit dem Bau des ersten Badischen Bahnhofs Erweiterungen stattgefunden, im Südosten gab es infolge des Baus der Wettsteinbrücke neue Wohnquartiere mit Reihenbebauungen. Im Nordwesten war um die Matthäuskirche ein Arbeiter-Wohnquartier entstanden, dessen dichte Bebauung sich durch die damals neue Verwendung von Ziegelmauerwerk deutlich von den älteren Strassenbildern absetzte. Dasselbe gilt teilweise auch für das äussere St. Johann-Quartier. Hier waren aber auch schon neu der städtische

DIE GESCHICHTE DES BASLER HEIMATSCHUTZES

Luftaufnahme von Basel vor 1920. Die historische Stadt ist in Massstab und kleinteiliger Bebauung noch weitgehend intakt.

Schlachthof, das Gaswerk, das Elektrizitätswerk, der Güterbahnhof, der Rheinhafen St. Johann und die ersten chemischen Fabriken dazugekommen.

Das äussere Spalenquartier zwischen Spalengraben und Spalenring stand bereits. Hier war direkt nach der Schleifung der Stadtmauern, von 1860, ein recht elegantes Wohnquartier aus zwei- bis dreigeschossigen Reihenhäusern erbaut worden. Ausserhalb des Rings gab es eher eine lockere Bebauung und sogar noch diverse Bauernhöfe. Die Pauluskirche war erst vor kurzem eingeweiht worden, das dahinterliegende Wohnquartier erst im Entstehen begriffen. Der neue «Centralbahnhof» befand sich noch im Bau. Ein Teil der Wohnbebauung des Gundeldingerquartiers stand bereits, das Bruderholz dagegen war noch weitgehend unbebaut. Im äusseren St. Alban-Quartier und im Gellert waren im 19. Jahrhundert locker bebaute Villenquartiere entstanden.

Insgesamt waren sehr grosse Gebiete der alten Stadt noch vollständig erhalten, auch wenn einige Strassenzüge schon moderat modernisiert waren.

Die Tätigkeiten des Basler Heimatschutzes der ersten Jahre

Neben der intensiven Mitgliederwerbung wurden 1906 auch zwei Eingaben gemacht, eine wegen eines «unschönen Baus» an der Ecke Aeschenvorstadt/Elisabethenstrasse. Die zweite zugunsten der Erhaltung des Goldenen Löwen, Aeschenvorstadt 4, der zu einem Warenhaus umgebaut werden sollte. Das letztere scheiterte dann an der fehlenden Finanzierung. Ferner wird die Zukunft des Münsterplatzes diskutiert, auf den das neue Kunstmuseum zu stehen kommen soll. Erste Pläne dafür wurden im Jahr 1904 von privater Seite lanciert.[36] Als Standort war die Nordseite des Platzes, anstelle des grossen und kleinen Rollerhofs, vorgesehen. Der Heimatschutz findet, die beiden Gebäude seien zwar nicht so bedeutend, dass sie unbedingt erhalten werden müssten, aber der Münsterplatz sei der letzte in seiner historischen Eigenart erhaltene Platz der Stadt, der daher in seiner gewordenen Gestaltung belassen werden sollte. Seine Gebäude würden sich, bei aller Stattlichkeit, dem Münster unterordnen. Eine monumentale Fassade an der Nordseite dagegen würde die bestehende harmonische Anlage stören. 1907 wird daher eine «Eingabe für die Erhaltung des Münsterplatzes» gemacht.[37]

Auf die ersten Pläne für ein Kunstmuseum auf dem Areal des Rollerhofs folgt jedoch 1909 die Ausschreibung eines offiziellen Wettbewerbs, der von den Architekten EDUARD, ERNST UND PAUL VISCHER gewonnen wird.[38] Danach wäre die ganze Nordseite des Münsterplatzes zwischen Augustinergasse und Schlüsselberg bis zum Museumsbau von MELCHIOR BERRI abgebrochen worden. In dem letzteren befanden sich damals die Bilder des Kunstmuseums, die Standortwahl Münsterplatz ist von daher zu verstehen. Auch war man der Meinung, ein Kunstmuseum gehöre auf den vornehmsten Platz der Stadt.

Als Alternative wurde aber gleichzeitig die Elisabethenschanze für einen Neubau des Kunstmuseums beplant; die Entwürfe vermochten aber nicht zu überzeugen.[39] So kam 1910 ein weiterer Standort auf dem Münsterplatz, das Areal der Lesegesellschaft, Münsterplatz 8, in Diskussion.[40] Das neue Projekt stammte von Hochbauinspektor THEODOR HÜNERWADEL, 1912, damals Vorstandsmitglied des Basler Heimatschutzes. Der Vorstand macht nun eine schriftliche Anfrage unter allen seine Mitgliedern, ob man gegen die beiden Standorte am Münsterplatz Einspruch erheben solle oder nicht. Von insgesamt 619 Mitgliedern antworten 333, davon sind 311 gegen den Standort Münsterplatz.[41] Doch es kommt nicht zu einer grossen Konfrontation, denn 1912 wird nochmals ein neuer, anderer Standort für das Kunstmuseum, die Schützen-

1905–1925 | GRÜNDUNG UND ERSTE GROSSE ERFOLGE

Im ersten Jahr seines Bestehens schenkt der Basler Heimatschutz seinen Mitgliedern ein Foto-Heft «Basler Bilder». Die beiden ersten Abbildungen darin zeigen den kleinen und grossen Rollerhof (mit Toreinfahrt in der Mitte) am Münsterplatz 18 und 20. Auf diesem Areal wurde seit 1903 der Neubau des Kunstmuseums geplant.

1. Rollerhof auf dem Münsterplatz. Vorderansicht.
Kräftig wirkende Silhouette. Malerisch die durch den vorspringenden kleinen Rollerhof gebrochene Front.

2. Rollerhofareal auf dem Münsterplatz. Rückansicht.
Malerische Häusergruppe und reizvolle Hofanlage.

Die offiziellen, von Regierung und Museumskommission befürworteten Pläne von 1909 für das neue Kunstmuseum auf dem Areal des Rollerhofs. Architekten: Ed., E. B. und P. Vischer. Der geplante Neubau reichte vom Münsterplatz bis zum Museumsbau von Melchior Berrri. Dafür hätten mindestens zehn Altstadtliegenschaften abgebrochen werden müssen.

33

matte, vorgeschlagen. Der Grosse Rat entscheidet sich 1913 für diese Variante, entgegen den Wünschen der Regierung, die das Areal des Rollerhofs bevorzugte. Aber auch das Schützenmatten-Projekt kam dann später nicht zustande. – Immerhin kann festgehalten werden, dass der Münsterplatz von dem befürchteten Monumentalbau verschont blieb. Heute ist er das einzige historische Ensemble der Stadt, das im 20. Jahrhundert keinen Neubau-Eingriff ertragen musste.

Zu den Tätigkeiten der ersten Jahre gehörte auch eine Eingabe gegen die geplante Jakob Burckhardt-Strasse, die quer durch die Gärten des Württembergerhofs, St. Alban-Graben 14, verlaufen sollte. Sie wurde in einer Volksabstimmung abgelehnt.[42] Ein auf der Wettsteinanlage vorgesehenes Hallenbad wird bekämpft, da es die ganze Grünfläche zwischen Brücke und Theodorsgraben zerstört hätte.[43] (Es wurde in einer Volksabstimmung angenommen, aber nie gebaut.) Ferner wird zusammen mit dem Ingenieur- und Architektenverein und dem Kunstverein eine Eingabe an den Regierungsrat gemacht, es sei eine fachkundige Delegation (aus den drei Vereinen) ins Leben zu rufen, «zur Beurteilung der Arbeiten zur Verschönerung und Verbesserung öffentlicher Bauten».[44] Diese Eingabe blieb zunächst erfolglos, führte dann aber 1911 zur Gründung der Staatlichen Heimatschutzkommission.

Der Münsterplatz blieb als historisches Ensemble bis heute intakt.

Im folgenden Jahr wurde über die Planung des Bahnhofs am Aeschenplatz diskutiert, eine Versetzung des Fischmarktbrunnens abgelehnt und die Petition des schweizerischen Heimatschutzes gegen die geplante Matterhornbahn unterzeichnet. Auch das neue Hochbautengesetz war ein Thema.[45]

1909 wendete sich die Basler Sektion gegen den Bau eines Wirtshauses auf der Gempenfluh, man diskutierte die Führung der Waldenburgerbahn von Langenbruck nach Balsthal und organisierte eine Propaganda-Aktion im Baselbiet. Ferner setzte man sich für den Schutz der Langen Erlen ein, auf deren Gebiet die Badische Bahn gebaut werden sollte.[46] Ohne Erfolg, wie im darauffolgenden Jahresbericht vermerkt wird.

Erste grosse Erfolge

1911
Die Durchsetzung des baulichen Heimatschutzes auf Gesetzesebene

Ausführlich beschäftigte man sich im Jahre 1910 mit der Vorbereitung eines baselstädtischen Einführungsgesetzes zum neuen Schweizerischen Zivilgesetzbuch. In dessen Artikel 702 wird nämlich die «Erhaltung von Altertümern und Naturdenkmälern» und «die Sicherung der Landschaften und Aussichts-

Hochbauinspektor Theodor Hünerwadel entwirft 1912 eine Variante für das geplante Kunstmuseum, am kleinen Münsterplatz. Die obere Abbildung zeigt einen L-förmigen Baukubus anstelle der Häuser Münsterplatz 2–8. Darunter die Ansicht vom Rhein her. Die Mitglieder des Heimatschutzes lehnen in einer Urabstimmung beide geplanten Standorte für den Münsterplatz ab.

punkte vor Verunstaltung» an die Kantone delegiert. Der Schweizerische Heimatschutz machte daraufhin einen Vorstoss an sämtliche Kantone, eine Heimatschutzbestimmung nach Berner Muster in die kantonalen Einführungsgesetze aufzunehmen.

> • Die Basler Regierung findet jedoch zusätzliche Gesetzesparagraphen nicht nötig, denn «in Bezug auf landschaftliche Schönheiten und Aussichtspunkte haben wir nicht dieselben Werte zu schützen wie Bern, ebenso nicht in unserem Städtebild; unser Interesse geht vor allem auf möglichst ungehemmte [sic!] wirtschaftliche Entwicklung»[47].

Daraufhin macht der Basler Heimatschutz, zusammen mit dem Ingenieur- und Architektenverein Basel, der Schweizerischen Naturschutzkommission und dem Basler Kunstverein eine Eingabe an den Grossen Rat und verlangt eine Verordnung «zur Erhaltung von Gebäuden mit historischem oder künstlerischem Wert, von Naturdenkmälern, von seltenen Pflanzen und Tieren [...] und zum Schutz des Städtebildes und von Ausssichtspunkten gegen Verunstaltung durch Reklamen, Bauten»[48].

Der Vorschlag dieser vier Vereine wird vom Parlament ohne grosse Diskussion angenommen. Die neue Verordnung zum Einführungsgesetz zum Schweizerischen Zivilgesetzbuch datiert vom 9. Dezember 1911.[49] Es sind die Paragraphen 39–47, die in das Baugesetz aufgenommen werden. Die Paragraphen 39–41 betreffen den Naturschutz (mit einer Liste von geschützten Pflanzen), die Paragraphen 42–45 betreffen den Schutz des Stadtbildes vor Verunstaltung. Danach ist die baupolizeiliche Genehmigung zur Ausführung von Bauten oder baulichen Änderungen zu versagen, wenn von ihnen eine erhebliche Verunstaltung des Strassen-, Platz-, Städte-, Landschafts- oder Aussichtsbildes zu befürchten ist. Dasselbe gilt für Einzelbauwerke von geschichtlicher oder künstlerischer Bedeutung. Die Formulierung dieser Gesetzestexte stammt von PROF. DR. KARL A. WIELAND, der Professor an der Universität und Vorstandsmitglied des Heimatschutzes war.[50] Sie werden 1945 mit einer Verordnung nochmals verbessert und erweitert und bleiben bis zum Denkmalschutzgesetz von 1980 die wichtigste Grundlage für die Erhaltung des Stadtbildes.

1911: Der Grosse Rat erlässt erstmals Bestimmungen zum baulichen Heimatschutz.

Die Einsetzung der Staatlichen Heimatschutzkommission

Zur Durchsetzung dieser Bestimmungen setzt die Regierung eine neue Kommission ein, die Staatliche Heimatschutzkommission (heute Stadtbildkommission). Ihr erster Präsident (von 1911–23) war der Redaktor und spätere Nationalrat DR. ALBERT OERI, der zuvor Obmann des Basler Heimatschutzes gewesen war (1908–11). Weitere Mitglieder waren der Kunsthistoriker PROF.

Dr. Daniel Burckhardt-Werthemann, der Staatsschreiber Dr. A. Imhof, Architekt Julius Kelterborn, Architekt Rudolf Suter und als Suppleanten Theodor Hünerwadel und Dr. Ernst Thommen.[51]

Welche Aufgaben hatte diese Kommission? Sie kann Neubauprojekte ablehnen, wenn sie eine «erhebliche Verunstaltung des Strassen-, Platz-, Städte, Landschafts- oder Aussichtsbildes» bewirken. Ferner ist die Veränderung einzelner Bauwerke von geschichtlicher oder künstlerischer Bedeutung zu versagen, wenn ihre Eigenart dadurch beeinträchtigt würde. Der bauliche Heimatschutz wird mit der Zeit in den meisten Kantonen eingeführt. Eine staatliche Heimatschutzkommission dagegen gibt es nur in Basel.

Welche Art des Bauens wollte nun der Heimatschutz mittels dieser Bestimmungen durchsetzen? Die Vorstellungen waren damals relativ klar, wie aus den oben zitierten Ausführungen Burckhardts hervorgeht. Man wollte Bauten, die sich dem Bestehenden anglichen. Sie sollten bodenständig sein, d.h. aus heimischen Materialien erbaut (Sand- oder Kalkstein, Verputzmauerwerk, Holzläden, Ziegel). Glas und Eisen waren als Baumaterial unerwünscht. Ferner sollten die Häuser auf jeden Fall Dächer haben, denn das Flachdach galt für unser Klima als ungeeignet. Besonders im Wohnungsbau waren hohe Dächer, die durchaus mehrere Ausbauten haben durften, sehr beliebt. Ihre Wirkung wurde als heimelig, wohnlich empfunden. Bei den Baustilen war alles «Fremde und Unwahre» verpönt. Als fremd und unwahr wurden zu Beginn des Jahrhunderts – im Rahmen des immer noch vorherrschenden Historismus – vor allem der gegen Ende des 19. Jahrhunderts importierte Neo-Renaissancestil empfunden, der in der Baugeschichte Basels keine Vorgänger hat. Ein besonders ungeliebtes Beispiel dafür war der Neubau des Realschulhauses an der Rittergasse. Der Neubarock der Villa des Architekten Emanuel La Roche an der gleichen Strasse (heute Zivilstandsamt) dagegen galt als vorbildlich, nahm er doch altbekannte Formen und Materialien auf.

> Welche Art des Bauens wollte nun der Heimatschutz erreichen?

In den Publikationen des ersten Jahrzehnts wurden viele Bildvergleiche gemacht, mit dem was passend und unpassend sei. Gar nicht beliebt waren der Neubau der Kantonalbank am Blumenrain und auch das Bankgebäude Freie Strasse/Ecke Münsterberg wurde kritisiert. In den Zwanziger Jahren kam der Neubau der Nationalbank am St. Alban-Graben dazu. – Aus heutiger Sicht ist dazu zu sagen, dass tatsächlich keiner dieser Bauten von besonderer gestalterischer Überzeugung ist. Aber als Kuriosum empfindet man es mittlerweile doch, dass die Staatliche Heimatschutzkommission in den Jahren 1914/15 durchsetzte, dass der Monumentalbau des Realschulhauses an der Rittergasse 4, der im Original ein Flachdach hatte, mit einem Satteldach versehen wurde.[52] Denn dadurch wurde der ohnehin zu grosse Bau im Stadtbild (vor allem vom Rhein her gesehen) nur noch prägnanter. Ähnlich verfuhr man beim Neubau des Singerhauses am Marktplatz: Hier wurde der erste Entwurf auf Wunsch der Kommission gleich zweimal korri-

DIE GESCHICHTE DES BASLER HEIMATSCHUTZES

Die Untere Realschule an der Rittergasse 4 (Mitte links) war 1885–87 von Heinrich Reese als Neorenaissance-Palast mit Flachdach erbaut worden.

giert, von einer moderneren Form zu einem Gebäude mit hohem Steildach stilisiert, dessen Form eindeutig von der Barockarchitektur des Stadthauses inspiriert ist.[53]

Bei dieser Grundhaltung ist es verständlich, dass der Heimatschutz in den zwanziger Jahren dem Stil des Neuen Bauens, in Basel von HANS SCHMIDT eingeführt, nichts abzugewinnen wusste. Es widersprach so beinahe allen Grundideen der Heimatschutz-Bewegung: Regionalität und Bodenständigkeit anstatt Internationalismus, Stein und Verputz anstatt Beton und Glas, Steildach anstatt Flachdach, ästhetische Normen anstatt technisches Denken und Funktionalität. Doch davon später.

Das Schulhaus geriet mit seinem Flachdach so in die Kritik der Staatlichen Heimatschutzkommission, dass 1915 ein Helmdach mit Ziegeln darauf gesetzt wurde.

1912/1915
Die erste Denkmälerliste in Basel, ein kühner Versuch, der nur begrenzt gelingt

Zu den ersten Aufgaben der staatlichen Heimatschutzkommission unter ihrem Präsidenten ALBERT OERI gehörte die Erstellung einer Denkmälerliste für Basel:

« *Wir haben als grosse Hauptsache hier das Städtebild von Grossbasel, wie es sich vom St. Johanntor bis zum Letziturm darbietet, aufgenommen. Es hat an Grossartigkeit in der Schweiz nichts, in Europa wenig seinesgleichen.* »[54]

Der erste Vorschlag, vom 1. August 1912 (aus dem obiges Zitat stammt und der von OERI unterschieben ist) umfasste ganze Strassenzüge im Sinne des Ortsbildschutzes, wie z.B. den Grossbasler Rheinprospekt vom Letziturm bis zur St. Johann-Schanze, die ganze Augustiner- und Rittergasse, den St. Albangraben ganz (!), den Steinenberg als «grosszügige moderne Stadtpartie» auch ganz, dann ausgewählte Partien um die Kirchen etc. Dazu kam eine grössere Anzahl der wichtigsten historischen Einzelbauten (Kirchen, Wehrbauten, Bürgerhäuser) aus Basel und Riehen. Insgesamt wurden 504 Schreiben an Eigentümer von Liegenschaften versandt, die gemäss Paragraph 43 mit einer im Grundbuch eingetragenen Schutzbeschränkung belegt werden sollten. Dies führte zu einer Flut von 250 Einsprachen. Die Hauptargumente der Hauseigentümer waren: Einschränkung des privaten Eigentums, Eingriff in die Privatrechte, Entwertung der Liegenschaft bei Verkäufen, behördliche ästhetische Bevormundung etc. (Stellungnahme des Justizdepartementes an den Regierungsrat vom 26. Sept. 1913[55]).

Zwar hatten die «Basler Nachrichten» sich wacker für den Vorschlag eingesetzt, dabei auch private, scharf gegenteilige Stellungnahmen abgedruckt und trotzdem die Sache befürwortet.[56] Ferner wies sie darauf hin, dass eine Stadt wie Frankfurt eine solche Schutzliste längst habe.[57] (Die Frankfurter Altstadt wurde bekanntlich im 2. Weltkrieg komplett ausgelöscht.) Auch die «National-Zeitung» begrüsste den Vorschlag und fand, es sei schade, dass «Heimatschutzmänner nicht schon vor einem halben Jahrhundert» ihre Tätigkeit aufgenommen hätten.[58] Trotzdem musste die Staatliche Heimatschutzkommission auf Wunsch der Regierung dann 1914 eine Revision der Liste vornehmen und auf die Grundbucheintragung wurde ganz verzichtet.[59] Die enorm verkleinerte Liste (49 Liegenschaften und 19 Brunnen) wurde dann am 4. August 1915 von der Regierung genehmigt und am 7. August im Kantonsblatt publiziert.

• Damit war immerhin ein Anfang gemacht und erstmals eine Anzahl prominenter historischer Bauten gesetzlich geschützt. Bedauerlicherweise kam der von der Kommission vorgesehene Ortsbildschutz für ganze Strassenzüge, wie die Rittergasse, den St. Alban-Graben, den Steinenberg, nicht durch. Ensembleschutz wurde erst in der zweiten Hälfte des 20. Jahrhunderts wieder ein Thema (Charta von Venedig, 1964). Aber dies zeigt uns, wie enorm fortschrittlich die damaligen Heimatschutzexperten waren. Hätte man sich 1912 durchsetzen können, so wäre Basel wohl zu einer Vorbild-Stadt in Sachen Altstadterhaltung geworden.

Aber man darf den Zeitgeist nicht unterschätzen: In einer Einsprache vom Leonhardsberg (Nr. 10) schreibt der damalige Eigentümer, dass der Leonhardsberg «weder eine geschichtliche noch künstlerische Bedeutung hat, sondern am allerehesten durch den Staat niedergelegt werden sollte».[60] Eine positive Beurteilung der typischen kleinteiligen Handwerkergassen, die damals schlecht unterhalten und überbevölkert waren, sollte noch lange brauchen.

7. August 1915 — 118. Jahrgang — II. Semester Nr. 11

Kantons-Blatt Basel-Stadt

mit

Amtlichem Wohnungsanzeiger

(erscheint wöchentlich zweimal.)

Abonnementspreis: Jährlich für Basel Fr. 8.—. Durch die Post Fr. 9.20 und halbjährlich Fr. 4.70. Broschiert und beschnitten Fr. 9.—. Durch die Post Fr. 10.20 und halbjährlich Fr. 5.20.
Man abonniert entweder durch die Post oder direkt bei *Benno Schwabe & Co.*, Klosterberg 27, Telephon Nr. 2213.

Bekanntmachung.

Gestützt auf § 43 der Verordnung zum Einführungsgesetz zum Schweizerischen Zivilgesetzbuch, welcher lautet:

„Die baupolizeiliche Genehmigung baulicher Aenderungen an einzelnen Bauwerken von geschichtlicher oder künstlerischer Bedeutung ist zu versagen, wenn ihre Eigenart dadurch beeinträchtigt wird.

Die Bauwerke, auf welche diese Bestimmung Anwendung findet, sind bekannt zu geben"

werden hiemit die Bauwerke bekannt gegeben, auf welche der genannte § 43 Anwendung findet.

St. Albantor.
St. Johanntor mit Polizeiposten.
Spalentor.
Letziturm mit Stadtmauer.
Siechenhaus von St. Jakob (Jakobstraße 361).
Rathaus.
Stadthaus.
Lohnhof.
Zunfthaus zur Gelten.
Zunfthaus zum Schlüssel.
Gesellschaftshaus zum Dolder.
Feuerschützenhaus.
Stachelschützenhaus.
Museum Augustinergasse 2.

Kirchen:

Münster.
Martinskirche.
St. Alban.
St. Jakob.
Leonhardskirche.
Peterskirche.
Riehen.
St. Theodorskirche.
Predigerkirche.
Clarakirche.
Kirche von Kleinhüningen.
Barfüßerkirche.
Klingentalkirche. (Kasernenflügel).
Klostergebäude: St. Alban (Mühlenberg 18/22).
Karthausen (Theodorskirchplatz 7, Riehentorstraße 2).
Hochfirstenhof, Rittergasse 19.

Württembergerhof, Albangraben 12/14.
Seidenhof, Blumenrain 34.
Engelhof, Nadelberg 4.
Spießhof mit seinen Annexen Heuberg 3/7.
Löwen, Aeschenvorstadt 4.
Ramsteinerhof, Rittergasse 17.
Alter Markgräfischer Hof (Spital) Hebelstraße 2.
His'sches Haus, Petersplatz 13.
Rappen, Aeschenvorstadt 15.
Weißes Haus, Rheinsprung 18.
Blaues Haus, Rheinsprung 16.
Delphin, Rittergasse 10.
Kirschgarten (mit dem kleinen Kirschgarten), Elisabethenstraße 27/29.
Ehemals Zahn'sches Haus, St. Albangraben 5.
Wettsteinhäuschen, Riehenstraße.
Holsteinerhof, Hebelstraße 32.
Sandgrube (Haupthaus mit Dependenzen, soweit sie auf die Riehenstraße orientiert sind), Riehenstraße 154.
Wettsteinhaus, Baselstraße 34, Riehen.
Pavillon des Glöcklihofes, Riehenstraße 1, Riehen.
Wenkenhof (Hauptgebäude), Bettingerstraße 121, Riehen.

Brunnen:

Albanvorstadt (beim Schöneck).
Münsterplatz.
Augustinergasse.
Steinentorstraße.
Steinenvorstadt.
Petersplatz (Ecke Petersgraben-Petersplatz).
Waisenhaus.
Martinskirchplatz.
Fischmarkt.
Münsterberg.
Aeschenvorstadt (Jakobsbrunnen).
Barfüßerplatz (Simsonbrunnen).
Spalenvorstadt (Holbeinbrunnen).
Stiftsgasse.
Blumenrain (Urbansbrunnen).
Johannvorstadt (Mägdbrunnen).
Riehentorstraße (Rebhausbrunnen).
Andreasplatz (Affenbrunnen).
Spalenberg.

Die reduzierte Denkmälerliste von 1915 hat im Kantonsblatt auf einer einzigen Seite Platz. Sie enthält hervorragende Einzelbauten, Kirchen und Brunnen. Der ursprünglich geplante Schutz ganzer Strassenzüge wurde fallengelassen, ebenso die Sicherung der Gebäude durch eine Grundbucheintragung.

Noch 1936 berichtet die Basler Denkmalpflege in ihrem Jahresbericht, dass das Imbergässlein nicht zu halten sei und für die Zukunft höchstens in Fotos dokumentiert werden könnte.[61] – Es steht bekanntlich heute noch.

1919
Erfolgreiche Eingabe zur Schaffung einer staatlich subventionierten Denkmalpflege

1916 und 1917 wird eine «Eingabe zur Schaffung einer staatlichen Denkmalpflege» vorbereitet. Es sei dem Heimatschutz nicht darum zu tun, «bestehende Bestrebungen privater Gesellschaften in den Weg zu treten [gemeint ist die Freiwillige Basler Denkmalpflege, eine Gruppierung zur Unterstützung denkmalpflegerischer Tätigkeiten, die zwischen 1913 und 16 entstanden war[62]]. Im Gegenteil suchen wir der Denkmalpflege in Basel einen amtlichen Rückhalt zu verschaffen und die vereinzelte und zufällige Tätigkeit ordnend zusammenzufassen [...].»[63] Auch diesem Vorstoss ist Erfolg beschieden, allerdings nicht in dem vom Heimatschutz gewünschten Ausmass. Anstelle einer staatlichen Denkmalpflege gibt es 1919 schliesslich nur eine private, jedoch staatlich subventionierte «Erweiterte Basler Denkmalpflege» (ab 1923: «Öffentliche Basler Denkmalpflege»). Dies geschah aus Rücksicht auf den ersten Basler Denkmalpfleger, PROF. DR. E. A. STÜCKELBERG, der eine Verstaatlichung strikt ablehnte.[64]

Die erste Basler Denkmalpflege bestand aus einem Denkmalrat, dem Denkmalpfleger und einem Arbeitsausschuss. In dem letzteren vierköpfigen Gremium war der Obmann des Basler Heimatschutzes vertreten. Als eine der Hauptaufgaben der Denkmalpflege wurde die Inventarisation aller Basler Denkmäler angesehen. Hand in Hand damit müsse eine rege Inspektion der Denkmäler gehen, die ferner durch Vorträge und Veröffentlichungen bekannt gemacht werden müssten. In den folgenden Jahren wird die Tätigkeit der Basler Denkmalpflege jeweils im Jahresbericht des Heimatschutzes mit aufgeführt. Man fühlte sich der Denkmalpflege eng verbunden.

Die Tätigkeiten des Basler Heimatschutzes in den Jahren 1910–20 betrafen unter anderem einen Wettbewerb für die Gestaltung von Reklamesäulen. Das Projekt für eine geplante Bahn auf die Chrischona wird abgelehnt. Man beschäftigt sich ferner mit der Erhaltung des Domplatzes von Arlesheim (geplanter Schulhausneubau). Auch die Frage der Schaffung einer Bauberatung wird diskutiert, aber 1912 für überflüssig befunden, da ja jetzt die Staatliche Heimatschutzkommission diese Aufgabe übernehme. In den folgenden Jahren ist die elektrische Münsterbeleuchtung ein Thema. Für die Bemalung der Fassade der St. Jakobskirche wird ein Wettbewerb veranstaltet, dessen Resultat aber nicht begeistert.[65]

Auch der Baumschutz (Riehen und Bettingen) ist ein immer wiederkehrendes Thema. 1916 gibt man stolz das Buch von HERMANN CHRIST, «Zur Geschichte des alten Bauerngarten der Basler Landschaft», heraus, das bis heute ein Grundlagenwerk der Botanik in unserer Region geblieben ist.[66]

1917 ist die Verbreiterung der Greifengasse ein wichtiges Thema. Diese wurde anfänglich der «Willkür Privater» überlassen.[67] Erst auf Einsprachen des Heimatschutzes und später auf Betreiben des Ingenieur- und Architektenverbands wurde ein Wettbewerb zur Erlangung allgemeiner Pläne veranstaltet.

Im gleichen Jahr wurde die Jahresversammlung des Schweizerischen Heimatschutzes in Basel abgehalten. Für die auswärtigen Gäste organisierte man mehrere Führungen und, wie der Obmann im Jahresbericht vermerkt:

« *Wir hörten gerne von ihnen bestätigt, dass Basel trotz allem, was Unverstand dagegen auch versündigt haben mag, immer noch eine unvergleichlich schöne und charakterfeste Stadt ist.* » [68]

1917 und 1918 beschäftigen die Renovation des Spalenhofs und des Spiesshofs den Basler Heimatschutz. Ferner wird auf Veranlassung von Architekt Wilhelm Brodbeck ein Ausschuss gebildet für Heimatschutzarbeit im Baselbiet. Dies führt dann 1919 zur Gründung einer Sektion Baselbiet, die schnell 50 Mitglieder zusammenbringt.

Wichtige Themen der nächsten Jahre sind dort immer wieder die Elektrischen Hochspannungsleitungen und auch Telefon-Leitungen. Man sorgt sich um die Birslandschaft in der Neuen Welt und die Stauung des Rheins wegen des Kembser Kraftwerks.

- In den ersten 15 Jahren seines Bestehens erreicht der Basler Heimatschutz sehr viel: die Einführung des Baulichen Heimatschutzes auf Gesetzesebene und damit verbunden die Schaffung der Staatlichen Heimatschutzkommission, die Neubauten auf ihre Qualität hin begutachten konnte, die erste Denkmälerliste in Basel und die Schaffung einer staatlich subventionierten Denkmalpflege.

1925–1945

Fortschrittsglaube
Zerstörungswelle
erste Korrekturen

Die zwanziger Jahre

In den 20er Jahren geht es dann weniger um Grundsätzliches, sondern vor allem um die anfallenden praktischen Probleme.[69] Der Aufruf des Schweizerischen Heimatschutzes zur Rettung des Silsersees wird unterstützt (1921/22) ebenso wie dessen vehementer Protest gegen den Neubau des Goetheanums in Dornach (1923). In der Stadt wird ein Brauerei-Neubau hinter dem Cafe Spitz abgelehnt.[70] 1922/23 kämpft der Heimatschutz gegen eine geplante Tramlinie über den Margarethenhügel, die das Kirchlein stark beeinträchtigt hätte. «Vom Bruderholz sollte eine Tramlinie beim Sonnenbad vorbei, den schönen Kircheingang zerstörend, den Margarethenhügel anschneidend in die Gundeldingerstrasse geführt werden [...]. Man stelle sich vor, ein Tracé von 8m Breite, mit Stützmauern, Trammasten etc. – der ganze Masstab der lieblichen, altüberlieferten Anlage von Kirche und Hügel würde zerstört und profaniert!»[71]

Dank Eingaben an die Verantwortlichen und Veröffentlichungen von Zeitungsartikeln konnte beides durch den Einsatz des Basler Heimatschutzes verhindert werden.[72]

Eine Eingabe, das alte Zeughaus vor dem Verfall zu bewahren, bleibt dagegen ohne Erfolg. Das Baudepartement ist nicht bereit, die dringend nötigen Unterhaltsarbeiten zu machen.[73] Und auch der Einsatz für die Erhaltung eines Teils des Kleinbasler Teichs klappt nicht. Am Spalenhof (Spalenberg 12) kann der Heimatschutz den Einbau eines Gewerbegebäudes im Hof nicht verhindern, nur eine Verkleinerung durchsetzen. Leider werden auch die Schaufensstereinbauten in das wunderbare Barockhaus zum Goldenen Löwen an der Aeschenvorstadt 4 trotz Einsprache des Heimatschutzes realisiert.

Ein schwerwiegender Eingriff in die Bausubstanz des St. Alban-Grabens

Am St. Alban-Graben kommt es zu einem schwerwiegenden Eingriff in die bestehende historische Bausubstanz: Das gotische Gebäude der Grosse Colmar wird 1925 abgebrochen und durch einen Neubau der Nationalbank ersetzt. Der Basler Gerichtspräsident DR. GERHARD BOERLIN, der damals Präsident des Schweizerischen Heimatschutzes ist, schreibt dazu: «Der besondere Stolz des alten Basels war als grössere einheitliche Bauanlage neben dem Münsterplatz der St. Albangraben mit seinen beidseitigen Patrizierhäusern. Da hinein ist nun durch den Neubau der Nationalbank eine schwere Bresche geschlagen worden, die nicht mehr gut zu machen ist. [....] Wir beklagen das Verschwinden des alten vornehmen St. Albangrabens: etwas Einzigartiges, Schönes und für die Heimat höchst Wertvolles hat wieder einmal vor etwas weichen müssen, das an sich nicht schlecht sein mag, aber sich überall findet und für das Gepräge un-

Hier geht ein prachtvolles Stück Basel verloren.

Der St. Alban-Graben (im Bild die Seite von Bankverein und Kunstmuseum) gehörte zu den vornehmsten Strassenzügen Alt-Basels. Er war geprägt von mehrheitlich barocken grossbürgerlichen Wohnsitzen. Nach dem Entwurf zur Denkmälerliste von 1912 hätte er gesamthaft erhalten werden sollen. Der Neubau der Nationalbank von 1925/27, für dessen Gestaltung es damals keinerlei Richtlinien gab, bedeutete den Beginn der Zerstörung dieser Strasse.

serer Stadt keine Auszeichnung bedeutet.»[74] Auch HENRI BAUR, der seit 1923 im Basler Jahrbuch regelmässig das Basler Baugeschehen kommentiert, findet scharfe Worte für diesen baulichen Eingriff: «Mit der Preisgabe dieser Strassenseite des St. Albangrabens, die in wunderbarer Harmonie die Bauten dreier verschiedener Zeiten, den Ernauerhof, den Grossen Colmar und den Württembergerhof enthielt, geht ein prachtvolles Stück baulich guten Basels verloren, und es ist äusserst fatal, wie unbekümmert das geschehen konnte, besonders auch von Seiten des Heimatschutzes aus. Da für die Neuerbauung der Strassenseite keinerlei Richtlinien, weder für Gebäudehöhe, noch Architekturform aufgestellt worden sind, wird die zwischen modernem Bankenplatz und dem alten Strassenzug Rittergasse-Albanvorstadt angenehm vermittelnde Wirkung verloren gehen.»[75] Der im Massstab unverhältnismässig grosse Banken-Neubau bedeutete tatsächlich den Anfang vom Ende dieser Strassenseite des St. Alban-Grabens. Es folgte bald darauf der Abbruch des Württembergerhofes, später derjenige des Ernauerhofs. Man erinnere sich: Im Entwurf zur ersten Denkmälerliste von 1912 war der St. Alban-Graben gesamthaft für den Denkmalschutz vorgesehen gewesen.

Im Jahresbericht des Heimatschutzes 1925/27 wird das «gänzliche Fehlen von generellen Strassen- und Bebauungsplänen [...] nach städtebaulichen und wirtschaftlichen Grundsätzen» ebenfalls kritisiert und als Grundübel dafür angesehen, dass Reibungsflächen zwischen Heimatschutz und Architekten entstanden seien.[76] Erstmals wird über Schwierigkeiten der Vereinigung bezüglich seiner Stellung in der Öffentlichkeit berichtet: «Früher war man entweder ein Freund unserer Bestrebungen oder man war gleichgültig ihnen gegenüber. Feinde gab's wenig oder wenigstens keine von Bedeutung. Nun ist alles anders geworden! Die modernen Bewegungen der Architektur, mit ihrem kräftigen Publikationswillen, mit ihren grossen Mitteln, empfinden uns als Hemmnis und ihre Lautsprecher bekämpfen uns nach Noten. Ein gewisses Repertoire von Schlagwörtern, die alle aus dem gleichen Schubfach herausgeholt sind, wird bei jeder passenden und unpassenden Gelegenheit losgelassen. Wie aus einem Maschinengewehr hagelt es Worte wie: Sentimentalität, Zipfelhauben, Stagnation, Schlaf, Traum, Tod etc. etc., Stichworte, die alle, hübsch zugespitzt, den Zweck haben dem lieben Publikum das Unzeitgemässe und deshalb Blödsinnige des Heimatschutzes einzuhämmern.»[77]

Die «Spalentor»-Abstimmung, von 1927

Zu offensichtlichen Querelen war es im Rahmen einer Abstimmung um das Spalentor im September 1927 gekommen. Es ging dabei um den geplanten Neubau des Restaurants Salmen unmittelbar neben dem Stadttor, also nicht um das Spalentor selbst. Man hatte die Bau- und Strassenlinien 1913 so gelegt (man staune!), dass das Tram zukünftig beidseits des Tors hätte durchfahren können. Auf der einen Seite sollte nun diese Baulinie etwas zugunsten des Strassenraums verlegt werden und zudem ein Neubau entstehen, der in Höhe und Gestaltung das schönste Basler Stadttor empfindlich konkurrenziert hätte. Der Grosse Rat hatte am 12. Mai einen Vertrag mit der Brauerei Salmen zur Abtretung eines Stücks Landes bewilligt. Dies führte zum Protest der Öffentlichen Denkmalpflege und des Basler Heimatschutzes, ganzseitig abgedruckt in der «National-Zeitung» vom 29.5.1927. Es folgten dann zwar Verhandlungen mit der Brauerei, die ein etwas positiveres Erscheinungsbild brachten. Aber es hatte sich bereits ein

Das Plakat des Spalentor-Referendums von 1927.

1925–1945 | **FORTSCHRITTSGLAUBE – ZERSTÖRUNGSWELLE – ERSTE KORREKTUREN**

Abbildung Seite 49:
Ansicht des Spalentors aus der Zeit um 1900. Bei der «Spalentor»-Abstimmung von 1927 ging es nicht um die Erhaltung des Stadttors, sondern um den geplanten Neubau des Restaurants Salmen, links davon.

Abbildung Seite 48:
Das Plakat des Spalentor-Referendums von 1927 führt den Stimmbürgern deutlich vor Augen, was für ein Klotz neben dem Spalentor geplant ist. Nach der verlorenen Abstimmung wurde der Neubau errichtet. Wer heute vom Spalengraben her die hohe Brandmauer sieht, versteht, warum die Heimatschützer das verhindern wollten.

Referendumskomitees gebildet, das verlangte, es seien die Baulinien beim Salmen neu festzulegen und der Neubau dürfe eine gewisse Höhe nicht überschreiten. Das Referendum wurde am 11./12. September mit 7710 Ja zu 6430 Nein verworfen. Die Zeitungen berichteten immerhin von einem Achtungserfolg des Basler Heimatschutzes. Im Vorfeld zu dieser Abstimmung kam es zu recht polemischen Äusserungen gegenüber dem Heimatschutz. Er sei für alte Brunnen, wolle aber doch den Wasserhahn im eigenen Haus.[78] Einige Fortschrittler gingen soweit, zu behaupten, man solle das Spalentor abreissen, damit das Tram (= Fortschritt) ungestört fahren könne.[79] Dies war zwar vermutlich eher polemisch gemeint, wurde aber in Heimatschutzkreisen sehr übelgenommen und wird bis auf den heutigen Tag immer wieder zitiert.

In der Mitte der 20er Jahre wird neu die «Farbige Altstadt» zum Thema. Die Häuser sollen bunt werden. Die Kunstkreditkommission macht ein Programm zur farbigen Gestaltung von Hausfassaden und nimmt den Andreasplatz als Versuchsobjekt. Der Heimatschutz befürwortet dieses Unternehmen anfänglich, berichtet aber dann bald einmal, dass Klagen über die zu grell bemalte Stadt eingingen.[80] Heute wird die Basler Altstadt nach den Prinzipien der historischen Farbgebung restauriert. Man untersucht dabei die Farben der Architekturteile (Tür- und Fenstergewände, Dachuntersicht), die meist in mehreren Schichten übereinander liegen und entscheidet dann jeweils nach dem Alter und Stil des Gebäudes und auch nach seiner Wirkung im Ensemble, wie die neue Farbe aussehen soll. Die Verputzflächen eines Gebäudes waren dabei in Basel jahrhundertelang traditionell weiss, da sie aus Kalkschlemme bestehen.[81]

Im Vorfeld zur Abstimmung wurde stark gegen den Heimatschutz polemisiert.

Die konsequente Anwendung der historischen Farbgebung hat der Altstadt ihre Ensemblewirkung zurückgegeben und damit zu neuer Ausstrahlung verholfen.

Die Auseinandersetzung mit dem «Neuen Bauen»

In der zweiten Hälfte der zwanziger Jahre beginnen dann in den Heimatschutzkreisen die Diskussionen um die moderne Architektur. Der Neubau der Antoniuskirche, von KARL MOSER, 1927, gab einen ersten Anlass dazu. Hier vertritt man, im Gegensatz zu dem grösseren Teil der damaligen Bevölkerung, eine erstaunlich positive Haltung. Man findet, dass es sich um ein «ernsthaftes Bekenntnis zu einer neuen Bauart handle».[82] Bei dem internationalen Stil des «Neuen Bauens» dagegen scheiden sich die Geister. In Basel war es der junge Architekt HANS SCHMIDT, der die neuesten Bauformen aus Holland und Deutschland einbrachte und auch in den Tageszeitungen zum Thema machte. Dabei ging es nicht ohne Seitenhiebe auf den Heimatschutz ab. Denn der Heimatschutz war seit seiner Gründung für regionale, nicht internationale Stile, er lehnte Flachdächer ab (in den dreissiger Jahren redet man sogar von «Dachlosigkeit») und mochte keine Prägung des Bauens durch moderne Technik, sondern durch ästhetische Normen.

Am 3. Oktober 1931 veranstaltete der Schweizerische Heimatschutz in Olten eine ausserordentliche Delegiertenversammlung zum Thema «Heimatschutz und neuzeitliches Bauen». Im Jahresbericht des folgenden Jahres wird dazu vermerkt: «Es gelang in den vier Stunden nicht, die Stellungnahme des Heimatschutzes in ein paar Leitsätzen zu vereinigen. So werden wir halt auch in Zukunft einen konservativen und einen fortschrittlichen Flügel haben; wir sehen übrigens, dass es beim Werkbund nicht anders ist.»[83] Schaut man die «Zeitschrift Heimatschutz» jener Jahre durch, so findet man in den Artikeln über modernes Bauen die Sympathien gewöhnlich bei denjenigen Häusern, die man heute der angepassten Moderne zurechnet. Beim Neubau der Petersschule z.B. wird die «schlichte Sachlichkeit» gelobt. Es seien beim Wettbewerb auch «merkwürdige Vorschläge» gemacht worden. In einem Entwurf war ein Spielplatz vorgesehen, der in die Luft hinausgehängt werden sollte, etwa wie die Schreibklappe eines alten Sekretärs. Damit ist der avantgardistische Entwurf HANNES MEYERS gemeint.[84] Um 1935 scheinen die grössten Differenzen beigelegt, denn PETER MEYER, der «streitbare Redaktor des ‹Werk›» (und spätere ETH-Professor), hält an der Jahresversammlung des Basler Heimatschutzes einen Vortrag über «Heimatschutz, Sinn und Möglichkeit», der sehr versöhnlich daherkommt.[85]

1929
Erste Innerstadt-Korrektionspläne für den Verkehr

Am Ende der Zwanziger Jahre machen dem Heimatschutz die Pläne zur Korrektion der Innerstadt grosse Sorgen. An seiner Jahresversammlung von 1929 hatte er sich von Architekt RICHARD CALINI, dem Präsidenten der Innerstadtkorrektions-Kommission, über die von Ingenieur EDUARD RIGGENBACH im Auftrag des Baudepartements ausgearbeiteten Strassen-Korrektionspläne gründlich unterrichten lassen. Seine Mitglieder erfuhren dabei unter anderem, dass zur Entlastung der Gerbergasse eine Parallelstrasse von 17 Metern Breite (anstelle des Gerbergässleins, des Münzgässleins, der Schneidergasse, der Stadthausgasse, der Spiegelgasse bis zum Blumenrain) nötig sei. Der letztere war zur Verbreiterung vorgesehen (schon seit 1899), und im Kern ging die Planung dieser Entlastungsstrasse bereits auf das Jahr 1900 zurück. Die Gerbergasse selbst sollte bergseitig verbreitert werden. Ferner war hier eine Verlängerung des Unteren Heubergs bis in den Leonhardsstapfelberg geplant. Vom Spalenberg aus sollte eine neue Strasse entstehen, die parallel zur Schneidergasse lief und in das Totengässlein

Der Spalenberg sollte auf der gesamten rechten Seite abgebrochen werden.

einmündete. Ferner sollte der Spalenberg auf der gesamten rechten Seite zwecks Strassenverbreiterung abgebrochen werden.

Der Vorstand des Heimatschutzes reagiert auf diese Pläne und macht eine Eingabe, man solle einen «General-Bebauungsplan» für Basel machen, der «mit Einschluss der Innerstadt und der Vororte jenseits der Kantonsgrenzen, die Hauptstrassenzüge, die Grünflächen, die Monumentalgebäude, die Bauzonen usw. vorausschauend für die Zukunft festlegt». Für einzelne Partien wie den Barfüsserplatz und die Innerstadt Teillösungen schaffen zu wollen sei ver-

1925–1945 | **FORTSCHRITTSGLAUBE – ZERSTÖRUNGSWELLE – ERSTE KORREKTUREN**

Erste Innerstadt-Korrektionspläne für den Verkehr, 1929/30. Der Planauschnitt zeigt, dass eine breite Schneisse von der Gerbergasse über Gerbergässlein, Rümelinsplatz bis zur Schneidergasse gezogen ist, die sog. Talentlastungsstrasse. Ferner sollte eine breite Strasse von der Grünpfahlgasse (Hauptpost) über Schnabelgasse und Spalenberg bis zur Gewerbeschule führen. Die ganze rechte Seite des Spalenbergs hätte dafür abgebrochen werden müssen. Ausserdem war eine neue Querverbindung von der Schnabelgasse bis zum Totengässlein vorgesehen.

werflich. Für diesen Plan solle man ein Preisausschreiben machen und zudem ein Stadtplanbüro schaffen – eine Forderung, die bereits der Ingenieur- und Architektenverein gestellt hatte.[86]

Der Redaktor der Zeitschrift «Heimatschutz», ALBERT BAUR, schreibt zu den Korrektionsplänen im darauffolgenden Jahr, 1930, einen Grundsatzartikel «Basler Stadtbausorgen».[87] Alt-Basel sei zum Tode verurteilt durch den neu herausgekommenen, verbesserten und behördlich empfohlenen Stadplan[88], der für die künftige Zerstörung des Basler Stadtkerns massgebend sei:

«*Wie verbessert man eine alte Stadtplanung? Man nimmt das Kurvenlineal, verbreitert alle Strassen auf ein Normalprofil und die Planung ist fertig. Hier sollen auf diesem Wege über 300 Häuser ganz fallen und 100 zur Hälfte [...] Heute hat man sich überall darauf geeinigt, dass jede Stadt, die diesen Namen verdienen, das heisst ein beseeltes Wesen bleiben will, ihre Altstadt erhalten muss. Hier wird sie zertrümmert.*» [89]

Aber BAUR zeigt auch einen Ausweg: Die Entwicklung der City solle beim Bahnhof und rechts und links von Aeschengraben und Aeschenplatz erfolgen. Der alte Stadtkern dagegen solle Sitz des Kleinhandels bleiben.[90] Leider wurde dieser Vorschlag damals nicht aufgenommen.

Der Jahresbericht des Heimatschutzes für 1929/30 endet mit folgenden Überlegungen: Man habe oft das Gefühl bekommen, dass man in Basel an massgebenden Orten manchmal allzu utilitaristisch eingestellt sei. Es folgt der Stossseufzer:

«*Wären doch unsere Behörden eines gleichen Geistes wie der berühmte, tüchtige Bürgermeister von Köln, Dr. Adenauer, der kürzlich an einer Tagung erklärte: So lange er die Zügel halte, werde es nicht gelingen, aus Verkehrsfanatismus mit dem alten Köln aufzuräumen, in dem die Seele der Stadt geboren sei, man solle ruhig einmal einen Umweg machen, wenn damit ein Anblick von Eigenart und Schönheit gerettet würde.*» [91]

Die Altstadt von Köln wurde dann im zweiten Weltkrieg völlig zerstört.

• In Basel erfolgte die teilweise Zerstörung der Altstadt auf demokratischem Weg. Die Bevölkerung selbst stimmte immer wieder über Vorlagen ab, die Abbrüche von Einzelgebäuden, oder wie bei den Strassenkorrektionen, von ganzen Strassenzügen zur Folge hatten. Die Vorlagen dazu lieferte eine Verwaltung, die nur den Verkehr zu sehen schien. Stadtplanung bedeutete in Basel bis weit ins 20. Jahrhundert hinein hauptsächlich Strassen- und Verkehrsplanung. Wie das Stadtbild aussehen würde, wenn all die vorgesehenen Strassenverbreiterungen der zwanziger, dreissiger und vierziger Jahre wirklich durchgezogen würden, darüber ist aus den jeweiligen Planungsvorlagen nichts zu erfahren. Man wollte offensichtlich eine moderne Stadt, ohne sich über deren Gestaltung im Detail Gedanken zu machen.

1932–1936
Eine beispiellose Abbruchserie von Dreistern-Denkmälern

Für die Zeit der dreissiger Jahre können wir nur auf wenige erhaltene Jahresberichte des Basler Heimatschutzes zurückgreifen.[92] Als zusätzliche Unterlagen für unsere Recherchen dienen die Basler Zeitungen, die Zeitschrift

Der Württembergerhof am St. Alban-Graben 14 wurde 1932 für den Neubau des Kunstmuseums abgebrochen. Er war eines der schönsten Barockgebäude Basels mit einer einzigartigen Gartenanlage aus dem 18. Jahrhundert. Gartenansicht siehe «Basler Verlustliste». Der Abbruch wurde durch eine Volksabstimmung legitimiert.

«Heimatschutz», die Jahresberichte der Basler Denkmalpflege und das «Basler Jahrbuch».

1930 beschliesst man beim Heimatschutz Teile der Altstadt, die erhaltenswürdig sind, festzustellen, also eine Art Heimatschutz-Kataster zu erarbeiten.[93] Diese Arbeiten gehen dann aber nur zögerlich voran und werden den Vorstand für viele Jahre beschäftigen.

Im St. Alban-Tal ist das einzige noch erhaltene Stück der Stadtmauer durch ein Grossmühlen-Projekt bedroht. Die Mauer gehörte nur teilweise dem Staat, der dem Mühlen-Projekt bereits zugestimmt hatte. Obmann DR. KARL HUBER verfasste ein umfangreiches Exposé «Gegen die Zerstörung des St. Albantals».[94] Die Historisch-Antiquarischen Gesellschaft und die Denkmalpflege wehrten sich zusammen mit dem Heimatschutz in dieser Sache. Auch die Eidgenössische Kommission für historische Denkmäler in Bern schaltet sich ein.[95] Das Projekt kommt dann – vermutlich aus wirtschaftlichen Überlegungen – nicht zustande.

Der Abbruch des Württembergerhofs

1932 findet am 7./8. Mai eine Abstimmung über den Neubau des Kunstmuseums am St. Alban-Graben statt. Sie endet mit einem Ja für den Neubau. Dafür muss der Württembergerhof, einer der schönsten Barocksitze

Basels, mit einer berühmten Gartenanlage aus dem 18. Jahrhundert, fallen. Der Abbruch des Württembergerhofs wird im Vorfeld zur Abstimmung aber kaum mehr diskutiert. Er war bereits 1926 vom Staat erworben worden, als Standort für das neue Kunstmuseum.[96] Als Baudenkmal hatte er durch das Höherlegen des Strassenniveaus nach dem Bau der Wettsteinbrücke leider schon erste Einbussen erfahren und durch die Dufourstrasse war sein berühmter Garten zerschnitten worden. Der Neubau der Nationalbank von 1925 schliesslich hatte den St. Alban-Graben auf dieser Strassenseite bereits so gründlich entwertet, dass nun der Abbruch «eines der schönsten Barockhäuser Basels» nicht mehr sehr tief betrauert wurde.[97]

Im Jahr 1932 kommt es erneut zu einer Abstimmung wegen des Spalentors. Diesmal geht es um eine geplante Renovation, gegen die das Referendum ergriffen wird. Es werden Spargründe genannt, aber man streitet auch über Details der geplanten Restaurierung, z. B. das Freilegen der Hausteine von einem unschönen Farbanstrich und die Entfernung des Besenwurf-Verputzes. Im Basler Heimatschutz werden zudem gewisse Rekonstuktionsvorhaben (Wehrgang) kritisiert.[98] Insgesamt ist man aber dann froh, dass die von der «National-Zeitung» als «Nörgeler Referendum»[99] bezeichnete Vorlage deutlich abgelehnt und die Restaurierung mit 4033 Ja zu 1119 Nein angenommen wird.[100]

Ein Eingriff in das Stadtbild der Grossbasler Rheinfront

Im gleichen Jahr macht der Heimatschutz eine Eingabe wegen eines klotzigen Neubaus an der Grossbasler Rheinfront.[101] Neben dem Café Spillmann, anstelle der Häuser Rheinsprung 3 und 5, soll ein moderner Wohn- und Geschäftsbau entstehen, der in der Höhe den First des Café Spillmann aufnimmt (7 Geschosse plus 1 Untergeschoss).

Der Heimatschutz verlangt, zusammen mit der Basler Denkmalpflege, dieser Neubau müsse besser eingepasst werden.[102] Es kommt zu Verhandlungen mit der Staatlichen Heimatschutzkommission und dem Stadtplanarchitekten A. SCHUHMACHER, in deren Folge das Projekt in der Höhe reduziert wird. In dem Dankesschreiben des Heimatschutzes, vom 20. Juni 1932, an den Baudirektor liest man dazu: «Unser Vorstand hatte ursprünglich geglaubt, der Reiz jenes Blockes am unteren Rheinsprung beruhe in seiner faltigen Gestaltung in verschiedene Körper mit senkrechten Linien und abwechselnder Giebelhöhe, da das Stadtbild einen bewegten Rhythmus darstelle, in dem auf die gefaltete Gruppe der Häuser an der Augustinergasse die ruhigen Blöcke des Blauen und Weissen Hauses und der Universität, dann wieder die Faltigkeit der vier Häuser am unteren Rheinsprung und dann wieder der ruhige Block der Schifflände folgen müsse. Herr SCHUHMACHER hat nun aber gezeigt, dass das Stadtbild vielleicht eher gewinnen würde, wenn am unteren Rheinsprung ein einheitli-

Wegen eines geplanten Neubaus am Rheinsprung 3/5 neben dem Café Spillmann machen der Heimatschutz und die Denkmalpflege 1932 eine gemeinsame Aktion: «Das Basler Stadtbild in Gefahr». Die Zeichnung zeigt links den geplanten Neubau, rechts den vorherigen Zustand.

In der kommunistischen Zeitung «Basler Vorwärts» vom 27. Januar 1932 wird der Heimatschutz heftig wegen seiner Bemühungen um den Rheinsprung attakiert.

Auf dem Verhandlungsweg wird erreicht, dass der Neubau zwei Geschosse niedriger wird. Er bildet leider trotzdem keine Bereicherung des Stadtbilds. Foto von 1992.

cher, ebenfalls ruhiger Block erstellt würde, der der Martinskirche gewissermassen als Sockel dienen würde.»

Aus heutiger Sicht kann man nicht finden, dass das Stadtbild gewonnen habe. Im Gegenteil, man wäre froh, der Vorstand wäre bei seiner ersten vorzüglichen Analyse der Rheinfront geblieben. Aber die Forderung nach Erhaltung der Häuser wurde gar nicht erst gestellt, und wenn man die abgebildete bissige Zeitungsnotiz aus dem «Basler Vorwärts» liest, so versteht man auch, warum.[103]

Beim Abbruch der Häuser im Jahr 1934 werden übrigens dann im Innern wertvolle Malereien entdeckt.[104]

Erneute Diskussion der Strassenkorrektions-Pläne für die Innenstadt

1933/34 wird vom Heimatschutz erneut die Basler Strassenkorrektions-Planung kritisiert. Der erste diesbezügliche Ratschlag (Nr. 2994 vom 23. Jan. 1930) war 1931 vom Parlament zurückgewiesen worden, da ein Stadtplanbüro im Entstehen sei und der neue Stadtplanchef noch auf die Planung Einfluss nehmen solle. Das Ergebnis war dann der «Ratschlag und Entwurf zu einem Gesetz betreffend die Erstellung eines allgemeinen Korrektionsplanes für die innere Stadt und die Erteilung von Baubewilligungen im Planungsgebiet», vom 2. März 1933 (Nr. 3312), der nach der Überarbeitung im Grossen Rat am 31. August 1933 genehmigt wurde (Nr. 3370).[105] Er wurde bald einmal nach dem neuen Stadtplanchef als «Schuhmacher-Plan» bezeichnet, obwohl die meisten Bestandteile auf die Pläne von Ingenieur EDUARD RIGGENBACH (1855–1930) zurückgehen, der als privater Unternehmer bereits seit 1894 für das Baudepartement in Verkehrsfragen tätig war. Die geplante Parallelstrasse zur Gerbergasse zum Beispiel, die jetzt auf 20–23 m verbreitert ist und als «Talentlastungsstrasse» bezeichnet wird, geht im Kern schon auf die Zeit von 1900 zurück.

Nun soll auch noch der Nadelberg begradigt werden! Insgesamt sollen 900–1000 Häuser fallen.

Zu den oben bereits genannten neuen Strassen im Bereich des Spalenbergs und Imbergässleins kommen nun noch eine Begradigung des Nadelbergs (!) und die Vergrösserung des Holbeinplatzes dazu. Das Viadukt am Steinengraben ist ebenfalls schon vorgesehen. Im diesem Korrektionsplan werden ferner neu westliche und östliche Randstrassen vorgesehen, die ausserhalb des innersten Stadtkerns den Verkehr aufnehmen und über eine neue Brücke beim Totentanz die Verbindung ins Kleinbasel schaffen sollten. Auch die Korrektion der Aeschenvorstadt, die dann Ende der Vierzigerjahre ein wichtiges Thema wurde, ist angekündigt, ebenso die Verbreiterung der Elisabethenstrasse. In Kleinbasel sollen u.a. die Obere und Untere Rebgasse korrigiert werden, ebenso der Obere und Untere Rheinweg.

• Am Oberen Rheinweg plant man tatsächlich, die fast gesamte rheinseitige Häuserzeile zwischen Mittlerer Brücke und Wettsteinbrücke niederzulegen, um eine Grünanlage vis-à-vis vom Münster zu schaffen.[106]

In der Einleitung zu diesem Ratschlag gehen die Planer davon aus, dass die Industrie sich zukünftig im Osten der Stadt weiter entwickeln würde (im Bereich des Hafens von Birsfelden), die künftigen Wohngebiete seien in Riehen und in den Tälern des Birsigs und der Birs zu sehen, die Grünflächen am Rhein.[107] (Aus späterer Sicht gesehen alles Fehleinschätzungen.) Die Funktion der Innerstadt wird nicht expressis verbis erwähnt. Zu vermuten ist, dass sie als Zentrum für Handel und Gewerbe dienen soll. Der Begriff «City» wird hier erstmals gebraucht, jedoch ohne nähere Definition.[108] Vor allem aber wird die Innerstadt als Verkehrsfläche angesehen, so als ob sie weder eine Geschichte noch eine erwähnenswerte Bebauung hätte. Und dementsprechend wird sie beplant.

Wen wundert es, dass da der Basler Heimatschutz aufgebracht war, ebenso übrigens auch die Architekten- und Ingenieurverbände. An deren Versammlung vom 31. Januar 1934 wird die Zahl derjenigen Häuser, die durch den Korrektionsplan umzubauen seien, auf 900–1000 geschätzt.[109] Stark kritisiert wird auch die Totentanzbrücke, die etwa 3 m höher als die Mittlere Brücke über dem Rhein zu stehen kommen soll. Und die vielen begradigenden Baulinien, die unnötig an Altstadtstrassen wie Nadelberg und Heuberg Häuser kosten würden. Dem Ratschlag 3312 von 1933 war eine Liste von Strassen beigefügt, in denen die Hauseigentümer zukünftig nur noch gegen Revers hätten bauen dürfen. Es verschlägt einem heute wirklich den Atem, wenn man diese Liste sieht. Beinahe keine Strasse der Altstadt – vom Aeschengraben bis zur Wallstrasse – ist ausgelassen. Lediglich der Münsterplatz, die Augustinergasse und die Martinsgasse fehlen. Nur einmal wird im Rahmen dieser Korrektionspläne (im ersten Ratschlag von 1930)

Salon des Segerhofs am Blumenrain 17. Das kostbare Wohnpalais aus dem 18. Jahrhundert (Architekt Samuel Werenfels) war 1923 von seiner letzten Besitzerin der Stadt geschenkt worden.

kurz auf bestehende Bauten eingegangen, die verschwinden müssten. Im Bereich der Talentlastungsstrasse würden «durchwegs minderwertige alte Häuser angeschnitten» und «das teuerste Objekt wird der Baublock Gerbergasse 48–74 sein, der vollständig verschwinden muss.»[110]

Die Korrektion für das Geviert zwischen Spiegelgasse, Blumenrain, Petersgraben, Herbergsgasse und Petersberg wird als erstes Teilstück aus dem Gesamtplan vom Grossen Rat beschlossen (28. Sept. 1933), da die Kantonalbank hier bauen will. Dies bedeutet den Abbruch des Segerhofs, Blumenrain 17, eines Wohnpalais von 1788–91, mit perfekt erhaltener Innenausstattung, erbaut von Architekt SAMUEL WERENFELS für den Handelsherrn CHRISTOPH BURCKHARDT. 1923 hatte die letzte der Familie, MARIE BURCKHARDT, den

Segerhof dem Historischen Museum geschenkt (!) und 1926 war ein Wohnmuseum darin eingerichtet worden. Als Ersatz für dieses Museum und seine Innenausstattung stellte man dann zwar das Haus zum Kirschgarten an der Elisabethenstrasse zur Verfügung. Aber das wertvolle Gebäude des Segerhofes selbst wurde, obwohl eben erst grosszügig der Stadt geschenkt, ohne viel Federlesens dem Abbruch preisgegeben.[111]

1935
«Basler Verlustliste»

1935 veröffentlicht ALBERT BAUR in der Heimatschutz-Zeitschrift eine «Basler Verlustliste», die betroffen macht.[112] Sie enthält eine Reihe von erstklassigen Baudenkmälern der Barockzeit, allen voran der Württembergerhof (St. Alban-Graben 14) mit seinem prachtvollen Garten, der dem Neubau des Kunstmuseums weichen musste. Ferner der eben genannten Segerhof am Blumenrain 17, der 1935 zusammen mit einer Reihe gotischer Häuser wegen der Strassenkorrektion des Blumenrains und des Neubaus der Kantonalbank abgebrochen wurde. Ausserdem fiel 1934 der Gute Hof, ein prächtiges Bürgerhaus an der Elisabethenstrasse 19, das der Druckerei Birkhäuser weichen musste. In Kleinbasel sind das barocke Faesch-Leisslersche Gut an der Riehenstrasse vor dem Riehentor und das Haus Zellenberg an der Riehentorstrasse 21 zu beklagen. Als akut vom Abbruch bedroht werden ferner das Zeughaus am Petersplatz und das Stadtcasino am Steinenberg, von MELCHIOR BERRI gemeldet. Lakonisch bemerkt BAUR dazu:

«*In Basel hat man wohl nach dem grossen Erdbeben vor bald siebenhundert Jahren gehofft, dass die Stadt künftig vor ähnlichen Zerstörungen bewahrt bleibe. Nun, wir leben in einer fortschrittlichen Zeit und bringen all das ohne Erdbeben fertig. Es sieht aus, wie wenn die Stadt auf Abbruch verkauft worden wäre; man hat nur darauf gewartet, bis die drei schönen Bände über das Basler Bürgerhaus fertig waren; jetzt besitzt man alles schwarz auf weiss und kann es daher ruhig zerstören.*»[113]

1936
Der vergebliche Kampf um das Zeughaus

Im Jahr 1935 macht der Basler Heimatschutz eine Resolution zur Erhaltung des Zeughauses am Petersgraben, das dem Neubau für die Universität weichen soll. Es handelte sich hier um das berühmteste und grösste historische Zeughaus der Schweiz, das aus der Zeit um 1440 stammte und im Innern noch Wandmalereien des 15. Jahrhunderts enthielt. Im 18. Jh. war es nach einem Brand in den Obergeschossen teilweise erneuert worden. Seit 1914 war der Heimatschutz immer wieder einmal an das Baudepartement gelangt, mit der

Abbildungen Seiten 61–65: Die «Basler Verlustliste», 1935. Albert Baur veröffentlicht 1935 in der Zeitschrift Heimatschutz eine «Basler Verlustliste», die erschreckend ist. Bei den abgebrochenen Bauten handelt es sich aus heutiger Sicht fast durchwegs um Dreistern-Denkmäler.

BASLER VERLUSTLISTE

Ein altes Lusthaus an der Riehenstrasse wurde sinnlos abgebrochen; an seiner Stelle ist heute eine Trümmerstätte. — Une maison de plaisance sur l'ancienne route de Riehen a été démolie, personne ne sait pourquoi; on ne trouve qu'un désert avec des débris à sa place.

Auch dieses Lusthaus besass einen Garten von erlesener Schönheit. — Voici le parc de cette maison de plaisance, un des derniers vestiges de l'ancienne culture de Bâle dont on fait du bois de chauffage.   Photos der Basler Denkmalpflege.

86

Das Faesch-Leisslersche Landgut aus dem 18. Jahrhundert, mit grossartigem Garten, Riehenstrasse 42–46.

CE QUE BALE VIENT DE PERDRE

Der Wirtenbergerhof mit seinem reizvollen Park musste der neuen Kunstsammlung weichen. — Pour construire un nouveau Musée on vient de démolir un charmant hôtel rococo avec son parc qui était une merveille.

Unweit davon musste ein auch in seinem Innern prächtiges Bürgerhaus einem Geschäftshaus weichen. — Pas loin de là une grande maison bourgeoise avec des intérieurs très artistiques a dû céder à une maison de rapport.   Photos der Basler Denkmalpflege.

Abbildung oben: Der Württembergerhof, St. Alban-Graben 14, Gartenseite.
Abbildung unten: Der Gute Hof, Elisabethenstrasse 19, 18. Jahrhundert.

1925–1945 | FORTSCHRITTSGLAUBE – ZERSTÖRUNGSWELLE – ERSTE KORREKTUREN

CE QUE BALE VIENT DE PERDRE

Auch der Zellenberg an der Riehentorstrasse ist verschwunden, der sich durch edle Verhältnisse und feine Steinhauerarbeit auszeichnete. — On vient de démolir une maison bourgeoise du Petit-Bâle, dont on pouvait admirer naguère la finesse des proportions et des détails.

Eine Zeile kleiner Bürgerhäuser, darunter rein gotische, fiel dem Neubau der Kantonalbank zum Opfer; andere werden folgen. — Une rangée de petites maisons bourgeoises, dont plusieurs gothiques, a dû céder à la nouvelle Banque cantonale; une autre rangée subira le même sort.
Photos der Basler Denkmalpflege

89

Abbildung oben: Das Haus Zellenberg an der Riehentorstrasse 21.
Abbildung unten: Mittelalterliche Bürgerhäuser an der Spiegelgasse.

BASLER VERLUSTLISTE

Auch der Segerhof musste der Kantonalbank weichen, ein Haus vom Ende des 18. Jahrhunderts, dessen innere Einrichtung wie nach einem Dornröschenschlaf erhalten war. — Le Segerhof, admirablement conservé et appartenant au Musée historique, vient de disparaître à cause de la nouvelle Banque cantonale. La photographie prise de trop près ne laisse pas reconnaître toute sa beauté.

Der Hof des nämlichen Hauses, reizvoll mit den Nebengebäuden gruppiert. — La cour de la même maison, une idylle du pur esprit de Vieux-Bâle. Photos des Basler Denkmalschutz.

Der Segerhof, Blumenrain 17, Fassade und Hofseite.

1925–1945 | **FORTSCHRITTSGLAUBE – ZERSTÖRUNGSWELLE – ERSTE KORREKTUREN**

CE QUE BALE VA PERDRE ENCORE

Das Zeughaus von 1440, von der Hofseite, mit seiner schönen Freitreppe, ist vom Untergang bedroht. — L'ancien Arsenal, une construction qui date de la Bataille de Saint-Jacques, vu du côté de la cour, est menacée de disparaître.

Das Stadtkasino von Melchior Berri, um 1820 erstellt, steht dem Autoverkehr im Weg. Eine Architektur von seltener Reinheit und Eigenart. — Le Casino de la Ville, en style empire, avec ses colonnes archaïques et la pureté de ses formes, est menacé de destruction comme obstacle à la circulation.

91

Abbildung oben: Das Zeughaus von 1440, Petersplatz 1, Hofseite.
Abbildung unten: Das erste Stadtcasino von Melchior Berri am Steinenberg, 1824–26.

Abbildung oben: Das Basler Zeughaus am Peterplatz 1 war das grösste und wertvollste historische Zeughaus der Schweiz. Es stammte aus der Zeit um 1440. Das Baudepartement hatte das Gebäude seit Jahrzehnten verlottern lassen, obwohl der Heimatschutz immer wieder gemahnt hatte, Renovationsarbeiten vornehmen zu lassen. An die Stelle des Zeughauses sollte 1936 der Neubau für die Universität kommen. Vor dem geplanten Abbruch setzte sich sogar das Eidgenössische Departement des Innern für die Erhaltung des Basler Zeughauses ein.

Abbildung unten: Um die Erhaltung des Zeughauses, beziehungsweise den Neubau der Universität, entsteht ein heftig geführter Abstimmungskampf, der für die Heimatschützer verloren geht.

Plakat der Abbruch-Gegner von 1936.

Bitte, das knapp 500 jährige Zeughaus vor dem Verfall zu retten. Im Sommer 1936 hatten u.a. der junge Kunstmaler und Heimatschützer HANS EPPENS in den Zeitungen mehrfach die Bedeutung des Zeughauses dargestellt. Er organisiert auch eine «Petition zu Gunsten der Erhaltung des alten Zeughauses», die von 528 namhaften Baslern unterstützt wird, darunter 34 Professoren der Universität.[114]

Es kam zu lebhaften Diskussionen, vor allem weil es ja um den Neubau für die Universität an dieser Stelle ging, der von den fortschrittlichen Kräften in der Stadt natürlich befürwortet wurde. Der Heimatschutz bat schliesslich die Ortsgruppen des BSA (Bund Schweizer Architekten) und SIA (Schweizer Ingenieur- und Architekten-Verband) um Hilfe bei der Suche eines Alternativstandortes für den Universitätsneubau. Dieser wurde am angestammten Standort am Rheinsprung gefunden. Der den Skizzen nach zu urteilen architektonisch ansprechende Entwurf hätte jedoch mehrere Altbauten am Rhein gekostet.¹¹⁵ Bei der Abstimmung erwies sich das als Bumerang, denn ein Teil der Bevölkerung wollte den Rheinsprung nicht verändert wissen¹¹⁶, zumal man durch den Neubau von Rheinsprung 3/5 bereits ein eher abschreckendes Beispiel vor Augen hatte.

Im Vorfeld der Diskussion um den Abbruch des Zeughauses setzte sich sogar das Eidgenössische Departement des Innern auf ausdrückliche Empfehlung der Eidgenössischen Kommission für historische Kunstdenkmäler und für Natur- und Heimatschutz bei der Basler Regierung für dessen Erhaltung ein.¹¹⁷ In den Parteien, aber auch an der Universität, wurden Pro und Contra erörtert. Das Ganze endete mit einer Volksabstimmung am 15./16. November 1936, die eine Niederlage für die Heimatschützer brachte (Stimmenverhältnis 2:1). Ein Inserat in der National-Zeitung vom 12. November 1936 zeigt in konzentrierter Form die Gründe für die Ablehnung:

«*Tausend Hände rüsten zur Arbeit am neuen Kollegiengebäude auf dem Petersplatz!/Brecht ab das schauderhaft verlotterte alte Zeughaus!/ Schont dagegen das reizende Rheinsprung-Idyll!*» ¹¹⁸

Die Gründe waren eindeutig:

1. Arbeitsbeschaffung,
2. der schlechte Zustand des vom Baudepartement stark vernachlässigten Gebäudes (Führungen darin haben die Leute zum Teil dazu bewogen, für den Abbruch zu stimmen¹¹⁹) und
3. die Schonung der Rheinfront. Ausserdem war – ähnlich wie beim Kunstmuseum – der Neubau einem wichtigen kulturellen Zweck gewidmet. Und nicht zuletzt war eine jahrzehntelange Planung vorausgegangen, die wohl auch die Stimmbürger dazu veranlasste, endlich einen Schlussstrich zu ziehen.

Der Kahlschlag am Petersberg

Am gleichen Tag wurde auch über das neue Polizeigebäude an der Spiegelgasse abgestimmt. Es wurde angenommen – allerdings sehr viel knapper als der Universitätsneubau. Auch hier war im Vorfeld von den Heimatschützern durchaus klar gesagt worden, dass damit ein grosser Teil der Altstadt am Petersberg verschwinden würde, insgesamt 11 zum Teil noch spätgotische Häuser, darunter der ehrwürdige Strassburgerhof, Petersberg 29. Am 29. Juni 1936 hatte der Heimatschutz eine Eingabe an den Grossen Rat gemacht, man solle einen anderen Standort für das Polizeigebäude suchen. Den Zeitungen ist zu entnehmen, dass ein solcher auch am Leonhardsgraben vorhanden gewesen wäre. Aber das Argument der Arbeitsbeschaffung war in der damaligen Krisenzeit auch hier stärker als heimatschützerische Bedenken.

Selbstkritisch schreibt Obmann KARL HUBER am 8. November 1937 an den Vorstand des Basler Heimatschutzes:

Der Petersberg vor dem Abbruch. Die Häuser sind grösstenteils noch spätgotisch. Weitere Bauten, die abgebrochen wurden, siehe «Basler Verlustliste».

Abbildung Seite 69: Der Kahlschlag am Petersberg. Für den Neubau des Spiegelhofs (Polizeidepartement) wurde 1938 ein ganzes Altstadtgeviert zwischen Spiegelgasse und Petersgasse geopfert.

«*Die Volksabstimmung über das Zeughaus und den Strassburgerhof bildeten für den Basler Heimatschutz einen grossen Kampf, ja den grössten Kampf überhaupt, den er bisher zu bestehen hatte. Finanziell waren wir demselben gewachsen, organisatorisch aber nicht. Wir hatten die Führung des Kampfes in fremde Hände gegeben, und der oberste Leiter selbst war während der kritischen Zeit abwesend. Bei besserer Verwendung unserer Kräfte wäre ein Sieg möglich gewesen, ganz besonders beim neuen Polizeigebäude (Strassburgerhof), weil hier die Stimmen einander ganz nahe waren, der Heimatschutz aber aus Rücksicht auf den BSA dieses Kampfziel vernachlässigte und nur für das Zeughaus focht.*

Jetzt, hintendrein, sieht man ein, dass der Verlust der Altstadtpartie Petersberg mindestens so betrübend ist, wie der des Zeughauses.

Die Schuld an den Niederlagen wollen wir nicht nach berühmten Mustern andern in die Schuhe schieben; wir selber, der Heimatschutz, sind an diesem Ausgang schuld.» [120]

Das Zeughaus wurde zu Beginn des Jahres 1937 abgebrochen. Im gleichen Jahr fiel auch der Strassburgerhof, zusammen mit einer Gruppe von mindestens elf weiteren Altstadtliegenschaften.

In seinem Tätigkeitsbericht für 1937 schreibt Obmann KARL HUBER: Es könne leider von keinen Erfolgen, sondern nur von Niederlagen des Hei-

1925–1945 | **FORTSCHRITTSGLAUBE – ZERSTÖRUNGSWELLE – ERSTE KORREKTUREN**

matschutzes erzählt werden. Zwar habe der Heimatschutz tapfer gekämpft, aber betrübend sei «die Mentalität eines grossen Teils der Bevölkerung und leider auch unserer Behörden, die kein Verständnis für die Erhaltung baslerischer Eigenart und kultureller Werte in baulichen Dingen besitzen».[121]

1929, als er, HUBER, zum Obmann gewählt wurde, habe der Heimatschutz eine Resolution gemacht, die die Aufstellung eines generellen Bebauungsplans für Basel forderte. Nun, bei seiner Demission im Jahr 1938, werde wieder eine Resolution in derselben Sache gemacht, denn der Mangel an Planung sei ein wesentlicher Grund für das Abreissen reizvoller Partien unserer Stadt. Es würden immer nur Entscheide von Fall zu Fall gemacht, die allgemeinen höheren Interessen aber übergangen.

Ferner wird verlangt, dass Altstadtbauten zu renovieren seien, unter Mithilfe des Arbeitsrappens:

«*Die Überreste, die noch daran erinnern, dass Basel einst eine schöne eigenartige und charaktervolle Stadt war, sind nun freilich klein geworden. Und gerade von diesen Überresten sind die schönsten leider bedroht z.B. das Stadthaus, die St. Johannsvorstadt mit dem Formonterhof, der Claraplatz. Sie sollen einem eingebildeten Verkehrsbedürfnis oder Geschäftszwecken Platz machen.*»[122]

1938
«Die Erhaltung der Altstadt als Pflicht unserer modernen Kulturstadt»

Der «Arbeitsrappen»

An der Jahresversammlung des Basler Heimatschutzes vom 23. April 1938 zeichnet sich dann überraschen eine positive Wende ab. Es waren ein Referat «Die Rettung der Bieler Altstadt» vorgesehen und eine Aussprache zum Thema «Die Erhaltung der Altstadt als Pflicht unserer modernen Kulturstadt».

Im Rahmen dieser Aussprache wurde bekannt, dass nun aus den Geldern des Arbeitsrappen-Fonds auch Renovationen von Altadthäusern finanziert werden sollten. Am Tag vor der Generalversammlung war ein diesbezüglicher Brief des Arbeitsbeschaffungs-Rats eingegangen.[123]

Der Arbeitsrappen soll auch für Renovationen eingesetzt werden.

Die Schaffung des «Arbeitsrappens» im Jahr 1936 war eine geniale soziale Massnahme zur Bekämpfung der Arbeitslosigkeit in jenen schweren Krisenjahren: Von jedem Franken Arbeitseinkommen wurde ein Rappen in eine Kasse abgeführt, als Solidaritätsaktion aller Arbeitenden mit der grossen Zahl der

Arbeitslosen. Damit wurden Aufträge für das daniederliegende Baugewerbe geschaffen. Verwaltungsgebäude, Spitäler, Schulen, Kinderkrippen etc. entstanden und nun sollten auch Wohnbauten in der Altstadt über diesen Fonds saniert werden können.

Die Stadt Biel hatte bereits auf andere vorbildliche Weise die Finanzierung der Renovation ihrer Altstadthäuser begonnen. Nun gab es für Basel die grosse Neuigkeit, dass der «Arbeitsrappen» für die Altstadt eingesetzt werden dürfe.

An der gleichen Jahresversammlung wurde Dr. Lukas Burckhardt zum neuen Obmann gewählt.[124] Gemäss den Tageszeitungen kam damit die junge Generation zum Zug, denn Burckhardt war gerade einmal 30 Jahre alt. Er war von Ausbildung Jurist, zwei Jahre lang Sekretär der Handelskammer, danach Sekretär des Einigungsamtes, ab 1942 im Grossen Rat (SP) und machte schliesslich Karriere im diplomatischen Dienst (1957 Sozialattaché in Washington). Burckhardt brachte viel Schwung in die Bewegung und erzielte dank politischer Aktivität auch grosse Erfolge. Doch davon später.

«Basel besinnt sich auf sich selbst»

Im Jahr 1939 ist in der Zeitschrift Heimatschutz eine ganze Nummer der Stadt Basel gewidmet, unter dem Titel «Basel besinnt sich auf sich selbst».[125] Der Vorsteher des Baudepartements Dr. F. Ebi (SP) berichtet darin zu Beginn über den Einsatz des Arbeitsrappens, aus dem bereits Subventionen für Renovationen an ca. 1000 Gebäuden in der Altstadt gesprochen worden seien.[126] Allerdings wurden auch Neubauten in der Altstadt – da es ja um Arbeitsbeschaffung ging – von dem «Arbeitsrappen» finanziert (Neubau der Öffentl. Krankenkasse, neue Gebäude am Blumenrain, an der Gerbergasse, der Steinenvorstadt, Neubau des Stadtcasinos etc.). Die erste grosse Renovation eines Baudenkmals aus dem Arbeitsrappen-Fonds betraf das Kleine Klingental, ein ehemaliges mittelalterliches Frauenkloster, das nun restauriert und als Stadt- und Münstermuseum und Sitz der Basler Denkmalpflege eingerichtet wurde. Im Anschluss an die Ausführungen des Baudirektors werden im gleichen Heft die neuen Zonenvorschriften für die Altstadt vorgestellt.

Die erste grosse Renovation aus dem Arbeitsrappen-Fonds betrifft das Kleine Klingental.

1939
Erstmals Zonenvorschriften für die Altstadt

Die jahrzehntelangen Klagen der Heimatschützer und Architektenverbände hatten endlich dazu geführt, dass 1939 ein neues Hochbautengesetz samt Zonenplan eingeführt wurde.[127] Ein Jahr zuvor hatten der Heimatschutz und die Öffentliche Basler Denkmalpflege eine Eingabe gemacht, in der die Strassen und Plätze der Altstadt bezeichnet wurden, die schutzwürdig seien. Diese von Dr. Rudolf Kaufmann, damals noch Sekretär der Basler Denkmalpflege, erarbeiteten Vorschläge wurden dann weitgehend in dem neuen Zonenplan berücksichtigt.[128]

In diesem Zonenplan wurden die Stadtgebiete nach Wohnzonen mit verschiedenen Gebäudehöhen, und in Gewerbe- und Industriezonen eingeteilt, und die Altstadt bekam speziell ausgeschiedene Gebiete. Diese waren mit violetter Farbe gekennzeichnet, so dass die Altstadtzone bald einmal volkstümlich den Namen Violette Zone bekam. Für diese Zone konnte der Regierungsrat bei Bedarf besondere Vorschriften erlassen. Damit war ein neuer wichtiger Schritt zur Förderung der Altstadt getan, auch wenn sich später erweisen sollte, dass er bei weitem nicht ausreiche. Die eingezonten violett bezeichneten Gebiete waren, insbesondere in Kleinbasel, viel zu eng gefasst und es gab kein Erhaltungsgebot. In der Altstadtzone konnte neu gebaut werden, aber der Neubau musste sich dem bestehenden Umfeld anpassen. Eine konsequent durchgeführte Umsetzung der Violetten Zone, die uns zum Glück erspart geblieben ist, hätte Basel wie das nach dem Krieg rasch wiederaufgebaute Nürnberg aussehen lassen: Reihen moderner Bauten in einer alten Gebäudehöhe mit Verputzfassaden und Satteldächern. Die Neubauten anstelle des Burghofs zu Beginn der St. Alban-Vorstadt/Ecke Dufourstrasse und die Häuser am Anfang der Schützenmattstrasse neben dem Holbeinbrunnen sowie z.T. am Rümelinsplatz lassen erahnen, wie Basel heute aussehen würde, wenn die Bausubstanz der Violetten Zone konsequent ausgewechselt worden wäre. Zum Glück haben Planungen gewöhnlich kurze Beine.

Erfolgreiche Grundlagenarbeiten des Heimatschutzes

Das Buch «Baukultur im alten Basel», von Hans Eppens

Zu Weihnachen 1937 war eine Publikation von Hans Eppens, «Baukultur im alten Basel», erschienen.[129] Auf sehr anschauliche Art und gut bebildert werden darin die wichtigsten Basler Baudenkmäler dargestellt. Mit guten Fotos, knappem Text – vor allem Bildlegenden – und in einem sympathisch handlichen Format wird die historisch bedeutende Basler Architektur dem Betrachter nahe gebracht. Das Buch schlug bei der Bevölkerung regelrecht ein. Es war in kürzester Zeit vergriffen und musste bereits 1938 wieder nachgedruckt werden. Seitdem hat es insgesamt acht Auflagen erlebt, die seit der dritten erweitert waren, später auch noch mit zusätzlichem Fotomaterial ergänzt wurden und schliesslich zweisprachig erschienen.[130]

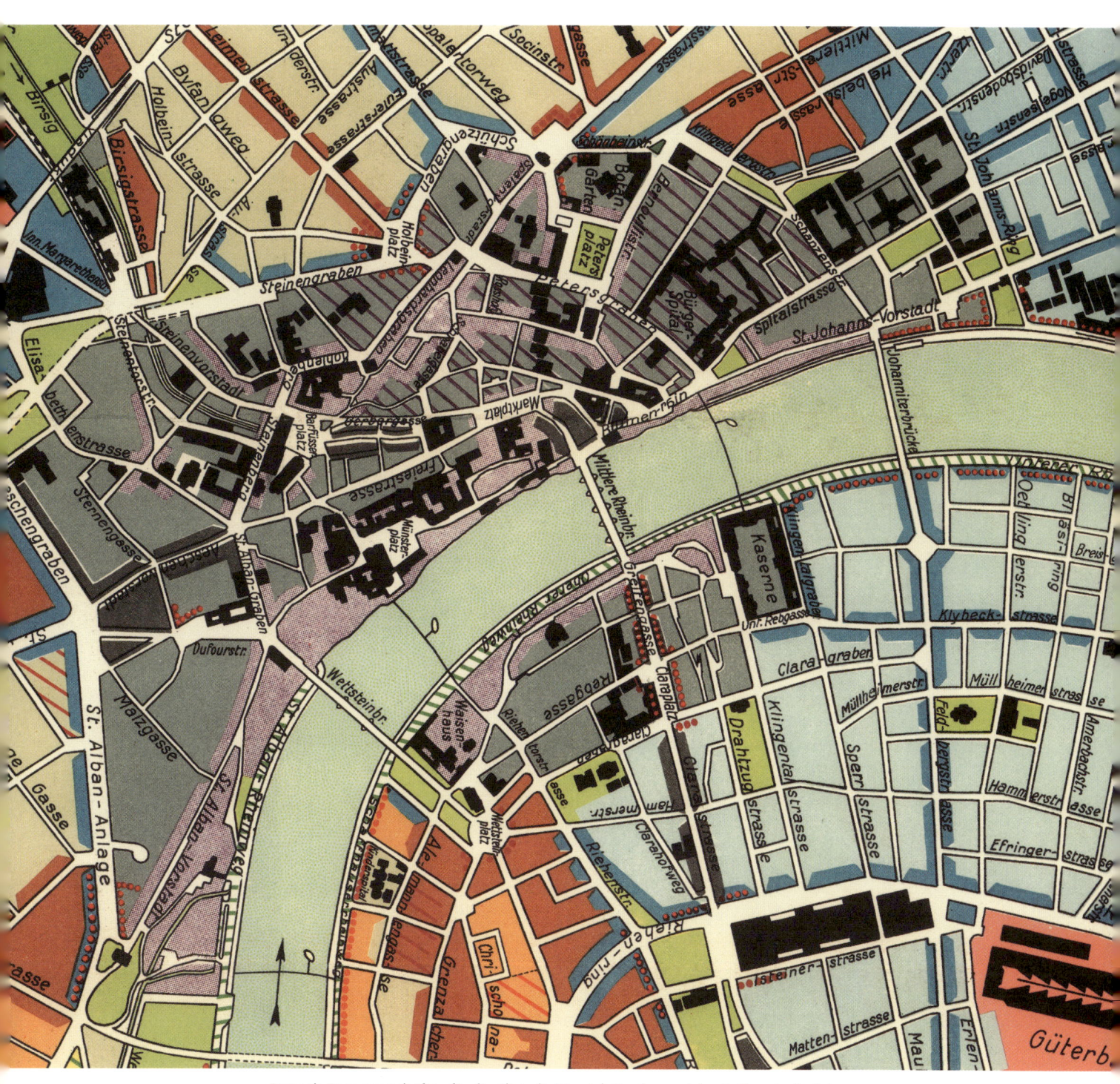

1925–1945 | **FORTSCHRITTSGLAUBE – ZERSTÖRUNGSWELLE – ERSTE KORREKTUREN**

Erstmals Zonenvorschriften für die Altstadt. Die violett gekennzeichnete Zone bedeutete einschränkende Massnahmen für die Bebauung, aber keinen Schutz für die Häuser. Sie konnten abgebrochen und neu gebaut werden, der Neubau musste lediglich der Umgebung angepasst werden. Leider war die bezeichnete Zone viel zu knapp bemessen, sowohl bei den Grossbasler Vorstädten, wie vor allem auch in Kleinbasel.

1939
Die Eingabe eines «Illustrierten Verzeichnisses der besonders schutzwürdigen Bauten im Kanton Basel-Stadt»

Hans Eppens war es in der Folge auch, der im Auftrag des Basler Heimatschutzes ein umfangreiches «Illustriertes Verzeichnis der besonders schutzwürdigen Bauten im Kanton Basel-Stadt», in Zusammenarbeit mit dem Technischen Arbeitsdienst des Kantons erarbeitete.[131] Es wurde am 1. Juni 1939 dem Basler Regierungsrat von der Sektion Basel der Schweiz. Vereinigung für Heimatschutz vorgelegt. «Das Verzeichnis ist eine übersichtliche und anschauliche Zusammenstellung darüber, was für Bauwerke bereits heute durch die Gesetzgebung als schutzwürdig erklärt worden sind und was für weitere Bauwerke für einen solchen Schutz ausserdem in Frage kommen.»[132] Es bildete die Grundlage für das 1945 erlassene zweite Denkmalverzeichnis in Basel. Als in der Folge nichts passiert, schiebt der Obmann Lukas Burckhardt, mittlerweile Mitglied des Grossen Rates, 1942 einen «Anzug um Ausdehnung des Schutzes wertvoller Baudenkmäler»[133] nach, der schliesslich 1945 den gewünschten Erfolg bringt.

Das Verzeichnis des Heimatschutzes bildet die Grundlage für das 2. Denkmalverzeichnis, 1945.

Daneben bleiben dem Heimatschutz unter dem neuen Obmann genügend Sorgenkinder: Das Stadthaus ist nach wie vor vom Abbruch bedroht (Talentlastungsstrasse). Eine Gruppe von Spekulanten plant einen Teil der Spalenvorstadt abzureissen.[134] Der Heimatschutz schreibt daher eine diesbezügliche Eingabe an den Vorsteher des Baudepartements.[135] Und am Claraplatz soll der Aebtische Hof (auch als Schettyhäuser bezeichnet), ein grosser Barockbau des Architekten Johann Jakob Fechter von 1747, abgebrochen werden. Der Heimatschutz hatte bereits im Juni 1938 zusammen mit der Öffentlichen Basler Denkmalpflege einen Aufruf zur Erhaltung dieser Häuser gemacht.[136]

Im Jahr 1940 wird eine «Eingabe zur Schaffung weiterer Grünflächen in Basel-Stadt», verfasst von Architekt F. Lodewig und Hans Eppens, gemacht. Ferner wird ein Verzeichnis der besonders schutzwürdigen Bauten von Muttenz ausgearbeitet (H. Eppens und J. Eglin).[137]

Zwei Jahre später überreicht der Heimatschutz dem Regierungsrat das Denkmalverzeichnis für die Gemeinde Riehen, verfasst von F. Largiadèr-Linder, R. Philippi und Hans Eppens. Es sind 72 Objekte darin erfasst, von denen 34 als schutzwürdig erklärt werden.[138]

Im Jahr 1941 beginnt man, zusammen mit dem Werkbund und dem BSA, besonders gute Neubauten zu prämieren.[139] Diese Aktion wird 1943 nochmals wiederholt, aber dann vom BSA fallen gelassen, «da der Erfolg der bisher durchgeführten Aktion nicht eindeutig war».[140] Das erste Mal waren die besten Einfamilienhäuser und Grabsteine der Jahre 1939/40, das zweite

Mal Mehrfamilienhäuser und Ladeneinbauten prämiert worden. Die Denkmal-Aufnahmen in den Bezirken Liestal und Arlesheim werden weitergeführt (EPPENS). Und an der Jahresversammlung vom 27. September 1941 gibt es interessante Neuigkeiten über die Korrektion des Birsigs oberhalb der Bottminger Mühle. Der Stadtgärtner R. ARIOLI und Architekt A. ENGLER berichten über die negativen Auswirkungen der Begradigungen des Birsigs auf die Ufergehölze. Und über die auch positiven biologischen Seiten von Überschwemmungen für das angrenzende Land. Der Berichterstatter meint dazu, dies seien ganz aussergewöhnlich neue Überlegungen.[141] Ein halbes Jahrhundert später sind sie Allgemeingut geworden und man beginnt rund um Basel, die begradigten und einzementierten Flüsse wieder zu renaturieren.

An der Jahresversammlung vom 10. Oktober 1942 hält Regierungsrat FRITZ EBI (SP) einen eineinhalbstündigen Vortrag über aktuelle Stadtbaufragen und Heimatschutz.[142]

Er beginnt mit dem Hinweis auf die scharfe Opposition des Heimatschutzes gegen die baslerischen Baubehörden bei seinem Amtsantritt vor sieben Jahren. Doch seitdem hätten sich die Standpunkte genähert, wohl auch durch Verdienst der Staatlichen Heimatschutzkommission und ihrer Neuorientierung, die eine Zusammenarbeit von Baudepartement mit Heimatschutz und Denkmalpflege bewirkt habe. EBI weist dann auf die positiven Auswirkungen des Arbeitsrappens hin und berichtet über die Korrektionen in der Altstadt. Als Neuigkeit wird bekannt, dass die Talentlastungsstrasse nun nicht mehr als Hauptstrasse, sondern als Ergänzungsstrasse aufgefasst wird.[143] Dies würde bedeuten, dass das Stadthaus und der Fischmarktbrunnen stehen bleiben könnten. Erhalten werden sollen diejenigen Partien der Altstadt, die fernab des wirtschaftlich pulsierenden Lebens liegen (Leonhardsberg, Heuberg, Nadelberg, Münsterhügel etc.). Dabei sollen die erforderlichen Altstadtsanierungen vorgenommen werden, die Häuser zu anständigen Wohnungen gestaltet und die zu stark überbauten Höfe ausgeräumt werden. EBI nennt dann eine Reihe von renovierten Bauten, vom St. Johann bis zum Münsterplatz.

> Nun sollen bestimmte Partien der Altstadt erhalten werden.

Weitere wichtige Themen, die in jenen Jahren zur Diskussion stehen, sind die Flugplatz-Frage und der Bau des Kraftwerks Birsfelden. Beide Projekte betreffen den Natur- und Landschaftsschutz im Umkreis der Stadt. Beim Flugplatz wendet sich der Heimatschutz entschieden, zusammen mit dem Naturschutz und BSA und SIA, gegen den Standort Hardwald. Im August 1942 hatte der Heimatschutz eine diesbezügliche Resolution an den Grossen Rat verschickt.[144] (In der Volksabstimmung wird dann der Standort Hardwald tatsächlich abgelehnt.)

Bedroht ist auch die Rheinlandschaft in Birsfelden. Hier soll ein grosses Kraftwerk entstehen. 1942 lässt der Basler Heimatschutz von PROF. HANS HOFMANN, Zürich, ein Gutachten zuhanden der beiden Regierungen in Basel-Stadt und Baselland erarbeiten.[145] Darin wird gefordert, das Projekt müsse sich

Die Verbesserung der Architektur des Kraftwerks Birsfelden gehört zu den grossen Erfolgen des Basler Heimatschutzes. Anstatt des schwerfälligen Beton-Riegels des Büros Aegerter/Bosshart, 1949 (Abbildung oben), konnte hier eine elegante Architektur von Prof. Hans Hofmann durchgesetzt werden (Abbildung Seite 77). Ausserdem wurde ein Teil des Rheinufers als Grünzone bewahrt.

der Rheinlandschaft einordnen und das rechte Rheinufer sei als Grünzone zu erhalten. Dies wird schliesslich, nach jahrelangen Verhandlungen, auch erreicht. Das Kraftwerk wurde am Ende nach den Plänen von PROF. HOFMANN selbst erbaut (1953/55). Es gilt heute als eine der architektonisch wertvollsten technischen Anlagen jener Zeit.

1944
Die «Denkschrift, enthaltend die Wünsche und Vorschläge der Schweizerischen Vereinigung für Heimatschutz Sektion beider Basel an das Baudepartement des KantonsBasel-Stadt»

Im folgenden Jahr wird eine umfangreiche Denkschrift vorbereitet, verfasst von dem früheren Obmann DR. KARL HUBER. Sie wird am 1. Februar 1944 eingereicht.[146] Im Vorspann dazu wird berichtet, es sei in der letzten Zeit still geworden um die Sanierung der Altstadt via Arbeitsrappen. Mit Ausnahme der planmässigen Aufnahme der für die Sanierung vorgesehenen Quar-

Das Kraftwerk Birsfelden in der Gestaltung von Prof. Hans Hofmann, erbaut 1953–55.

tiere sei nichts mehr geschehen. Nun wird ein umfangreicher Wunschkatalog präsentiert.

Er betrifft

1. die Erhaltung und Sanierung der Altstadt (die Zonenvorschriften seien seit 1939 vorhanden, Geld via «Altstadtrappen» auch, aber es geschehe nichts),
2. eine bessere Führung der Bodenpolitik (städtische Landreserven würden zum Nachteil der allgemeinen Interessen spekulativ ausgebeutet),
3. Bebauungsvorschriften für wichtige Partien des Stadtbildes (zur städtebaulichen Eingliederung von Neubauten).
4. Der Zonenplan müsse revidiert und einige Aufzonungen von 1939 korrigiert werden.
5. Das Hochbautengesetz müsse bei gewissen starren Bebauungsvorschriften gelockert werden (Brandmauer-Problem).
6. Die Zuständigkeit der Staatlichen Heimatschutzkommission müsse erweitert werden. Sie sei frühzeitig bei Projektierungen einzubeziehen.

7. Die Heimatschutzbestimmungen bezüglich Reklamewesen müssten schärfer gehandhabt werden.
8. Es sei ein ständiges Budget für die Stadtverschönerung einzuführen.
9. Beseitigung von Brandmauer-Aspekten (Möglichkeit der Bepflanzung).

Dann geht man auf diverse Einzelaspekte ein: die Erhaltung der Stadtmauer am Letzigraben, die wünschbare Abstockung des Salmen neben dem Spalentor, die Erhaltung des Claraplatzes und des Petersplatzes. Bei letzterem wird u. a. die Verlegung der Hygienischen Anstalt aus dem Stachelschützenhaus gefordert, denn es bestehe Gefahr durch verunstaltende Anbauten – wahrlich eine weise Vorhersage. Die verunstaltenden Anbauten wurden dann in den 60er Jahren gemacht und bestehen bis auf den heutigen Tag, obwohl der Grosse Rat sie seinerzeit nur als Provisorium bewilligt hatte. Weitere Wünsche betreffen die Umgebung des St. Jakobsdenkmals, den Rückbau der Turmhelme des St. Alban- und St. Johannstors (beide hatten nach 1860 hohe wilhelminische Dachhauben bekommen, die man dann rund hundert Jahre später wieder entfernte) und die Schaffung von Klein-Grünflächen in der Stadt (in den 80er Jahren des 20. Jhs. von den Planern als sog. Westentaschen-Parks wieder neu propagiert).

Für ausserhalb des Stadtgebiets wünschte man den Stopp von Waldrodungen, die Erhaltung von Alleen und Baumgruppen, neue Wanderwege, die Erhaltung des Birsufers bei der Rütihard (Rheinhafen Birsfelden), die Erhaltung bzw. Schonung der Rheinufer bei dem geplanten Kraftwerk Birsfelden und die Renovation des Weiherschlosses Bottmingen.

Die Denkschrift des Heimatschutzes ging für längere Zeit in Vernehmlassung. Einer diesbezüglichen Berichterstattung der Staatlichen Heimatschutzkommission an den Vorsteher des Baudepartements von 1946 entnehmen wir, dass vieles davon sehr ernst genommen und in der Folge dann auch tatsächlich realisiert wurde.[147]

Aus dem Jahr 1944 erfahren wir ferner, dass das Denkmalverzeichnis für Baselland abgeschlossen sei. Wohl in diesem Zusammenhang hält HANS EPPENS einen Vortrag über «Sinn und Zweck unserer Denkmalverzeichnisse», dem wir folgende eindrückliche Worte entnehmen.

«*Wir wissen es alle: unsere alten Siedelungen und mit ihnen die schönen Einzeldenkmäler sind heute nicht nur durch Bomben bedroht, sondern ebensosehr durch Unverstand und Gewinnsucht. Die Denkmalverzeichnisse wie wir sie im ganzen Kanton Basel nun zum Abschluss gebracht, sollen einen wirksamen «prophylaktischen Damm» gegen die Zerstörungen durch Einheimische errichten helfen. Dies ist ihr Sinn und Zweck.*»[148]

In der Basler Altstadt allerdings sind weitere Zerstörungen vorgesehen. Für die Erweiterung des Gerichtsgebäudes an der Bäumligasse sollen sämtliche rechts an das bestehende Gebäude angrenzenden Altstadthäuser bis zur Rittergasse fallen, mit Ausnahme des «Delphins» (Nr. 10). Das Stadthaus ist weiterhin bedroht und ebenso die Schetty-Häuser am Claraplatz. Über den Markgräfler Hof an der Hebelstrasse dagegen liest man, dass er im Innern in alter Schönheit wiedererstehen solle, sobald der neue Spitalbau vollendet sei.[149] Seitdem sind nicht nur der Spitalneubau von Architekt HERMANN BAUR (1936–40), sondern auch dessen Erweiterung durch das Büro SUTER + SUTER (1978) realisiert worden. Auf die Wiederherstellung des Markgräflerhofs jedoch warten wir noch immer.

Auf die Wiederherstellung des Markgräfler Hofs warten wir heute noch.

1945
Das Denkmalverzeichnis von 1945 samt verbesserten Vorschriften über den baulichen Heimatschutz

Die Eingabe des Heimatschutzes von 1939 betreffend die «besonders schutzwürdigen Baudenkmäler im Kanton Basel-Stadt» hat endlich, nach sechs Jahren, den langersehnten Erfolg. Ohne den politischen Vorstoss von LUKAS BURCKHARDT im Grossen Rat, 1942, wäre es wohl noch länger gegangen. Immerhin, am 7. Februar 1945, wird nun vom Regierungsrat eine Verordnung erlassen, die den baulichen Heimatschutz erweitert.[150] Jetzt kann nicht nur eine «erhebliche Verunstaltung», wie in der Verordnung von 1911, sondern jede «verunstaltende Beeinflussung des Strassen-, Platz-, Städte-, Landschafts- oder Aussichtsbildes» verhindert werden. Ferner werden die Reklamevorschriften verschärft. Vor allem aber wird der «Schutz der Bauwerke von geschichtlicher und künstlerischer Bedeutung» geregelt. Der Verordnung beigefügt ist ein Verzeichnis von ca. 260 Objekten, die nun definitiv vor dem Abbruch geschützt werden sollen.

Paragraph 43 der Verordnung besagt: «Die geschützten Bauwerke müssen so unterhalten werden, dass ihr Bestand dauernd gesichert ist. Schäden, die den Bestand bedrohen oder das Aussehen des Gebäudes beeinträchtigen, sind unverzüglich zu beheben.»[151] Auf eine Sicherung der Denkmäler durch Grundbucheintragung wird auch diesmal verzichtet. Aber der Abbruch eines geschützten Gebäudes erfordert immerhin eine Sondergenehmigung durch die Regierung.[152]

Diesmal umfasst die Liste nicht nur die wichtigsten Kirchen, öffentliche Gebäude und Brunnen, sondern auch zahlreiche Privatliegenschaften (ca. 140). Die ganz genaue Anzahl der Häuser ist nicht zu eruieren, da einige Adressen mehrere Bauten betreffen. Das Verzeichnis ist übrigens nicht abschliessend, seine Ergänzung wird vorbehalten. Als zeitliche Grenze ist ungefähr die Zeit um 1860 angesetzt. Schon von daher sind Ergänzungen zu erwarten. Bis zur Wertschätzung der Architektur des späteren 19. Jahrhunderts dauert es zwar noch einige Zeit. Und 1958 ist es dann wieder der Heimatschutz, der eine ergänzende Liste für das 19. Jahrhundert eingibt.

HANS EPPENS bezeichnet in den «Basler Nachrichten» das neue Verzeichnis als einen «der grössten und schönsten Erfolge, die der Denkmalschutz buchen kann.»[153] Und auch der Obmann des Heimatschutzes, CHRISTOPH BRUCKNER, dankt dem Regierungsrat im Namen des Heimatschutzes «verbindlichst».[154] Der Korrespondent der «National-Zeitung» berichtet: «In den neuen Vorschriften kommt nunmehr deutlich und ausreichend zum Ausdruck, dass das Stadtbild in seinen alten und neuen Teilen im Interesse der Allgemeinheit als Kulturgut zu betrachten ist und von verunstaltenden Beeinflussungen geschützt werden soll.» Und er findet ferner, die neue Heimatschutz-Verordnung bilde den «verheissungsvollen Auftakt zum neuen Korrektionsplan».[155] Hierin allerdings irrte er sich gründlich, wie wir bald sehen werden.

Betrachten wir das zweite Basler Denkmalverzeichnis, von 1945, etwas nüchterner als die Zeitgenossen, so stellen wir fest, dass es gerade einmal die Hälfte derjenigen Adressen umfasst, die 1912 von den Heimatschutz-Fachleuten als schützenswert angesehen worden waren (allerdings fünfmal mehr als die erste offizielle Denkmälerliste von 1915). Es entspricht jedoch weitgehend den Vorschlägen, die der Heimatschutz 1939 eingegeben hatte. Also mehr konnte man damals wohl nicht fordern und es war ja zusätzlich dazu die Violette Altstadt-Zone eingeführt worden. Aber es sei doch daran erinnert, dass einige Spitzenwerke der Basler Architektur wie der Württembergerhof, der Gute Hof, der Segerhof, der Strassburgerhof, das Zeughaus und diverse Barockbauten in Kleinbasel bereits abgebrochen waren. Ferner fällt auf, dass der Goldene Löwen, Aeschenvorstadt 4, der sich als einer der ganz wenigen Privatbauten auf der Denkmalliste von 1915 befand, nun nicht mehr aufgeführt ist. Hier zeichnet sich bereits ab, dass nun die Aeschenvorstadt auf der Abschussliste steht. Und in Kleinbasel sind es die Schetty-Häuser am Claraplatz, die nicht ins Denkmalverzeichnis aufgenommen wurden.

1945, in dem Jahr des Kriegsendes, erlebt der Heimatschutz eine eher ruhige Zeit. Man plant die Herausgabe eines Altstadtführers, der von den Mitgliedern des Vorstands erarbeitet werden soll. Fragen der Altstadtsanierung und die Bedrohung des Claraplatzes werden weiterhin verfolgt. Gebäude, die neuerlich Sorgen machen, sind das Sommercasino, das baulich in schlechtem Zustand ist und der Burghof (St. Alban-Vorstadt 2, 4), der abgebrochen werden soll. An der Jahresversammlung vom 12. Mai 1945 berichtet der Präsident der Staatlichen Heimatschutzkommission, DR. RUDOLF KAUFMANN, über die Tätigkeit seiner Kommission: «Unsere Aufgabe ist es, die Probleme der modernen Siedlung auf Grund der modernen gesellschaftlichen Entwicklung zu behandeln. Sie [die Kommission] ist eine Instanz nach vorwärts, hat dafür zu sorgen, dass die neue Bebauung gute Bebauung ist und die organische Synthese mit dem Bestehenden findet.»[156]

Das 2. Denkmalverzeichnis enthält die Hälfte der Adressen des Vorschlags von 1912.

1925–1945 | **FORTSCHRITTSGLAUBE – ZERSTÖRUNGSWELLE – ERSTE KORREKTUREN**

Der Äbtische Hof am Claraplatz 2–3, seit dem 19. Jahrhundert auch als Schettyhäuser bezeichnet, gehörte ursprünglich zum Clarakloster. Er bestand aus zwei Barockbauten des Architekten J. J. Fechter aus dem 18. Jahrhundert. Um seine Erhaltung wurde erbittert gestritten. Sie scheiterte unter anderem am Widerstand des Baudepartements, das dort einen modernen Platz entstehen lassen wollte. Der Denkmalpfleger Rudolf Riggenbach 1944 dazu: «Wir müssen uns überlegen, ob wir heute, da in Europa unersetzliche Kunstwerke vernichtet werden, unsere eigenen Baudenkmäler selbst abreissen wollen.»

Hier beginnt sich ein grundlegender Unterschied zwischen dem privaten Verein Basler Heimatschutz und der Staatlichen Kommission abzuzeichnen: Die Staatliche Heimatschutzkommission setzt sich immer mehr für das Neubauen ein, der Heimatschutz für das Erhalten. Deutlich hatte sich das bereits 1944 bei der Diskussion um die Schetty-Häuser, bzw. den Äbtischen Hof gezeigt. Sie gehörten ursprünglich zum Clarakloster. 1747 erfolgte eine Umgestaltung durch JOHANN JAKOB FECHTER, der den Doppelhäusern ein einheitliches barockes Aussehen mit sehr prägnantem hohem Dach gab. 1832 an einen Seidenfärber verkauft, übernahm später die Familie SCHETTY die beiden stattlichen Gebäude. Der Denkmalwert war allgemein bekannt und der Heimatschutz hatte sich schon 1938 gegen einen Abbruch gewehrt und mit seiner Liste von 1939 auch die Unterschutzstellung beantragt. Dies wurde aber vom

Baudepartement nicht akzeptiert. An einer öffentlichen kontradiktorischen Versammlung vom 16. November 1944 hatten sich nicht nur Vertreter des Heimatschutzes, sondern auch Prof. Hans Bernoulli, die Architekten Artaria und Bräuning und vor allem der Denkmalpfleger Dr. Rudolf Riggenbach vehement für die Schetty-Häuser eingesetzt. Letzerer gab zu bedenken:

«*Wir müssen uns überlegen, ob wir heute, da in Europa unersetzliche Kulturwerke vernichtet werden, unsere eigenen Baudenkmäler selbst abreissen wollen.*»[157]

Für den Abbruch waren der Stadtplanchef und der Präsident der Staatlichen Heimatschutzkommission, die hier einen modernen Platz schaffen wollten.

1949
Der Führer «Die Schöne Altstadt»

Im Sommer 1949 erscheint der Führer «Die schöne Altstadt. Rundgänge zu den Baudenkmälern von Basel und seiner Umgebung. Mit Zeichnungen von Niklaus Stoecklin». Er war unter Leitung von Dr. Albert Baur von den Vorstandsmitgliedern Martin Burckhardt (Architekt), Hans Eppens, (Kunstmaler), C. A. Müller, (Sekretär der Denkmalpflege) und Alfred R. Weber verfasst und von Staatsarchivar Dr. Paul Roth auf historische Genauigkeit überprüft worden. Der Führer wurde – auch dank den liebenswürdigen Zeichnungen von Niklaus Stoecklin, ebenfalls Vorstandsmitglied des Heimatschutzes, zu einem Riesenerfolg. Die erste Auflage, von 3000 Stück, war in einem halben Jahr vergriffen und wurde gleich wieder nachgedruckt.[158] Albert Baur, der sich als Redaktor jahrzehntelang für die Sache des Heimatschutzes eingesetzt und sich insbesondere mit seinen Berichterstattungen über die Basler Altstadt sehr verdient gemacht hatte, erlebte diesen Erfolg leider nicht mehr. Er starb zu Beginn des Jahres, nachdem er gerade noch die Druckfahnen hatte redigieren können.

Abbildung links: «Am Münsterchor». Zeichnung von Niklaus Stoecklin für den Führer «Die schöne Altstadt». Dieser Führer wurde 1949 vom Basler Heimatschutz herausgegeben und ein ganz grosser Erfolg. Die erste Auflage von 3000 Stück war in einem halben Jahr vergriffen und musste gleich wieder nachgedruckt werden.

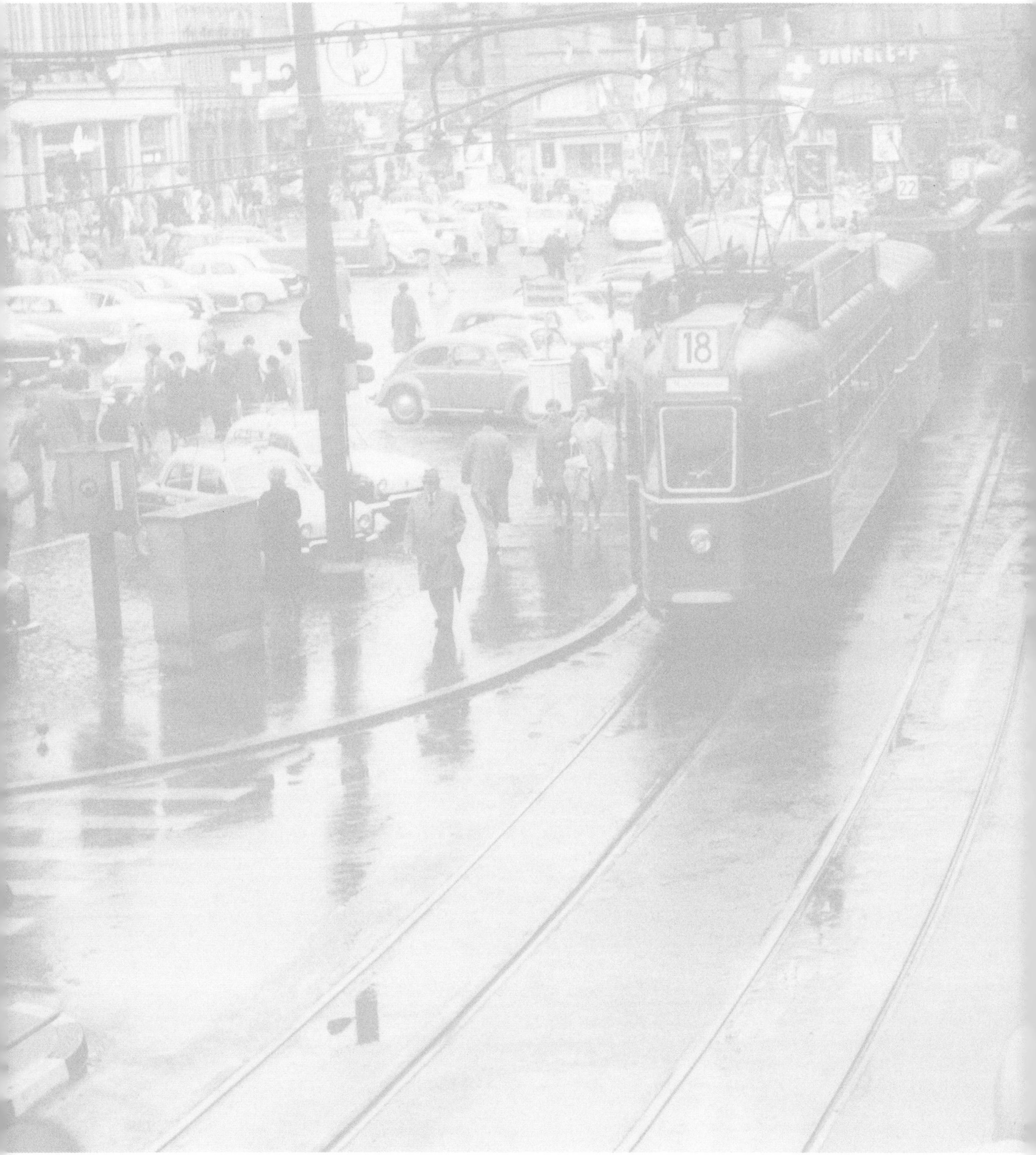
18
22

1945–1975

Hochkonjunktur
Verkehrsgerechte Stadt
Entdeckung
des 19. Jahrhunderts

Die Nachkriegszeit: Planungen für die verkehrsgerechte Stadt

Ende 1945 erscheint der Korrektionsplan für Kleinbasel.[159] Er enthält u. a. die Korrektion des Claraplatzes, die Verbreiterung der Clarastrasse (rechte Seite), die Aufhebung des Schafgässleins zwischen Rheingasse und Utengasse zugunsten eines grossen Parkplatzes, die Korrektion der Rheingasse (ganze linke Seite), die Arkadisierung der Greifengasse (rechte Seite), die Korrektion eines Teils der Feldbergstrasse und vieles andere. Der Basler Heimatschutz macht eine kritische Stellungnahme zuhanden der Grossratskommission.[160] Er wendet sich gegen den Abbruch der Schetty-Häuser, findet eine Verbreiterung der Rheingasse nicht notwendig und die Korrektion der Feldbergstrasse fragwürdig. Er verlangt ferner dringlich ein Grünflächenprogramm für Kleinbasel.

Er erreicht letztlich aber lediglich, dass die Rheingassen-Korrektion etwas gemildert wird. (Bericht der Grossratskommission 4237, vom 13. Juni 1946.) Bezüglich der Schettyhäuser ist die Kommission «nach Anhörung aller interessierten Kreise» zur Auffassung gelangt, sie müssten «zugunsten einer besseren Platzgestaltung geopfert werden».[161] Lediglich das Wort «geopfert» deutet an, dass es hier um einen Verlust geht. Der Korrektionsplan wird 1946 vom Grossen Rat genehmigt und ohne Referendum rechtskräftig.

Am 23. Mai 1946 erscheint dann der Korrektionsplan für Grossbasel (Ratschlag 4224), der u.a. die Korrektion der Aeschenvorstadt vorsieht. Dieser Plan nimmt insgesamt einige der früheren Korrekturen zurück. Nach Auffassung des Heimatschutzes, der eine fünfseitige Stellungnahme zuhanden der Grossratskommission verfasst[162], bleiben die Eingriffe in den gegenwärtigen Baubestand auf ein Mindestmass beschränkt. Aber eben, an der Aeschenvorstadt sollen so wertvolle Bauten wie der Goldenen Löwen, der Goldene Sternen und das Haus zum Hirzen fallen, was der Heimatschutz sehr bedauert, aber nicht kategorisch ablehnt. (Im Vorstand sind die Meinungen dazu geteilt.) Es werden andere Forderungen gestellt, zum Beispiel die Erhaltung der Elisabethenschanze und -Anlage als Grünfläche oder die Erhaltung des Sommercasinos. Für die Malzgasse wird die teilweise Aufhebung von Korrektionslinien und wegen der Bauten von MELCHIOR BERRI eine Abzonung verlangt. (Die Malzgasse war 1939 für eine fünfgeschossige Bebauung freigegeben worden.) Ferner sei BERRIS Wohnhaus, Nr. 16, unter Denkmalschutz zu stellen. Beim Leonhardsgraben wird der Durchbruch bei der Lyss als radikale Massnahme bezweifelt und die Erhaltung der Bauten oben am Spalenberg gefordert. Am Petersgraben sei auf die vorgesehene Arkadisierung der Bauten 18–24 samt Petersplatz 20 (Grabeneck) zu verzichten. Und an der Schneidergasse sei wenigstens die Bergseite zu erhalten, ferner das Haus Zum hohen Pfeiler. Bei der Spitalstrasse verlangt man Rücksicht auf das

> Die Schetty-Häuser werden zugunsten einer besseren Platzgestaltung geopfert.

geschützte Haus Nr. 22 und an der St. Johanns-Vorstadt findet man die Zurückverlegung der Baulinie bei den Nummern 47–71 nicht erforderlich. – Doch zunächst einmal geht der Ratschlag im Parlament in mehrjährige Kommissionsberatung.

Im Jahr 1947 werden unter anderem die Entwürfe für neue Glasgemälde für den Chor des Basler Münsters diskutiert. Weitere Themen sind die Fortführung der Schoggitaler-Aktion, die 1946 vom Schweizerischen Heimatschutz zur Rettung des Silser Sees erstmals und sehr erfolgreich durchgeführt worden war. (1947 war der Silser See dann endgültig gerettet.) Ungelöste Probleme betreffen weiterhin das Kraftwerk Birsfelden: Die vorgesehene Austiefung der Fahrrinne des Rheins macht Sorgen bezüglich der Strömung des Flusses, und auch die zunehmende Wasserverschmutzung wird kritisiert.[163]

Im November 1947 schliesslich findet eine Aussprache mit dem Vorsteher des Baudepartements und allen seinen Abteilungsleitern über die «Denkschrift» statt, die der Heimatschutz 1944 eingereicht hatte. LUKAS BURCKHARDT, erneut Obman des Basler Heimatschutzes, bemerkt dazu: «Wir durften feststellen, dass allgemein der Wille besteht, die Gesichtspunkte des Heimatschutzes zu beachten».[164] Auch dieses Jahr ist ruhig. Man findet im Vorstand, der Heimatschutz sei nun weitgehend etabliert und an der Jahresversammlung redet A. BAUR über «Kunstgenuss und Kunstverständnis».[165]

1949
Der «Korrektionsplan für Grossbasel» (mit Talentlastungsstrasse)

Am 7. Juli 1949 erscheint der «Bericht der Grossratskommission für den Grossbasler Korrektionsplan zum Ratschlag 4224 von 1946 betreffend die Festsetzung eines allgemeinen Korrektionsplans für das Grossbasel». Drei Jahre lang hatte man getagt und insgesamt 66 Sitzungen durchgeführt. Als Ergebnis davon ist festzuhalten, dass ein Teil der Altstadt nun wirklich vor Korrekturen verschont bleibt (Münsterhügel, Nadelberg, Heuberg). Aber die «Schöne Altstadt» wird halt doch an hundert Ecken und Enden dezimiert. Vor allem die Talentlastungsstrasse ist wieder, entgegen früherer Versprechungen, zur Hauptstrasse geworden, die eine Schneise durch die Bebauung an Schneidergasse und Gerbergässlein bis zum Barfüsserplatz schlägt. Das Stadthaus zwar darf bleiben, soll aber im Erdgeschoss ausgehöhlt und mit Arkaden versehen werden (als Passage für die Fussgänger). Das vis-à-vis gelegene gotische Haus Zum hohen Pfeiler dagegen soll ganz fallen. Ebenso das Singerhaus und die Nordseite des Marktplatzes. Der Markt soll auf den Andreasplatz verlegt werden, um den herum eine grosse Erweiterung vorgesehen ist, die zur Hälfte der Nutzung als Markt, zur andern Hälfte als Parkplatz dienen soll.

> Die «schöne Altstadt» wird an hundert Ecken und Enden dezimiert.

Die Gerbergasse wird mit Arkaden im Erdgeschossbereich beplant, im unteren Teil bis zur Post beidseitig (man stelle sich einmal die Safranzunft mit Arkaden vor!), im oberen nur an der Bergseite. Hier wird sie zudem auf 16,5 m verbreitert. Bei der Einmündung der Talentlastungsstrasse in den Barfüsserplatz kommt der ganze Block mit den Häusern Barfüsserplatz 20–22 und Haus Seiler weg und beim Kohlenberg sollen die Häuser 2–10 samt Eckhaus Barfüsserplatz 6 weichen.

Aber nicht nur die grossen Strassenverbreiterungen kosten Bausubstanz. An vielen kleinen Ecken wird ebenfalls «korrigiert»: So soll das Haus zum Rosgarten am Leonhardsgraben 38 fallen. An der Lyss werden die Häuser 1, 3 samt Spalenberg 65 wegkorrigiert. Am Petersgraben bekommen die Häuser 18–24 samt Petersplatz 20 eine zurückversetzte Baulinie. Auf die Legung einer Arkadenlinie auf diese Häuser, wie im Ratschlag von 1946 vorgesehen war, wird nun verzichtet, angeblich, «da sie nicht erhaltenswert sind».[166] Auch der Beginn des Petersgrabens bis zur Herbergsgasse wird korrigiert. Die Vorstädte St. Alban-, Spalen- und St. Johann (innerer Teil bis zur Brücke) werden geschont. Die Aeschenvorstadt dagegen soll fallen (rechte Strassenseite, mit einigen Hauptwerken der Basler Baukunst, wie Goldener Löwen, Haus zum Hirzen, Goldener Sternen). Dies sind nur einige Beispiele. Die Reihe der bedrohten Bauten wäre noch lange weiter zu führen, ich nenne nur noch den Bahnhofsplatz oder die Schützenmattstrasse.

Im Basler Heimatschutz wird der überarbeitete Korrektionsplan für Grossbasel nicht grundsätzlich abgelehnt. Man ist im Vorstand mehrheitlich der Ansicht, ein wichtiger Teil der Altstadt sei nun von Korrektionslinien befreit, «dank den langjährigen Anregungen und Verbesserungsvorschlägen unserer Vereinigung.»[167] Auch waren einige Vorstandsmitglieder bei der Planung involviert gewesen.

«Die Altstadt in Gefahr»: Das Referendum wird ergriffen

Opposition entsteht dieser Planung dann von höchst unerwarteter Seite. Eine Gruppe von jungen Leuten zwischen 20 und 30 Jahren, die meisten Studenten, darunter Lucius Burckhardt und Markus Kutter, ergreift das Referendum. Ein im Studentenblättchen veröffentlichter Artikel von Lucius Burckhardt, «Die Altstadt in Gefahr», hatte den Auslöser gebildet.[168] Vier Tage vor Ablauf der Referendumsfrist beginnt das neu gebildete, von Dr. Rudolf Massini präsidierte Komitee mit dem Unterschriftensammeln und bekommt in Rekordzeit über 2000 Unterschriften zusammen, mehr als doppelt soviel wie damals benötigt wurden. Man verlangt, die Altstadterhaltung sei in einen höheren städtebaulichen Kontext zu stellen, stellt fest, breitere Strassen brächten nur mehr Verkehr und schlägt zur Lösung der Innerstadt-Verkehrsprobleme den Einsatz von Trolleybussen vor. Ferner wird den Behörden vorge-

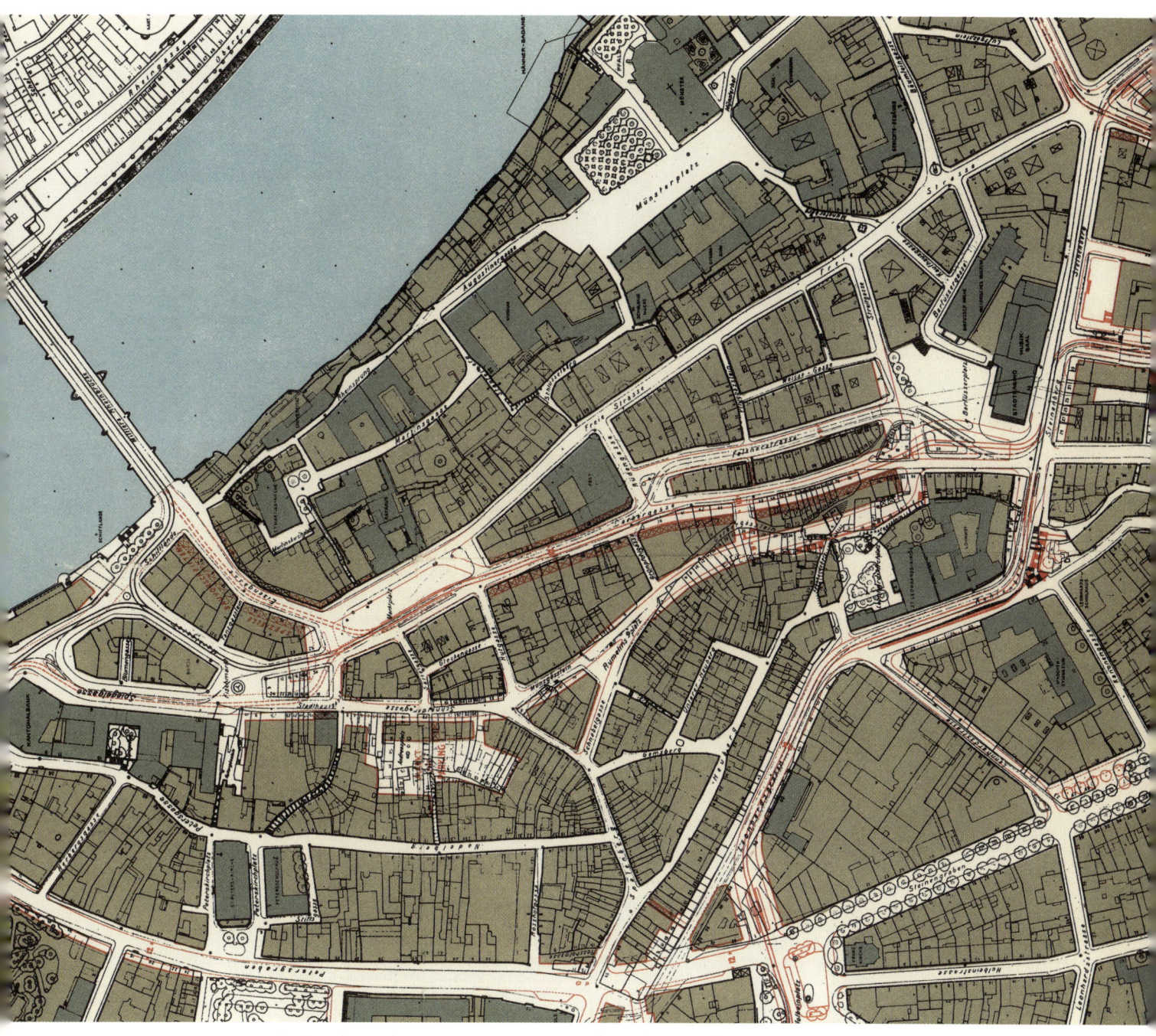

1945–1975 | **HOCHKONJUNKTUR – VERKEHRSGERECHTE STADT – ENTDECKUNG DES 19. JAHRH.**

Der Korrektionsplan von 1949. Die roten Linien bezeichnen, was hier alles geändert werden sollte. Die Talentlastungsstrasse führt als breite Autostrasse vom Barfüsserplatz durch das Gerbergässlein, die Münzgasse, die Schneidergasse bis zum Blumenrain. Der enorm vergrösserte Andreasplatz ist als neuer Marktplatz mit Parkplatz vorgesehen. Erstmals ist das ganze Geviert zwischen Marktgasse, Stadthausgasse und Fischmarkt eliminiert (später Markthofplanung). Die Gerbergasse soll mit Arkaden für die Fussgänger versehen werden (im Plan mit roten Kreuzchen gekennzeichnet), ebenso das Stadthaus. Die geplante Korrektion der Aeschenvorstadt ist im Plan oben rechts noch ein Stück weit zu sehen. Von einem Comité von Studenten um Lucius Burckhardt wird das Referedum ergriffen. Vergeblich. Die Bevölkerung stimmt dem Strassenkorrektionsplan zu.

Abbildung oben links: Das mittelalterliche Handwerkerhaus «Zum hohen Pfeiler» an der Stadthausgasse, hier in der Zeichnung von Niklaus Stoecklin, wurde durch die Annahme des Korrektionsplans von 1949 zum Abbruch freigegeben. Dank Opposition und später Einsicht steht es heute noch.
Abbildung rechts: Das Stadthaus, 1771–75 von Architekt Samuel Werenfels als Posthaus für das Direktorium der Kaufmannschaft erbaut, ist einer der bedeutendsten Basler Barockbauten. Es wurde durch den früheren Korrektionsplan von 1933 ganz dem Abbruch preisgegeben. 1949 schlug man als Kompromiss-Variante die Aushöhlung des Erdgeschosses für eine Fussgängerpassage vor. Das hätte eine TeilZerstörung des Hauses bedeutet, von seiner Isolierung im Strassenraum ganz zu schweigen.

halten, die Kosten die dieser Korrektionsplan verursachen würde, würden nicht offengelegt.

Natürlich fordert man auch den Heimatschutz (mündlich) auf, das Referendum zu unterstützen. Im Vorstand sind die Meinungen geteilt. Eine knappe Mehrheit, die z.T. bei den Vorbereitungen dieses Korrektionsplans involviert war, ist vorerst dagegen, eine starke Minderheit dafür. So sieht sich der Heimatschutz genötigt, eine umfangreiche Stellungnahme zu verfassen, die in den «Jurablättern»[169] und als Sonderdruck veröffentlicht wird. Darin begrüsst man grundsätzlich, dass der Plan nun dem Volk vorgelegt werde. Die wertvollsten Teile der Altstadt seien zwar von Korrektionslinien befreit. Aber man bedauert, dass immer noch «unwiederbringlich Einmaliges» zerstört wird. Genannt werden dann insbesondere das Haus zum hohen Pfeiler, die Isolierung und Arkadisierung des Stadthauses, die Bauten Goldener Löwen und Goldener Sternen. Aber man stellt auch fest, dass man auf die Zusammenarbeit mit den

Das Haus Grabeneck, Petersplatz 20, samt den angrenzenden Liegenschaften am Petersgraben war gemäss Stellungnahme des Heimatschutzes zum Basler Korrektionsplan von 1949 «zum Tode verurteilt durch eine überflüssige Korrektionslinie».

Behörden angewiesen sei. Ohne deren Mitarbeit und Einverständnis wären Gesetzesänderungen wie die Violette Altstadtzone und der bauliche Heimatschutz nicht möglich gewesen. Aber letztlich ist der Vorstand doch «erfreut, dass junge Leute ohne jegliche andere Bindung als die Liebe zu ihrer Vaterstadt es wagen, allen bestehenden Gewalten zu trotzen und für das Stadthaus und den hohen Pfeiler zu kämpfen».[170]

Da der in sich uneinige Vorstand schliesslich mit nur einer Stimme Mehrheit für das Referendum ist, empfiehlt der Heimatschutz seinen Mitgliedern am Ende keine Parole für die Abstimmung. Man gibt aber eine Resolution heraus, in der man die Volksabstimmung begrüsst und sich den Bemühungen der Denkmalpflege für die Erhaltung des Grabenecks, des Goldenen Löwen und des Goldenen Sternen anschliesst.[171]

Die Abstimmung vom 12. Dezember 1949 fällt zugunsten des Korrektionsplans aus (22 027 Ja zu 15 431 Nein). Kurz vor Weihnachten schreibt der Obmann Lukas Burckhardt dem «Comité» einen bemerkenswerten Brief[172]: Zwar habe ihm nicht alles in der Abstimmungspropaganda gefallen, aber der Zweck sei richtig gewesen. Der Heimatschutz bietet dem Komitee Fr. 2000.– an seine Abstimmungs-Schulden und Einsitz im Vorstand des Basler Heimatschutzes an. Beides wird gern akzeptiert und 1950 treten L. Burckhardt (als Schreiber) und 1951 R. Massini dem Vorstand bei. Wenige Jahre später übernimmt dieser dann sogar das Amt des Obmanns.

Kurz nach der Abstimmung beschliesst das «Comité», das sich übrigens von Städtebauexperten wie Architekt Hans Bernoulli und den ETH-Professoren Peter Meyer und Linus Birchler hatte beraten lassen, beisammen zu bleiben und als «Comité für die Basler Stadtkorrektion» weiter zu machen.

Die Aufgabe der Aeschenvorstadt wegen einer Verkehrsplanung «für die Katze»

Der Kampf um die Erhaltung der Aeschenvorstadt war das nächste erklärte Ziel des neuen «Comités». 1953 wurde eine Initiative «Aktion Aesche» gestartet mit dem Ziel, die Baulinien sollten auf den alten Baubestand zurückverlegt werden und die Gebäude Löwen, Drachen, Hirzen und Sternen seien unter Denkmalschutz zustellen. Den Anlass dazu bot der geplante Neubau des Drachen-Centers, für den die Häuser 20–28 und 32 abgebrochen werden sollten. Das dazwischenliegende Gebäude, Nr. 30, gehörte dem Staat, der es dem Bauwilligen verkaufen wollte. Das Geschäft, zu dem noch ein Hausverkauf an der Freien Strasse 5 gehörte, wurde vom Grossen Rat dem obligatorischen Referendum unterstellt.[173] Der Heimatschutz unterstützt das «Comité» mit Fr. 1000.– für den Abstimmungskampf[174], der wieder heftig geführt wird. In der Volksabstimmung im September unterliegen die Befürworter der Erhaltung jedoch ein zweites Mal, allerdings sehr knapp, mit nur 350 Stimmen. Sofort wird kräftig abgebrochen und neugebaut, sodass ein Jahr später bei der Abstimmung über die Initiative am 4./5. Dezember 1954 dann schon so viele «faits accomplis» geschaffen sind, dass die grosse Mehrheit der Stimmenden der Verbreiterung der Aeschenvorstadt und damit der Aufgabe der historischen Bebauung zustimmt (für die Initiative: 10 990 Ja, bei 26 664 Nein).[175]

«Aesche Abbruch 2x Nein». Das Plakat der «Aktion Aesche» zum Abstimmungskampf von 1953, von Ferdi Afflerbach.

Michael Gasser und Marianne Häni geben in ihrem sehr lesenswerten Buch «Die Basler Aeschenvorstadt, Bausteine einer wachsenden Stadt» eine ausführliche Geschichte der Aeschenvorstadt und ihrer Umgestaltung.[176] Sie weisen unter anderem darauf hin, dass die Aeschen schon seit der Mitte des 19. Jahrhunderts als neuer Eingang zur Stadt (im Zusammenhang mit dem Bau der Eisenbahn) vorgesehen war. Erste Korrektionslinien gab es bereits 1894. Nach dem Abbruch des Aeschentors, 1861, wurden die Kopfbauten zum

1945–1975 | **HOCHKONJUNKTUR – VERKEHRSGERECHTE STADT – ENTDECKUNG DES 19. JAHRH.**

Die Aeschenvorstadt mit Hirzen und Sternen wurde ein Hauptopfer des Korrektionsplans von 1949. Das Comité um Lucius Burckhardt startete 1953 eine Initiative «Aktion Aesche» mit dem Ziel, die Baulinien seien zurückzuversetzen und die Gebäude des Löwen, Drachen, Hirzen und Sternen unter Denkmalschutz zu stellen. In einer Volksabstimmung (Referendum wegen eines Landabtauschs) wird dies 1953 abgelehnt, allerdings sehr knapp, mit nur 350 Stimmen Mehrheit. Ein Jahr später wird dann auch die Initiative «Aktion Aesche» von den Stimmbürgern verworfen. Zehn Jahre später zeigte sich, dass die Verbreiterung der Aeschenvorstadt für den Verkehr überflüssig gewesen war.

Aeschenplatz ausgewechselt. Weitere Abbrüche erfolgten 1908 für den Bankverein-Neubau (Nr. 1–11, mit ihnen das Haus der Vorstadtgesellschaft zum Rupf), die Häuser 47–51 fielen 1910–13, die Häuser 63, 65 im Jahr 1927 (Bau der Genossenschaftl. Zentralbank) und die Häuser 57–61 wurden 1937 abgebrochen.[177] Auf der linken Strassenseite war das historische Ensemble also schon stark gestört. Auch sei daran erinnert, dass die Aeschenvorstadt, ebenso wie die Steinenvorstadt, bei der Planung von 1939 nicht in die Violette Zone aufgenommen wurde, sondern im Gegenteil für eine sechsgeschossige Bebauung vorgesehen war. Die bauliche Erneuerung war also, ebenso wie die Ver-

Der Goldene Löwen an der Aeschenvorstadt 4 war ein imposantes barockes Stadtpalais von 1740, mit wertvoller Innenaustattung, u.a. vielen kostbaren Stuckdecken. Er wurde 1958 abgebrochen. Die Fassade allerdings wurde später an der St. Alban-Vorstadt 36 wieder aufgebaut.

breiterung, von langer Hand vorbereitet und wurde dann schliesslich, begünstigt durch den nach dem Krieg rasch einsetzenden Bauboom, letztlich auch durchgezogen.

Die Verkehrsverhältnisse allerdings änderten sich bald einmal gründlich. Zehn Jahre später liest man in der «AZ» folgende höchst aufschlussreiche Passage:

«*Als warnendes Beispiel muss auch jedem Nicht-Heimatschützler das Schicksal der Aeschenvorstadt vor Augen stehen, wo man seinerzeit die Verbreiterung und damit die Niederlegung einer ganzen Reihe von erhaltenswerten Häusern und damit eines schönen Strassenbildes beschlossen hat [...] ‹für die Katze›, wie sich jetzt herausstellt, weil in jener Vorstadt nach allen Verkehrsplänen gar kein Verkehr mehr stattfinden soll.*» [178]

Gerade einmal für ein Jahrzehnt war also diese Planung gut gewesen. Und auch die von langer Hand vorgesehene Hauptzufahrt vom Bahnhof über

Detail einer (zerstörten) Stuckdecke aus dem Goldenen Löwen.

die Aeschen in die Innenstadt wurde nie Wirklichkeit. – Aber die wertvolle historische Vorstadt musste ein für allemal dran glauben.

Noch während des Abstimmungskampfes hatte der Besitzer des Drachen-Centers den Heimatschützern vorgeschlagen, den allseits beliebten Goldenen Sternen zu kaufen, abzubrechen und an der Sternengasse wieder aufzubauen.[179] Darauf mochten das «Comité» und der Heimatschutz jedoch nicht eingehen. Erst viel später, in den 70er Jahren, wird der Gasthof dann im St. Alban-Tal wieder aufgebaut. Die Fassade des Goldenen Löwen wird ebenfalls später versetzt, an die St. Alban-Vorstadt 36, leider nur die Fassade allein. (In dem Gebäude befanden sich wunderbare Stuckdecken. Aber solche Dinge sind eben nicht versetzbar.)

Die Erhaltung von Bauteilen wurde auch beim Ernauerhof, St. Alban-Graben 4, zum Thema, der 1952 einem Neubau des Bankvereins weichen musste, ebenso wie die Kammerei (St. Alban-Graben 6). In beiden Fällen setzt sich der Heimatschutz nicht für deren Erhaltung ein – obwohl das Verschwinden als schmerzlich empfunden wird – sondern fordert lediglich eine bessere Gestaltung des Neubaus, der nicht Rücksicht auf die städtebauliche Situation nehme.[180] Das Schicksal des St. Alban-Grabens war eben bereits 1925 mit dem Neubau der Nationalbank und 1932 mit dem Abbruch des Württemberghofs besiegelt worden.

Die Tätigkeiten der Fünfzigerjahre

Eine eigene Heimatschutz-Sektion in Baselland und eine Untergruppe in Riehen

1950 hatte sich in Baselland unter THEODOR STRÜBIN eine eigene Heimatschutz-Vereinigung gebildet.[181] Eine Abtrennung war bereits seit 1943 diskutiert worden, zunächst als Untergruppe gedacht, dann aber als selbständige Sektion realisiert worden, da die Interessen von Stadt und Land doch recht divergierten. Die endlosen Diskussionen um die städtischen Strassenkorrektions-Pläne hatten die Trennung wohl auch noch befördert.[182] Diese reduzierte vorübergehend die Mitgliederzahl des baselstädtischen Heimatschutzes. Kurz darauf bildete sich jedoch eine Untergruppe für Riehen und Bettingen (1951), die den Verlust durch viele Neueintritte wieder wettmachte.[183]

1950/51
Der Basler Heimatschutz zieht erstmals wegen eines städtebaulichen Problems vor Gericht

Für das Areal zwischen Schneidergasse, Hut- und Glockengasse war Ende 1949 eine Baueingabe gemacht worden, für ein sechsgeschossiges Wohn- und Geschäftshaus. Da nach dem geltenden Recht auf der zurückversetzten Baulinie aber nur eine Bebauung von fünf Geschossen möglich war, machte der Basler Heimatschutz Einsprache. Die Bauherrschaft konnte sich jedoch auf eine Ausnahmegenehmigung der Regierung berufen, die aus «städtebaulichen Erwägungen» erfolgt sei. Der Heimatschutz und das neue «Comité» sehen das Mehrgeschoss jedoch als rein wirtschaftlich bedingt an und gehen vor das Verwaltungsgericht. Sie klagen auf willkürliche Auslegung des Baugesetzes. Im Zentrum der Auseinandersetzung steht die Interpretation des Wortes «städtebaulich». Die Regierung hatte in der Vernehmlassung darunter auch die rentable Ausnutzung des Bauplatzes geltend gemacht. Zudem sei die möglichst starke Ausnutzung der Innerstadt zu Geschäftszwecken im allgemeinen Wirtschaftsinteresse. Der Weiterzug als staatsrechtliche Beschwerde an das Bundesgericht in Lausanne ist schon angemeldet, als zwei Gutachten von Architekt

Die Schneidergasse/Ecke Hutgasse um 1940. Als Ergebnis der Strassenkorrektion von 1949 konnte hier neu gebaut werden (siehe Abbildung unten).

Bei dem 1951 geplanten Neubau wehrt sich der Heimatschutz gegen eine willkürlich gestattete, grössere Gebäudehöhe. Er bekommt schliesslich auf politischer Ebene Recht, aber da steht der Neubau bereits. Er stört heute nicht nur wegen seiner Höhe, sondern vor allem auch wegen der Veränderung des gesamten kubischen Massstabs der kleinteiligen Bebauung an der Schneidergasse.

H. PETER, Zürich, und Gerichtspräsident DR. A. LOTZ, Basel, die Wende bringen. Die Gutachter geben den Rekurrenten Recht. Städtebauliche Erwägungen seien ästhetischer und architektonischer Natur und von daher sei eine sechsgeschossige Bebauung nicht zu rechtfertigen. Die «National-Zeitung» berichtet dazu:

«*Angesichts dieser Genugtuung und angesichts dessen, dass die klagenden Vereine als von den Bauten nicht direkt betroffen nicht genügend aktivlegitimiert sind und weil die betreffenden Häuser inzwischen fertiggestellt sind [sic!], haben der Basler Heimatschutz und das Komitee für den Basler Korrektionsplan beschlossen, die Klage zurückzuziehen.*»[184]

Die Regierung selbst hat mittlerweile auch einen Rückzieher gemacht und in der Beantwortung des «Anzugs A. GFELLER und Konsorten betreffend Anwendung des § 154 des Hochbautengesetzes» vom 8. November 1951 festgestellt, dass städtebauliche Ausnahmen nur architektonisch zu begründen seien.[185]

Heimatschutz und «Comité» hatten zwar Recht bekommen, aber das Gebäude an der Schneidergasse war längst gebaut und verunschönt bis heute den Bereich des unteren Spalenbergs. Und ein Umdenken fand damals leider auch nicht statt. Man ging nur klüger vor. Am Claraplatz waren die Schettyhäuser im Mai 1951 abgebrochen worden, trotz enormem Einsatz von Denkmalpfleger RUDOLF RIGGENBACH und den Heimatschützern für ihre Erhaltung. Der BSA hatte sich in die Diskussion eingeschaltet und dafür eingesetzt, dass wenigstens eine gute Gestaltung und ein Gebäude «von öffentlichem Charakter» entstehen müsse.[186] Es wurden dann tatsächlich neun Projekte geprüft und schliesslich eines ausgewählt, das dem Bauherrn eine erhebliche Mehrnutzung brachte. Anstatt der gesetzlich vorgesehenen vier Geschosse durften fünf und beim Kopfbau sogar sechs Geschosse gebaut werden. Aber in diesem Fall wird nicht eine Ausnahmebewilligung, wie bei der Schneidergasse, beantragt, sondern eine Gesetzesänderung, die im Grossen Rat auch durchkommt.[187] Der Heimatschutz protestiert erfolglos gegen die Ausweitung der Bauvorschriften.[188] Der Wirtschaftlichkeit wird der Vorrang gegeben. Der Neubau, von F. RICKENBACHER, W. BAUMANN und P. TITEL wird dann trotz dieser komplizierten Vorgeschichte tatsächlich ansprechend und heute gilt er als wichtiger Vertreter der Architektur der Fünfzigerjahre in Basel.

Im gleichen Jahr werden Pläne für den Abbruch der Kunsthalle bekannt.[189] Die Schweizerische Kreditanstalt möchte am oberen Steinenberg/Ecke Elisabethenstrasse zwei neue Geschäftshäuser bauen, denen die Kunsthalle weichen soll. Ein Ersatz für die Ausstellungshalle ist im Hofareal vorgesehen, aber das Restaurant würde verschwinden. Der Heimatschutz findet, den einseitigen Abbruch der Kunsthalle müsse man in einen Gesamtplan integrieren.[190] Diese Anregung nimmt Stadtplanchef, Architekt PAUL TRÜDINGER, auf und macht daraus einen Vorschlag für das betreffende Geviert, nach dem nicht

Der Wirtschaftlichkeit wird der Vorrang gegeben.

nur die Kunsthalle, sondern auch das Stadttheater und die Steinenschule abgebrochen und neugebaut würden.[191] Mit seinem gutgemeinten Vorschlag ist der Heimatschutz nun eigentlich vom Regen in die Traufe geraten. Es kommt zu öffentlichen Veranstaltungen und Diskussionen, bei denen das «Comité» wieder mit dem Heimatschutz zusammenarbeitet. Der Heimatschutz wehrt sich nun mit Aufrufen in allen Zeitungen für das bestehende «Kulturzentrum am Steinenberg» aus Kunsthalle, Stadttheater und Musiksaal als «bestes architektonisches Gesamtbild, welches das 19. Jahrhundert in Basel geschaffen hat»[192].

> Die Kunsthalle, das Stadttheater und die Steinenschule sollen abgebrochen werden.

Grosse Sorgen machen in den frühen Fünfzigerjahren auch bereits die Pläne für eine Spitalerweiterung, der an der Hebelstrasse sämtliche alten Bauten zwischen Markgräflerhof und Holsteinerhof geopfert werden sollen. Am Petersgraben plant die Unions-Handelsgesellschaft einen grossen Neubau, gegen den man nichts einwenden könne, da gleichzeitig die Sanierung des Zerkindenhofs in Aussicht gestellt werde.[193] Aber es gibt doch auch eine Erfolgsmeldung: Dank langwieriger Bemühungen und dank Stadtgärtner ARIOLI ist es gelungen, am Allschwiler Bachgraben eine vorbildliche Grünanlage zu schaffen.[194]

1952 beginnt man, an Samstagnachmittagen in der Altstadt regelmässig Führungen für die Mitglieder zu machen[195] – eine Tradition, die im Grundsatz bis heute weitergeführt wird.

Die ersten Basler Hochhäuser

Im Jahr 1953/54 wird im Heimatschutz die Frage von Hochhäusern diskutiert. Man ist nicht grundsätzlich gegen Hochhäuser, weder gegen Wohnhochhäuser am Kannenfeldplatz, noch gegen ein Heuwaage-Hochhaus.[196] Allerdings findet man, das letztere stehe am falschen Ort.[197]

Auch gegen das Hochhaus der Roche, das zwei Jahre später gebaut wird, hat man keine Einwände.[198] Jedoch ist man der Meinung, die Altstadt solle von Hochhäusern frei bleiben und es müsse ein Richtlinienplan für Hochhäuser gemacht werden. Zusammen mit den Fachverbänden BSA, SIA und FSA (Freie Schweizer Architekten) macht man eine diesbezügliche Eingabe an die Regierung.[199]

Opposition dagegen entsteht wegen eines geplanten 20-stöckigen Hochhauses der Permindex beim Bahnhof auf dem Areal Aeschengraben/Nauenstrasse/Parkweg. Hier macht der Heimatschutz Einsprache, weil der Zonenplan massiv überschritten würde.[200]

Auch gegen ein 15 stöckiges Hochhaus am Brunngässlein in der Bauzone 6 wehrt sich der Heimatschutz.[201]

Ferner soll ein städtebaulich äusserst bedenkliches Hochhaus bei der Erweiterung des Bürgerspitals entstehen. Dem Jahresbericht für 1955/56 entnehmen wir:

«*Schwere Sorgen macht uns noch immer der Spitalneubau. Sollte der geplante Turm dort gebaut werden, dann wäre es mit dem alten Basler Stadtbild für immer aus. Der Turm wäre so hoch oder höher als das Münster.*»[202]

1955
Das fünfzigjährige Jubiläum des Heimatschutzes

1955 können der Basler und der Schweizerische Heimatschutz auf eine fünfzigjährige Tätigkeit zurückblicken. In Basel tut man dies mit einem Fest im Kleinen Klingental, das bewusst schlicht gehalten wird. Es gibt Reden, ein Nachtessen und eine köstliche Schnitzelbank mit dem «Goldenen ABC des Heimatschutzes», verfasst von den Herren R. MASSINI, R. SUTER, A. STAEHELIN und B. STAEHELIN. Einige Buchstaben seien herausgegriffen:

A	Der Architekt ringt um Idee-e,
	Der Arioli kappt d Allee-e.
C	E Fernsehsänder ziert d Chrischone.
	Am Claraplatz mecht ych nit wohne.
D	E Dänggmol isch e Huus vo friehner,
	Und s Gegedail e Huus vom Diener.
H	E Hochhuus an der Haiwoog stoht.
	Der Haimetschutz kunnt – maischtens z spoot.
M	Der Muesfeld het hit volli Däsche.
	Der Marggemiller besorgts der Aesche.
P	Es wird der Hebel vo St. Peter
	Morn umbbaut in e Parkingmeter.
W	Nei stoht hit s Wildt'schi Huus samt Garte;
	Bym Wettstai-Brunne muesch no warte.
Z	Obs ächt em Zschokke als no wohl isch?
	Der Zonenplan isch rain symbolisch.

Aber man macht sich natürlich auch ernsthafte, kritische Überlegungen zu dem fünfzigjährigen Bestehen des Heimatschutzes, die von Obmann RUDOLF MASSINI so gut formuliert sind, dass wir sie hier wiedergeben wollen:

«*Die Heimatschutzarbeit in Basel geht teilweise unter verhältnismässig günstigen Bedingungen vor sich, an anderen Stellen stehen ihr grosse Schwierigkeiten entgegen. Zu den günstigen Bedingungen zählen wir das Vorhandensein einer gut ausgebauten Gesetzgebung für den Schutz wertvoller Bauten und Stadtteile, zweitens die vom Staat ausgehende, äusserst wirksame Förderung der Erneuerung von Altbauten, die mit Hilfe des Arbeitsrap-*

pens geschieht, schliesslich die gewissenhafte Arbeit der staatlichen Heimatschutzkommission und vor allem der öffentlichen Denkmalpflege.

Die Schwierigkeiten, die uns entgegenstehen, sind die unaufhaltsam vor sich gehende Vergrösserung und Erneuerung der Stadt, mit all den zugehörigen Begleiterscheinungen der Verkehrszunahme und des spekulativen Bauens. Das Interesse der Bevölkerung für unsere Arbeit ist nicht allzu gross, und der Kontakt mit den Männern des Bauens noch sehr locker.

Im Grundsätzlichen ist diese Lage vor 50 Jahren, als im gleichen Jahr wie der schweizerische Heimatschutz die Sektion Basel konstituiert wurde, ganz gleich gewesen. Es ist auch von Anfang an erkannt worden, dass unsere Aufgabe gleichmässig in der Sorge um unsere schöne Altstadt liege, wie in der intensiven Beschäftigung mit dem neu Entstehenden.

‹Die schöne Stadt Basel› musste unser Ziel sein, und unsere Aufgabe, das Interesse dafür und den Sinn für das Schöne im Bauwesen zu wecken.

Dabei wurde je und je Achtung vor dem guten Einheimischen, dem für unsere Stadt Besonderen und Charakteristischen verlangt, und das künstlich Gemachte, das nur sich selbst Gefallende, der internationale Stil in all seinen Wandlungen abgelehnt.

Zwangsläufig standen die rein städtischen Probleme des Heimatschutzes im Vordergrund unseres Wirkens. Das heisst nicht, dass man sich um die Entwicklung im Baselbiet nicht gekümmert hätte. Auch dort versuchte man, die alten Ortsbilder zu erhalten und das Bodenständige zu fördern. Aber die Scheidung der beiden sehr verschiedenen Aufgaben des Heimatschutzes in der Stadt und auf dem Land hat sich bald aufgedrängt. Sie wurde zuerst 1919 durch die Gründung einer Untersektion für Baselland, zuletzt, im Jahre 1950, durch die Bildung einer eigenen Sektion vollzogen.

Schauen wir auf die letzten 50 Jahre in der Entwicklung unseres Stadtbildes zurück, so müssen wir feststellen, dass sich viel gewandelt hat. Leider ist es nicht durchgehend eine Wandlung zum Besseren gewesen. Den Strassenverbreiterungen und Neubauten sind zahlreiche wertvolle alte Baudenkmäler zum Opfer gefallen, was wir weniger bedauern würden, wenn an ihre Stelle Gleichwertiges getreten wäre. Unsere Stadt hat die Entwicklung aller grösseren Städte im 20. Jahrhundert mitgemacht. Sie ist um einzelne wohlgelungene Bauten und um sehr zahlreiche durchschnittliche bereichert worden. Das Stadtbild als ganzes ist formlos und unkenntlich geworden. Wir freuen uns, dass in genügendem Mass für die Aussparung von Grünflächen gesorgt wird.

Wenn Volksabstimmungen ein Gradmesser für die Wirksamkeit des Heimatschutzes sind, dann dürfen wir in den letzten Jahren einen deutlichen Fortschritt vermerken. Vom Kampf um das alte Zeughaus bis zu der

«Das Stadtbild als ganzes ist formlos und unkenntlich geworden.»

jüngsten Auseinandersetzung um die Aeschenvorstadt sind die Minderheiten, die für unsere Sache stimmten, stetig gestiegen, und sind zuletzt der Mehrheit bis auf eine kleine Differenz nahe gekommen. Wir sind uns aber bewusst, dass wir unsere Arbeit nicht mit Hilfe von politischen Mehrheiten leisten können, sondern dass wir erst für eine rechte Verbreitung und Vertiefung des Interesses für gute, ihrem Ort verpflichtete Baukunst wirken müssen. Noch hängen allerhand schwerwiegende Eingriffe in das Stadtbild in der Luft, während andrerseits die Bautätigkeit in der äusseren Stadt in unvermindertem Tempo weitergeht. Wir haben einstweilen keinen Grund, die Arme in den Schoss zu legen.» [203]

«Die Minderheiten, die für unsere Sache stimmten, sind stetig gestiegen.»

In der «National-Zeitung» würdigt Lucius Burckhardt die Tätigkeit des Basler Heimatschutzes in einem schönen gehaltvollen Grundsatzartikel: «Heimat ist immer in der eigenen Zeit».[204] Die «Jurablätter» des folgenden Jahres beschäftigen sich ebenfalls mit dem Jubiläum des Heimatschutzes, darin insbesondere Dr. Rudolf Kaufmann, der Präsident der Staatlichen Heimatschutzkommission.[205] Ferner gibt es in diesem Heft mehrere Berichte über Hausrenovationen in Basel und unter anderem auch einen Artikel von Reinhold Hohl zum Thema: «Wir brauchen eine sachliche Architekturkritik».[206]

Ausserordentlich interessant zu lesen ist ferner eine Bilanz, die Prof. Peter Meyer über die Tätigkeit des Schweizerischen Heimatschutzes in den ersten fünfzig Jahren seines Bestehens zieht.[207] Er hat die Jahrgänge der Zeitschrift «Heimatschutz» durchgesehen und dabei festgestellt, wie viele besondere Schönheiten des Landes dort erstmals vorgestellt werden (von Dorfbildern oder den letzten Bauernhäusern mit Strohdächern zu Holzbrücken, einzigartigen Alphütten, besonders alten ehrwürdigen Bäumen, aber auch Friedhöfen, Grabsteinen etc.). Er kommt dann zum Fazit, dass es der Heimatschutz beinahe nicht besser hätte machen können.

Natürlich zeigt er auch Fälle auf, in denen der Heimatschutz sich irrte, vor allem bei der Beurteilung von Neubauten. Aber insgesamt stellt Meyer dem Schweizerischen Heimatschutz und seinen Tätigkeiten ein unerhört positives Zeugnis aus.

Nur schöne Worte: «Wir Basler sind verpflichtet, unsere Altstadt zu erhalten»

An der Jahresversammlung vom 29. Juni 1957 redet der neugewählte Baudirektor Max Wullschleger (SP) zum Thema «Basel baut». Von 1951–56 habe sich das jährliche Bauvolumen von 120 auf 304 Millionen erhöht und man müsse daher das Bauen heute eher bremsen. Obmann Massini nennt das so: Es werde gebaut, «wie verrückt».[208] Damit sind in erster Linie Wohnungen, Gewerbeschule, Flugplatz, Spitalbauten gemeint. Aber Wullschleger sagt auch: «Wir Basler sind verpflichtet, unsere Altstadt zu erhalten.» Die «Basler Nachrichten» macht das zum Titel ihres Berichts über die Jahresversammlung.[209] Doch in der Folgezeit merkt man leider nichts davon.

Der Abbruch der äusseren St. Johanns-Vorstadt steht bevor. An der Spalenvorstadt sollen die Häuser 20 – 28 abgebrochen und durch Neubauten mit Fassaden «im Heimatschutz-Stil» ersetzt werden.[210] (Mit diesem Begriff wurden in Heimatschutzkreisen ironisch Neubauten in der Altstadt bezeichnet, die sich im Stil den historischen Gebäuden der Umgebung anzupassen suchten [Verputzfassaden, steinerne Fenstergewände, Satteldächer], aber keinerlei eigenständigen Charakter hatten.) Durch die Intervention von Heimatschutz und Staatlicher Heimatschutzkommission und unter Mithilfe der Denkmalpflege wird das Projekt dann dahingehend geändert, dass wenigstens drei von den fünf Häusern stehen bleiben können. Diese Häuser waren übrigens zwanzig Jahre vorher, 1938, bereits schon einmal vom Abbruch bedroht. Damals sollte ein einziger Neubau anstelle der fünf Altstadtliegenschaften entstehen (Architekt ROLAND ROHN). Der Heimatschutz hatte sich natürlich damals auch gewehrt.

Die Rümelinsmühle am Rümelinsplatz war zu Beginn des Jahres 1957 abgebrochen worden, der Bärenfelserhof am Petersgraben und das Klybeckschlösschen in Kleinhüningen sind kurz vorher verschwunden.[211] In Riehen ist das Landpfrundhaus durch ein Neubauprojekt bedroht.[212] An der St. Alban-Vorstadt 85 und 87 soll anstelle der Villen des 19. Jahrhunderts ein Neubau mit Parking gegen die St. Albankirche entstehen, «ein Greuel» wie der Vorstand findet.[213]

Bedrohte Architektur des 19. Jahrhunderts wird neu bewertet

Das Gasthaus Storchen an der Stadthausgasse, das hier seit über fünfhundert Jahren ansässig und eines der ältesten Gasthäuser der Stadt war (mit einem berühmt schönen Saal aus dem 19. Jahrhundert), wird 1957 abgebrochen. Hier sind eine Grossgarage und ein Neubau für das Finanzdepartement geplant. Der Heimatschutz macht dazu im November 1954 einen öffentlichen Aufruf: «Warnung vor einem unerwünschten Projekt», denn das Parking soll eine rückwärtige Ausfahrt durch einen 300 Meter langen Tunnel erhalten mit Ausfahrt über eine Rampe in den Petersgraben, die den Aspekt des Petersplatzes beeinträchtigt hätte. Vor allem aber sollen dafür die beiden klassizistischen Gebäude Petersgraben 27 und 29 (heute Musikwissenschaftliches Institut) abgebrochen werden.[214] REINHOLD HOHL setzt sich in der «National-Zeitung» für die Gebäude des 19. Jahrhunderts ein, ein Artikel, den der Heimatschutz als Separatdruck verteilen lässt.[215] In diesem Fall hat nun der Grosse Rat für einmal ein Einsehen. Er beschliesst aus städtebaulichen Gründen auf den Bau des Tunnels zu verzichten.[216]

Warnung vor einem unerwünschten Projekt: Storchen-Parking, mit 300 m-Tunnel.

1958 soll der Lichtenfelserhof am Münsterberg 7/9, ein wertvolles herrschaftliches Wohnhaus aus dem 15./16. Jahrhundert mit Umbauten aus der Zeit um 1845, dem geplanten ACV-Neubau (Pfauen) an der Freien Strasse zum Opfer fallen. Hier setzen sich wieder einmal Studenten, diesmal vor allem Urs Weber, der spätere Redaktor der «Basler Zeitung», im Studentenblättchen «Kolibri»[217] für die Erhaltung des Gebäudes ein. Im Vorstand des Heimatschutzes sind die Meinungen geteilt, nur eine knappe Mehrheit ist für die Erhaltung des Lichtenfelserhofs.[218] Dieser war damals baulich noch nicht recht qualifiziert. Er befand sich weder in der Violetten Altstadtzone noch im Denkmalverzeichnis.

Anhand dieses vom Abbruch bedrohten Gebäudes wird nun ernsthaft die Bewertung und Erhaltung der Architektur des 19. Jahrhunderts diskutiert. Begonnen hatte es eigentlich schon mit der Diskussion um die Erhaltung des Sommercasinos in den frühen fünfziger Jahren. In den «Basler Nachrichten» und auch den «Jurablättern» bricht Dr. Rudolf Suter eine Lanze für die Basler Architektur des 19. Jahrhunderts und nennt nicht nur die bekannten Architektennamen jener Zeit, sondern lobt auch zum Beispiel das äussere Spalenquartier als besondere städtebauliche Leistung des 19. Jahrhunderts.[219]

Unter den Kunsthistorikern setzt sich vor allem Reinhold D. Hohl, Vorstandsmitglied des Basler Heimatschutzes, für die Architektur des 19. Jahrhunderts ein. 1958 verteidigt er den Lichtenfelserhof am Münsterberg[220] und 1959 kann er eine Ausstellung über die Architektur des 19. Jahrhunderts im Gewerbemuseum realisieren, die erstmals der Öffentlichkeit die Werte jener Zeit vor Augen führt.[221]

In demselben Jahr wird bekannt, dass das Gerichtsgebäude von J. J. Stehlin, 1863, einem Neubau weichen soll. Und in Riehen ist mit der Alten Kanzlei ein wichtiges Werk von Melchior Berri bedroht.[222]

1958
Eingabe eines «Erweiterten Denkmalverzeichnisses für die Architektur des 19. Jahrhunderts»

Im Lauf des Jahres 1957 plant man im Vorstand, eine neue Eingabe für schutzwürdige Bauten zu machen. Als Anlass wird die rapide Bauentwicklung genannt, die in den letzten Jahren das Stadtbild entscheidend verändert habe und nun auch die äusseren Quartiere, die bisher einen geschlossenen Aspekt darstellten, erfasst habe. Damit sind Strassenzüge wie die Eulerstrasse, Leimenstrasse, das Bachlettenquartier etc. gemeint.

Ferner möchte man auch bestehende Lücken in der Altstadtzone schliessen. Im Oktober bildet sich eine Arbeitsgruppe mit Rudolf Massini, Rudolf Suter, Hans Eppens und Reinhold Hohl, die diese Eingabe «betreffend Ausweitung der Schutzbestimmungen für die Sicherung von erhaltenswerten Häusern und Strassenaspekten in Basel» verfassen.[223]

Abbildung oben:
Am Petersgraben 27 und 29, an Stelle der beiden eleganten klassizistischen Häuser von Christoph Riggenbach, 1843, sollte 1954 die rückwärtige Ausfahrt (mit Rampe) des Storchen-Parkings kommen. Für einmal hatte der Grosse Rat ein Einsehen, befürwortete die Argumente des Heimatschutzes und lehnte diese Planung ab.

Abbildung links:
Der Lichtenfelserhof am Münsterberg 7, 9 ein herrschaftlicher Wohnsitz aus dem Spätmittelalter mit Strassenfassade aus dem 19. Jahrhundert, musste 1958 einem Warenhaus-Neubau weichen.

Das äussere Spalenquartier gehörte zu den grössten städtebaulichen Leistungen des 19. Jahrhunderts in der Schweiz. Die originale Bebauung am Spalentorweg 40–60 ist 1957 noch erhalten.

Sie wird im Januar 1958 dem Regierungsrat, bzw. dem Vorsteher des Baudepartements, eingereicht und umfasst, nach eigenen Angaben, etwa 650 Liegenschaften. Sie sind für Einzelschutz oder aber Schutz via Zonenplan vorgeschlagen. Da oft ganze Strassenzüge genannt werden, entsteht die relativ hohe Zahl.[224]

Als Strassenzüge, deren Charakter durch Zonenplan zu schützen seien, werden genannt: die Alemannengasse, die Angensteinerstrasse, die Arnold Böcklin-Strasse, die Bundesstrasse, die Feierabendstrasse, das Gerbergässlein, die Grellingerstrasse zwischen Hardstrasse u. Engelgasse, die Holbeinstrasse, die Kanonengasse, die Lange Gasse (teilweise), die Leimenstrasse, die Leonhardsstrasse (vorderer Teil), die Malzgasse (bis zur Lautengartenstrasse), die Murtengasse, die Palmenstrasse, die Peter Merian-Strasse, die Pfeffelstrasse

Da durch die Stadtplanung das Quartier in eine höhere Bauzone gekommen war, ist knapp zehn Jahre später dieselbe Strassenzeile von Neubauten durchsetzt.

(«tel quel ganz durch den Zonenplan zu schützen; einstöckige Zwillingshäuslein der 80er Jahre»), die Römergasse, die Schertlingasse, die Sevogelstrasse, die Socinstrasse (unterer Teil), der Spalentorweg, der Theodorsgraben, der Weiherweg. In die Altstadtzone seien u. a. aufzunehmen die Obere Rebgasse, die Utengasse und die Webergasse.

Zu diesem umfassenden Ensembleschutz wurden zahlreiche Einzelbauten angegeben, die zu schützen seien. Teilweise handelt es sich dabei um Bauten, die schon auf der Liste von 1939 gestanden hatten, aber 1945 nicht ins Denkmalverzeichnis aufgenommen wurden.

Diese zweite Eingabe des Heimatschutzes für ein «Erweitertes Denkmalverzeichnis» war eine ausserordentlich grosse Leistung des Vorstands – und hätte man sie beherzigt, so würde Basel heute anders aussehen. Insbesondere das einzigartige Quartier des 19. Jahrhunderts in der äusseren Spalen, das ADOLF REINLE in der Kunstgeschichte der Schweiz, Bd. IV, 1962 als «das Schönste» bezeichnet, «was die Architektur des 19. Jahrhunderts in der Schweiz als Strassenbild geschaffen hat»[225], wäre noch erhalten. Hier hätte eine einfache Abzonung auf die bestehende Geschossigkeit genügt. Aber von solchen Gedanken war man damals leider – ausserhalb des Heimatschutzes – noch weit entfernt. Ein kleiner Teil der Eulerstrasse wurde 1971 unter Denkmalschutz gestellt. Und als es einen echten zonenmässigen Schutz dann 30 Jahre später gab, war nur noch ein kleiner Teil dieser Architektur wirklich erhaltenswert. Zu sehr waren die Strassenzüge bereits mit kleineren oder grösseren Neubaukästen höchst durchschnittlicher Natur durchsetzt, als dass ein Ensembleschutz noch gerechtfertigt gewesen wäre.

Ein kleiner Teil der Eulerstrasse wurde 1971 unter Denkmalschutz gestellt.

Leibbrand, 1958
Ein neuer Gesamtverkehrsplan mit Tiefbahn und Cityring

Im 1958 erscheint ein neuer Gesamtverkehrsplan (von PROF. DR. ING. LEIBBRAND, ETH Zürich), der in der Öffentlichkeit[226] und natürlich auch im Heimatschutz-Vorstand gründlich diskutiert wird.[227] Er enthält den Anschluss an die Autobahn via innere oder äussere Osttangente, letztere durch das Gebiet der Langen Erlen und damit die Grundwasserzone von Basel. Für die Innerstadterschliessung ist eine Tiefbahn vorgesehen (allererste Ideen dazu gab es bereits 1929 mit der Verlegung des Trams in einen Birsig-Tunnel). Um das Zentrum ist ein Cityring geplant, mit Heuwaage-Viadukt und begleitenden Grossgaragen. Dieser Plan wird nicht nur im Heimatschutz, sondern vor allem auch in den Fachverbänden sehr gründlich und jahrelang diskutiert. Er führt zu einem Gegenvorschlag der letzteren, bei dem die Tiefbahn gestrichen und für die Autobahn die innere Osttangente (vor dem Badischen Bahnhof) vorgeschlagen wird. Diesem Plan der Fachverbände schliesst sich dann das Parlament mit grosser Mehrheit an.[228]

Ein Teil davon wird später tatsächlich realisiert: das Heuwaage-Viadukt samt Parkings, eine Strassenverbreiterung des Steinengrabens, des Schützengrabens und der Schanzenstrasse (mit Kantonsspital-Parking) und auch der Neubau einer verbreiterten Johanniterbrücke wird durchgezogen. (Die alte war eine besonders schöne Schöpfung des 19. Jahrhunderts.) Leider wird auch die Tramlinie 2 dadurch aufgegeben.

• Dann läuft auch diese Planung auf. Sie scheitert in den 70er Jahren am Widerstand der jungen Bevölkerung, angeführt von den Progressiven Organisationen Basel (POB), die keine autogerechte Stadt mehr wollen, sondern eine wohnliche.

Der Steinengraben 65–79 im Jahr 1955, vor dem Bau des Cityrings.

«Das Sommercasino muss auferstehen»

Das Sommercasino beim St. Jakobs-Denkmal war schon lange in schlechtem Zustand. Das elegante klassizistische Gesellschaftshaus von 1824 war seit dem 2. Weltkrieg für Notunterkünfte benutzt worden und dadurch sehr heruntergekommen. Der Heimatschutz hatte bereits im November 1951 eine Resolution zu seiner Erhaltung gemacht[229] und dann drei Jahre später nochmals nachgedoppelt.[230] Unter den jungen Kunsthistorikern engagierte sich vor allem PAUL HENRY BOERLIN, der spätere Konservator des Kunstmuseums, für das Sommercasino.[231] Dies war auch nötig, denn die Architektur des 19. Jahrhunderts wurde in der Öffentlichkeit noch kaum geschätzt.

Nun zeichnet sich endlich ein Erfolg ab. In diesem Fall war der Protest aber auch nicht nur vom Heimatschutz, sondern aus breiten Kreisen gekommen: von neutralen und politischen Quartiervereinen, der Botanischen und der Gartenbau-Gesellschaft, der Freiwilligen und der Öffentlichen Denkmalpflege, Verkehrsverein und Zünften.[232] Nach jahrelangem Tauziehen wird von der Regierung beschlossen, das Sommercasino als Jugendhaus einzurichten und es einer diesbezüglichen Stiftung zu übergeben. Dies war dann 1962 so weit.[233] Die damals als vorzüglich erscheinende Lösung hat sich dann später als Bumerang für das Gebäude entwickelt. Wohl kaum ein geschütztes Baudenkmal wurde in den letzten Jahren so grob behandelt wie das arme Sommercasino, dessen klassizistische Eleganz heute unter Schichten von Sprayereien begraben liegt. Die Verhaltensmuster der das Sommerkasino nutzenden Jugend haben sich mittlerweile so geändert, dass man ihr für ihre unterschiedlichen Aktivitäten heute besser ein leerstehendes Fabrikgebäude zur Verfügung stellen würde, als ein qualitätvolles Baudenkmal.

Das Sommercasino wird als Jugendhaus eingerichtet.

1960
Riehen bekommt eine Violette Altstadtzone

Die Untergruppe Riehen hatte in der ersten Zeit seit ihrer Entstehung im Jahr 1950 etwas Schwierigkeiten, in Gang zu kommen. Nun aber ist auch hier einmal eine Erfolgsmeldung zu verzeichnen: Zum Schutz des Dorfkerns wird die Violette Altstadtzone eingeführt. Dem Jahresbericht des Basler Heimatschutzes für 1959/60 entnehmen wir folgende Passage:

»*Glücklicherweise ist Riehen im Gegensatz zu den Gemeinden des unteren Baselbiets noch reich an herrlichen Bauten. Doch seine Bevölkerung wächst rascher als jene irgendeiner andern Gemeinde in unserer Umgebung. Von 6000 Einwohnern anno 1930 ist es auf über 18 000 angewachsen. Der Landwirt ohne Land, das er bestellen kann, hängt nicht mehr an seinem Bauernhaus. Ist es baufällig, so verfällt es dem Abbruch. Das alte Bauerndorf mit seinen Landsitzen städtischer Familien hat seine soziale Struktur so stark verändert, dass sich auch sein Gesicht völlig wandelt. Wir danken den Basler Behörden, dass sie in der vergangenen Woche einstimmig der Schaffung einer violetten Altstadtzone in Riehen zugestimmt haben. Ein altes Postulat des Heimatschutzes ist so in Erfüllung gegangen.*»[234]

Ein Jahr später wendet sich der Heimatschutz u. a. mit einer Eingabe an den Engeren Gemeinderat von Riehen, in der Vorschläge zur Verbesserung der Verkehrssituation vor dem alten Gemeindehaus gemacht werden.[235] Man möchte so die Erhaltungschancen des Berri-Gebäudes verbessern, dessen Situation in den nächsten Jahren noch viel zu reden geben wird.

Das Sommerkasino muss auferstehen!

Gleich hinter dem St.-Jakobs-Denkmal erhebt sich das oben abgebildete reizende Palais, das Sommerkasino. Zwar wird sich mancher wundern, dass er diese prächtige Säulenhalle, die sich gegen den Garten öffnet, noch nie gesehen hat, denn sie ist heute durch einen hässlichen Vorbau mit Holzverschalung verdeckt.

Das Gebäude ist vom Basler Architekten Achilles Huber (1776 bis 1860) im klassizistisch-romantischen Stil anno 1824 errichtet worden und steht als wertvollstes Baudenkmal aus der Biedermeierzeit unter Denkmalschutz. Trotzdem ist es leider etwas verlottert; Fundamente und Mauerwerk sind jedoch intakt. Eine umfassende Instandstellung ist eine Ehrenpflicht für unsere Stadt, allein schon im Hinblick auf das St.-Jakobs-Denkmal, dessen würdiger Hintergrund der schlichte Bau bildet. Die beste Verwendungsmöglichkeit wäre ein gediegenes Gartenrestaurant, das es ja auch früher gewesen ist. Interessenten sind vorhanden. Zusammen mit dem Christoph-Merian-Park und dem Rosenfeldpark kann hier eine herrliche Erholungsstätte in dem immer dichter bewohnten Quartier geschaffen werden. Das ist der Wunsch weiter Bevölkerungskreise.　　　　　　　　　　　　　　　　Basler Heimatschutz

Das Sommercasino muss auferstehen. Ein Aufruf des Basler Heimatschutzes.

«Soll das so weitergehen?» Die Hochkonjunktur verursacht herbe Verluste

Der «Basler Abreisskalender», ein Inventar

1960 macht HANS EPPENS einen «Basler Abreisskalender, 1800–1960» für den Heimatschutz, der sehr aufrüttelnd ist.[236] Es ist nicht eigentlich ein Kalender, sondern eine Aufstellung der wichtigsten Baudenkmäler, die in der genannten Zeit abgebrochen wurden. Ganze neun Seiten umfasst diese Schrift, beginnend mit dem berühmten Basler Totentanz aus dem 15. Jahrhundert, der 1805 abgebrochen wurde, über ehemalige Klostergebäude, diverse Stadttore, einzelne Kapellen, mehr als ein Dutzend Zunfthäuser, viele herrschaftliche Barockbauten, Landhäuser, Villen etc. Eppens endet seine erschreckende Liste mit den Worten: «Soll das so weitergehen?» – Eine Frage, die wir im Nachhinein beantworten können. Es ging tatsächlich immer noch so weiter, eine grundlegende Wende in der Haltung der Bevölkerung zu ihrer Altstadt kam erst ein Jahrzehnt später.

Zu Beginn der sechziger Jahre schreibt Obmann RENÉ NERTZ in einem Jahresbericht, der Heimatschutz stehe einer ganz besonderen Situation gegenüber:

«*Einerseits ist wohl die grundsätzliche Anerkennung seiner Forderungen und die Einsicht in die Notwendigkeit der Wahrung der städtebaulichen Kontinuität noch nie so allgemein und so weit verbreitet in allen Schichten der Bevölkerung gewesen wie heute. Ja es wird einem geradezu ungemütlich, wenn jedermann mit Pathos seine Liebe zum Stadtbild deklamiert [...] Andererseits stehen wir der brutalen Tatsache gegenüber, dass noch zu keiner Zeit das Stadtbild so gefährdet war, dass nicht nur einzelne Baudenkmäler sondern ganze Strassenzüge, die mit unserem Heimatgefühl fest verknüpft sind, gegen nichtssagende gesichtslose Bauten ausgetauscht werden sollen. [...] Leider wissen wir es alle, dass im heutigen Guerillakrieg der Spekulanten nur jene Bauten wirklich widerstehen können, die einen klaren gesetzlichen Schutz geniessen.*»[237]

NERTZ spielt damit auf die geplanten Neubauten auf dem Areal des Rosshofs, Nadelberg 20, an.

Die Gefährdung der Altstadt geht weiter

Unter dem Titel «Die Gefährdung der Altstadt geht weiter» berichtet RUDOLF SUTER in den «Basler Nachrichten» über Verluste der fünfziger Jahre und geplante kommende: Der Rosshof (Nadelberg 20) ist bedroht, ferner die

Der spätbarocke Rosshof am Nadelberg 20 sollte 1960 einem Neubau von 70 Metern Fassadenlänge samt einer Grossgarage für 2000 Autos weichen.

Hebelstrasse.²³⁸ Anstelle des Rosshofs und seinen historischen Stallungen soll eine Grossgarage für 1800 Autos gebaut werden; an der Seite des Nadelbergs ist ein Neubau von 70 m Fassadenlänge geplant. Dies ruft beim Heimatschutz und in der Öffentlichkeit lebhaften Protest hervor. Im Juni 1960 macht der Heimatschutz eine Eingabe an die Regierung zur Erhaltung des Rosshofs²³⁹ und doppelt an seiner Jahresversammlung gleich noch mit einer Resolution nach.²⁴⁰ Er erinnert daran, dass er schon 1939 vorgeschlagen hatte, den Rosshof unter Denkmalschutz zustellen und dies 1958 in seiner zweiten Eingabe wiederholt habe.

1961
Der Fackelzug für den Rosshof

Es bildet sich eine Gruppe «Aktion Nadelberg» (um LUCIUS BURCKHARDT), die sich heftig für die historischen Bauten wehrt. Der Heimatschutz überlässt die Führung der Kampagne diesem Aktionskomitee, das aus Anwohnern des Nadelbergs und Freunden des Heimatschutzes besteht und in dem der Obmann des Heimatschutzes vertreten ist. Auch finanziell beteiligt sich der Heimatschutz «ausserordentlich stark» an dessen Aktionen.²⁴¹ Am 11. März 1961 kommt es zu einem legendär gewordenen Fackelzug, an dem rund 5000 Leute teilnehmen und über den in Basel noch viele Jahre später geredet wird. Die Aktion Nadelberg hatte zu diesem Protestmarsch aufgerufen. Man versammelte sich auf dem Münsterplatz und marschierte zu den Klängen von Trommeln und Piccolos der Alten Stainlemer via Rittergasse, Freie Strasse, Blumenrain, Petersgasse zum Nadelberg, «wo aus vielen Fenstern Klatschen und Bravos ertönten»²⁴². Auf Transparenten wurde gefordert: «Rettet den Nadelberg», «Dr Rosshof sy lo, kai Autosilo» und «Wir fordern Denkmalschutz für den ganzen Nadelberg».²⁴³ Der Fackelzug endete auf dem Petersplatz, wo DR. RUDOLF FELLMANN in einer zündenden Rede die Verweigerung des Baubegehrens und die Aufnahme des Rosshofs in die Liste der geschützten Denkmäler verlangte.²⁴⁴

Erstmals wird in Basel eine öffentlicher Protest zur Erhaltung der Altstadt organisiert. Am 10. und 11. März 1961 erscheint in den Tageszeitungen ein Aufruf zum Protestmarsch.

Zum erstenmal gehen hier Studenten und Bürger gemeinsam für die Erhaltung der Altstadt auf die Strasse. Es hatte zwar schon bei der Auseinandersetzung um die Aeschenvorstadt öffentliche Aufmärsche gegeben, aber dies waren eher kleinere, der Fasnacht nachempfundene Umzüge, von teilweise bissiger Ironie.²⁴⁵ Diesmal gehen die Bürger in grosser Zahl und zudem zu einem Zeitpunkt auf die Strasse, an dem noch keine wesentlichen Entscheide gefallen sind. Dies macht einen nachhaltigen Eindruck in der Öffentlichkeit und führt schliesslich auch zum Erfolg. Der Heimatschutz fordert den Grossen Rat auf, den Rosshof zu kaufen (1963), was letztlich dann auch – für die Erweiterung

Zu dem legendär gewordenen Fackelzug trifft man sich auf dem Münsterplatz. Von dort marschiert man durch die Rittergasse, Freie Strasse, über den Marktplatz zur Petersgasse und zum Nadelberg. 5000 Bürger gehen mit.

Der Fackelzug trifft vor dem Rosshof ein. – Der öffentliche Protest hat übrigens Erfolg. Der Rosshof wird vom Staat für Zwecke der Universität gekauft. Seine Freiflächen bleiben jahrzehntelang offener Parkplatz. In den achtziger Jahren wird das historische Gebäude dann restauriert und zu Wohnungen umgebaut. Auf dem restlichen Areal entstehen mehrheitlich Bauten für die Universität.

der Universität – geschieht.[246] Leider hatte der Eigentümer im Sommer 1962 bereits einen Teil der Stallungen abbrechen lassen, was dann baupolizeilich gestoppt wurde. Der Rest fiel 1968, angeblich wegen Baufälligkeit, was jedoch von der Denkmalpflege bestritten wurde. Es wurde damals eine Rekonstruktion in Aussicht gestellt, die jedoch 1978, als man endlich an die Beplanung des Areals ging, niemand mehr so recht verlangen mochte.[247] Immerhin konnte das Haupthaus gerettet werden. Es wurde in den 80er Jahren renoviert und enthält heute grosszügige Stadtwohnungen. Der Wettbewerb für die Neubebauung des restlichen Areals, 1978/80, führte damals in Basel nach langer Zeit der Direktaufträge wieder einmal dazu, dass im Wettbewerbsverfahren gute Architektur ermittelt wurde. Dies bedeutete eine Wegmarke für die Zukunft.

Das geplante Spitalhochhaus über der Grossbasler Rheinfront. Offizielle Fotomontage des Stadtplanbüros, 1964.

Opposition gegen die Erweiterung des Bürgerspitals (3. Bauetappe)

1960 beginnt auch die ernsthafte Auseinandersetzung des Heimatschutzes mit dem geplanten Spitalneubau (3. Bauetappe). Geplant waren ein 13 stöckiger, 49 m hoher Betten- und Behandlungstrakt am Petersgraben, der als Hochhaus die Rheinsilhouette auf eine grosse Länge, bis über den Münsterhügel hinaus, stark dominiert hätte. Ferner waren mehrere Neubauten an der Hebelstrasse vorgesehen, die diese Neue Vorstadt aus der Barockzeit beinahe vollständig zerstört hätten (Architekten: PAUL VISCHER, HERMANN BAUR, FRANZ BRÄUNING, ARTHUR DÜRIG). Im März 1961 verfasst der Vorstand des Heimatschutzes ein Memorandum zuhanden der Presse, in dem folgender schöner Satz steht:

Die Hebelstrasse, früher auch Neue Vorstadt genannt, war als letzte der Grossbasler Vorstädte mehrheitlich erst in der Barockzeit entstanden. Sie wies 1963 noch eine schöne bauliche Geschlossenheit auf.

«*Was die Akropolis für Athen, was der Dom für Siena, das ist der Münsterhügel für Basel.*»[248]

Das geplante Hochhaus wird abgelehnt wegen seiner dominierenden Stellung über der Rheinsilhouette. Die unter Denkmalschutz stehenden Bauten an der Hebelstrasse seien zu erhalten, desgleichen die Hebelstrasse als historischer Strassenraum. Der Standort für ein Universitätsspital sei besser auf dem Bruderholz zu suchen.[249]

Die Diskussionen um den Spitalbau gehen weiter, es werden auf Verlangen des Heimatschutzes sogar – in Basel eine Seltenheit – einmal Baugespanne gestellt, um die geplanten Neubauten beurteilen zu können.[250] Der Heimatschutz war massgeblich beteiligt an der Gründung der «Aktion für besseren Spitalbau» (unter dem Vorsitz von DR. FRITZ BLOCHER, Präsident des Appellationsgerichts), und half dort auch finanziell kräftig mit.[251] Man setzte weniger auf eigene Aktionen, sondern zog eine Bündelung der Kräfte aller Gegner vor.[252] Aber man ging doch auch zusätzlich immer wieder mit eigenen Informationen an die Öffentlichkeit.

Am 9. Januar 1964 wird an einer Mitgliederversammlung eine Resolution verfasst, die am Samstag, den 11. Januar 1964 in den Basler Zeitungen zu lesen ist. Das Projekt für die dritte Bauetappe des Bürgerspitals wird vom Basler Heimatschutz abgelehnt,

1. weil das Bettenhochhaus das überlieferte Stadtbild Basels, wie es sich vom Rhein her zeigt, zerstört,
2. weil das Projekt geschützte Bauten an der Hebelstrasse beseitigt,
3. weil das Projekt die Hebelstrasse als historischen Strassenraum aufhebe und das ganze Quartier dadurch beeinträchtigt wird,
4. weil zu erwarten sei, dass bald nötige Erweiterungen zusätzliche Opfer im Gebiet der Altstadt fordern werden und ausserdem ein Präjudiz für andere Fälle geschaffen würde
5. weil der jetzige Standort für ein Universitätsspital aus mehreren städtebaulichen Gründen ungeeignet ist.

Der Basler Heimatschutz empfiehlt eine Verlegung des Universitätsspitals auf das Bruderholz, wo alle Möglichkeiten für eine baulich gute Lösung bestehen, oder an einen anderen geeigneten Ort.

Zur Vorgeschichte: Hier sei kurz eingefügt, dass bereits 1938, also bei der ersten Bauetappe des Bürgerspitals, der heutige Standort umstritten war. Das Sanitätsdepartement hätte damals eine Lösung an der Peripherie (Bereich Kannenfeld) vorgezogen, aber das Finanzdepartement hatte das dort benötigte Areal bereits für Wohnungsbauten vergeben. Der Heimatschutz wurde später, 1942, öffentlich angegriffen, er habe gegen den langgezogenen Baukörper über der St. Johanns-Vorstadt keine Opposition gemacht. Er verteidigte sich dann in einer Stellungnahme in der «Basler Nachrichten» vom 30.9.1942 damit, der Vorstand habe 1938 sehr wohl gesehen, dass der Neubau von HERMANN BAUR eine Beeinträchtigung für die Rheinfront darstelle, aber damals sei wegen der dringlichen Notwendigkeit der Arbeitsbeschaffung keine Opposition möglich gewesen. «Wer jenesmal die Vorlage bekämpft hätte, wäre (moralisch) gesteigt worden als Feind des Vaterlandes.»[253]

Nicht viel besser ging es den Spitalgegnern dann in den 60er Jahren. Es kam im Abstimmungskampf zu rechten Verunglimpfungen.[254] Alle politischen Parteien waren für die Vorlage, aber innerhalb der Parteien waren die Meinungen doch geteilt. Im Grossen Rat gab es einen Minderheitsbericht zum Kommissionsbericht, verfasst von DR. H. P. HASLER (LDP), mitunterzeichnet u.a. von CARL MIVILLE (SP), dem späteren Ständerat, und HEINZ KREIS (LDP)[255], der später die grossrätliche Untersuchungskommission leitete. Von den Zeitungen waren die «Basler Nachrichten» von Anfang an aus städtebaulichen Gründen gegen das Projekt, die «National-Zeitung» dafür. Der Abstimmungskampf wurde äusserst heftig geführt. Auf der einen Seite kämpften die Befürworter für eine erweiterte und verbesserte medizinische Versorgung, aber auch die Vertreter der Baubranche für einen riesigen Auftrag. Auf der anderen Seite stehen die Heimatschützer und Idealisten. Beide Seiten sind sehr emotionell: die Befürworter drucken eine Broschüre: «Es kann auch Dich treffen»[256], die Gegner reden von Stadtzerstörung. Architekturprofessor PETER MEYER (Zürich) nimmt in der «Neuen Zürcher Zeitung» ausführlich Stellung gegen den Spitalneubau.[257] In den «Basler Nachrichten» stellt er die Frage: «Das kriegsverschonte Basel im Frieden zerstören?»[258]

Im «Stadtbuch» bezeichnet er den Spitalbau als «Zerstörung Basels».[259] Auf beiden Seiten befinden sich übrigens auch die Professoren der Medizin, sowohl im befürwortenden wie im gegnerischen Lager. Und diesmal gibt es am 30. Januar 1964 einen Fackelzug der Medizin-Studenten für das Projekt. Von den Basler Fachleuten in der Verwaltung sind der Präsident der Staatlichen Heimatschutzkommission, DR. RUDOLF KAUFMANN, der Denkmalpfleger, FRITZ LAUBER, und der Stadtplanchef FRITZ PETER gegen den Neubau. Die Stimmung in der Stadt ist jedoch so aufgeheizt, dass sie auf Geheiss der Regierung öffentlich nicht mehr Stellung beziehen dürfen, was die Präsidenten der Freiwilligen Basler Denkmalpflege, DR. FRITZ VISCHER, und der Obmann der Heimatschutzes, DR. H. R. HOCKENJOS, im Januar vor der Abstimmung publik machen.[260] Aber das alles nützt wenig. Für die Abstimmung vom 1./2. Februar 1964 geben alle Parteien, mit Ausnahme der LDP, die Ja-Parole heraus. Die Bevölkerung nimmt das Neubau-Projekt mit grossem Mehr an (23 282 Ja zu 11 589 Nein im Kanton, bei der Bürgergemeinde, der das Spital damals noch gehört, sind die Verhältnisse noch deutlicher).

Trotzdem wird es in der Folge nicht gebaut. Nach der Volksabstimmung zeigten sich bei der Realisierung Schwierigkeiten und Unstimmigkeiten. 1967 wurde schliesslich eine Grossratskommission zur Untersuchung eingesetzt. Sie stellte unter anderem fest, dass die Kosten mindestens 70 Millionen höher seien, als angegeben worden war und auch die Bauzeit beinahe das Doppelte betreffen würde. Das Projekt, über das abgestimmt worden war, war schlicht nicht baureif gewesen. Der Baukommission wurde die Hauptverantwortung zugeschoben.[261] 1968 bezeichnet RUDOLF SUTER in den «Basler Nachrichten» das Ganze als «Fehlplanung des Jahrhunderts».[262] In diesem Jahr beschliesst der Grosse Rat, das Projekt sei nicht durchführbar. Die Bauverantwortlichen werden ausgewechselt (neu: SUTER+SUTER) und Umplanungen werden vorgenommen. 1971 stimmt der Grosse Rat einem geänderten Projekt zu, das dann bis 1978 realisiert wird. Der Baukubus am Petersgraben ist nun kleiner und anders orientiert. Die Kosten beliefen sich dann übrigens auf 300 Millionen gegenüber 132,2 des ersten Projekts.[263]

Das Spitalprojekt war eine völlige Fehlplanung!

Aber über der Rheinfront steht halt heute doch ein Klotz, der sehr wohl als Verunstaltung des Stadtbilds bezeichnet werden kann. Er ist zwar wesentlich kleiner als das HERMANN BAUR-Projekt, und wohl auch geschickter posi-

Das Café Spitz an der Greifengasse 2 war jahrelang vom Abbruch bedroht. Als Kompromiss konnten Heimatschutz und Denkmalpflege schliesslich erreichen, dass nur der rechte Flügel, das sog. Schwalbennest, abgebrochen und durch einen Neubau ersetzt wurde. Die Zeichnung von J. J. Schneider zeigt das Gesellschaftshaus von 1841 mit dem Anbau von 1860, beide von Architekt Amadeus Merian.

tioniert, aber architektonisch, das soll doch auch angemerkt werden, auch um einiges banaler. Und die Art und Weise, wie die Zufahrten zur Notfallstation das höchst wertvolle mittelalterliche Baudenkmal der Predigerkirche (13. Jahrhundert) umklammern, kann man eigentlich nur als brutal und pietätlos bezeichnen.

Weiterhin bedrohte Bausubstanz

Für den Heimatschutz gehen 1964 nach der verlorenen Abstimmung die üblichen Sorgen weiter. Die Auswechslung von historischer Bausubstanz wird weiterhin geplant. Bedroht ist das barocke Gebäude an der Petersgasse 23 (in Staatsbesitz). Das Gerichtsgebäude von J. J. STEHLIN an der Bäumleingasse 5,7 soll einem Neubau weichen. In Riehen gilt das Gemeindehaus (Alte Kanzlei) von MELCHIOR BERRI als erstklassiges Verkehrshindernis, das nach allgemeiner Auffassung zu beseitigen sei. Es gäbe wohl keine andere Möglichkeit mehr, befindet man im Vorstand resigniert, als es abreissen und weiter hinten wieder aufbauen zu lassen.[264] Auch der Merian-Flügel des Café Spitz wird als Verkehrshindernis angesehen, das nicht mehr tragbar sei. Hier wehrt sich der Heimatschutz dann aber sehr entschieden. Jahrelanges Tauziehen mit den Eigentümern, den Drei Ehrengesellschaften, führt schliesslich zu dem Kompromiss, dass der Hauptbau am Oberen Rheinweg, das sog. Schwalbennest, durch einen Neubau ersetzt wird, der Flügel am Brückenkopf aber stehen bleiben kann. Als man endlich soweit ist, bringt ein Lastwagen die Terrasse des Café Spitz zum Einsturz (1967) und zwei Jahre später führt ein Brandanschlag dazu, dass das Gebäude im Innern ausbrennt. Aber der Denkmalpfleger FRITZ LAUBER, der sich zäh und ausdauernd für das Café Spitz eingesetzt hatte, gibt nicht auf. Es wird wieder aufgebaut, so gut es eben geht.

Gegen ein geplantes Parking unter dem Petersplatz (1963) hatte der Heimatschutz keine Opposition gemacht. Der Vorstand war der Meinung, aus taktischen Gründen solle man sich auf den Bürgerspital-Kampf konzentrieren.[265] Auch hatte der Stadtgärtner versichert, dass auch auf einem Parking wieder Bäume wachsen würden. Trotzdem war ein Teil der Vorstandsmitglieder dafür sich zu wehren, vor allem, weil man ein Präjudiz für ein Münsterplatz-Parking befürchtete. Hier trat dann zwei Jahre später erstmals HANS BRUTSCHIN, Mitglied einer kleinen kritischen Gruppe UDA (Unabhängige Demokratische Aktion), in Aktion.[266] Er wies in einer vielfältig argumentierenden Schrift unter anderem nach, dass der Vorschlag für das Petersplatz-Parking finanziell völlig überrissen sei.[267] Seine Argumente müssen gewirkt haben, denn 1966 wird es still um das Petersplatz-Parking.

1963
Eingabe einer Initiative zum Schutz der Altstadt und zur Schaffung eines Denkmalschutzgesetzes

Im Jahresbericht für 1963/64 berichtet Obman HOCKENJOS, dass vor allem das Thema Bürgerspital im Zentrum der Bemühungen gestanden habe.[268] Er berichtet ferner, dass eine Altstadt-Initiative zustande gekommen sei, die von Personen aller politischen Parteien unterschrieben worden sei. Sie wurde am 5. November 1963 mit 5283 Unterschriften eingereicht. Ihr Ziel war die «Erhaltung des baulichen Charakters der Basler Altstadt sowie der historischen Dorfkerne von Riehen und Bettingen». Der Grosse Rat wird darin aufgefordert, das Verzeichnis der geschützten Denkmäler zu ergänzen, ein Denkmalschutzgesetz zu schaffen und die Violette Altstadtzone auszudehnen.[269] Der Ärger über diverse Häuserabbrüche hatte wohl die Unterschriftensammlung für die Altstadt-Initiative erleichtert. HOCKENJOS fährt fort: «Mangelnde gesetzliche Bestimmungen ermöglichten die Abscheulichkeit des neuen Cinemas Scala an der Freienstrasse und den Abbruch weiterer reizvoller Häuser im alten Kleinbasel.» Den am Münsterberg entstandenen Neubau des ACV anstelle des Lichtenfelserhofs bezeichnet der Obmann als «leider nicht in unserem Sinn», sondern als «fasnächtlich verbrämten Heimatstil. Wie würdig nahm sich dagegen der verschwundene Lichtenfelserhof am Aufgang zum Münster aus.»[270]

> Personen aller politischen Parteien unterstützten die Altstadtiniative.

Die Häuser an der Hebelstrasse 12–26, werden 1965 infolge der Spitalabstimmung abgebrochen. Mehrere von ihnen waren im Denkmalverzeichnis eingetragen gewesen.

1965 werden dann an der Hebelstrasse die ersten historischen Bauten abgebrochen, die fast alle im Denkmalverzeichnis eingetragen waren (Nr. 22–30), 1966 fällt das Haus «Zur alten Treu» (Hebelstrasse 12). Im gleichen Jahr fallen am Spalenberg die Nummern 5 und 7, von denen besonders Nr. 5, das «Lisettli», die «Weinstube Hunziker», sehr betrauert wurde. Beim Abbruch entdeckte man darin wertvolle Wanddekorationen aus dem Spätmittelalter, aber da war es leider zu spät. Hier entstand das heutige Hotel Basel.

Das Thomas-Platter-Haus soll fallen

Das spätgotische Wasserschlösschen an der Gundeldingerstrasse 280 war der Wohnsitz von THOMAS PLATTER, dem legendär gewordenen Walliser Hirtenbub, der es im 16. Jahrhundert in Basel zum Druckereibesitzer und Rektor der Lateinschule auf Burg gebracht hatte. Seit 1958 gehörte das Gebäude dem Kanton Basel-Stadt. Dieser plant nun auf dem Areal ein Schulhaus und ein Altersheim. Das Schlösschen steht zwar unter Denkmalschutz, aber am 3. November 1963 beschliesst der Regierungsrat auf Antrag des Baudepartements,

Das Thomas Platter-Haus, Gundeldingerstrasse 280. Auf dem Areal des spätgotischen Wasserschlösschens, das im 16. Jahrhundert Thomas Platter gehörte, plante der Staat Ende der fünfziger Jahre eine Schule. 1963 streicht der Regierungsrat daher das Thomas Platter-Haus aus dem Denkmalverzeichnis. Dies führt zu einer Protestwelle in der Öffentlichkeit. Nach jahrelangen Bemühungen kann das Haus schliesslich dank der «Stiftung Thomas Platter-Haus» erhalten und restauriert werden.

das Gebäude aus dem Denkmalverzeichnis zu streichen. Dies ruft die Heimatschützer auf den Plan. RUDOLF SUTER berichtet in den «Basler Nachrichten» von einem «obrigkeitlichen Anschlag auf das Thomas Platter-Haus».[271] Denkmalpfleger FRITZ LAUBER schreibt in den «Jurablättern» über die Bedeutung des Thomas-Platter-Hauses.[272] Auf sein Betreiben bildet sich im Oktober 1965 ein «Komitee zur Erhaltung des Thomas Platter-Hauses», das im nächsten Jahr eine Petition mit über 4000 Unterschriften zur Erhaltung des Hauses einreicht.[273] Der Heimatschutz hatte gleich zu Beginn der Diskussionen Geld an die Restaurierung des Hauses zugesagt[274], war aber dann nicht mehr in vorderster Front an den Bemühungen beteiligt, da sich zahlreiche prominente Basler für das Haus einsetzten. Das Seilziehen um die Erhaltung des Thomas-Platter-Hauses sollte sich übrigens noch viele Jahre hinziehen. 1970 wird eine «Stiftung Thomas Platter-Haus» gegründet (Präsident PROF. GERHARD WOLF-HEIDEGGER), der es gelingt, von privater Seite Fr. 350 000.– an Spenden zu sammeln. Nun ist auch die Regierung bereit, finanziell mitzuhelfen und 1972–74 wird die Restaurierung durchgeführt (Architekten: ALIOTH UND REMUND).[275]

1968

Die Erweiterung der Altstadtzone im Jahr 1968: Eine Wende zugunsten der Altstadterhaltung zeichnet sich ab

Am 2. Juni 1959, hatte der Heimatschutz eine grössere Eingabe an das Baudepartement zur Erweiterung der Altstadtzone gemacht. Danach sollen in Grossbasel Gassen wie z.B. der Münsterberg, der Schlüsselberg, das Gerbergässchen, die Malzgasse, die Bäumleingasse, der Spalenberg, die Schneidergasse und die Hebelstrasse in die Violette Altstadtzone eingewiesen werden; in Kleinbasel wird dies für Teile der Utengasse, der Webergasse und der Riehentorstrasse verlangt.[276]

Da nichts geschah, wurden im Jahr 1963 Unterschriften für eine Altstadt-Initiative gesammelt, die von breiten Kreisen unterstützt wurde und im November desselben Jahres eingereicht werden konnte. Dies führte schliesslich 1966 zu einem «Ratschlag betreffend Erweiterung der Altstadtzone», der von einer Grossratskommission unter Vorsitz von Architekt PETER H. VISCHER beraten wird.[277] Und hier passiert nun einmal etwas sehr Schönes: Die Grossratskommission findet, «dass die regierungsrätlichen Vorschläge zur Erweiterung der Altstadtzone nicht genügen»[278] und nimmt 23 zusätzliche Objekte (teils Häusergruppen, teils ganze Strassenzeilen) auf. Erstmals hilft hier der Grosse Rat den Heimatschützern gegenüber der Regierung. Eine Wende in der Grundhaltung der Bevölkerung zu ihrer Altstadt beginnt sich abzuzeichnen.

Erstmals hilft hier der Grosse Rat den Heimatschützern gegenüber der Regierung.

Zwei Referenden werden gewonnen: Gerichtsgebäude und Rittergasse-Turnhalle

1968 kommt es zu einem Referendum gegen den geplanten Neubau des Gerichtsgebäudes, der einen schweren Eingriff in die Bausubstanz der Bäumleingassse bedeutet hätte. Der Heimatschutz unterstützte das Referendum, das von dritter Seite ergriffen worden war, ebenso wie die Freiwillige Basler Denkmalpflege. Die Abstimmungskampagne führte HANS BRUTSCHIN, und sie führte zum Erfolg. Endlich einmal lehnten die Stimmbürger ein grosses Neubauvorhaben in der Altstadt ab.

Im nächsten Jahr folgte eine weitere Abstimmung in Sachen Altstadt. Wieder ein staatliches Bauvorhaben: Die beiden alten Turnhallen an der Rittergasse sollten durch Neubauten mit Schwimmhalle ersetzt werden. Hier wur-

Das Gerichtsgebäude an der Bäumleingasse, von J. J. Stehlin 1863 erbaut, sollte 1968 einem Neubau weichen. Das Referendum wird ergriffen. In der Volksabstimmung von 1968 lehnen die Stimmbürger erstmals ein grosses Neubauvorhaben in der Altstadt ab.

de von Seite der Freiwilligen Basler Denkmalpflege das Referendum ergriffen. Stein des Anstosses war eine durchfensterte Betonfassade, die an der Rheinhalde neben dem Münster anstelle einer markanten Sandsteinmauer entstehen sollte. Der Heimatschutz fand, es gäbe sowohl Gründe für wie gegen den Neubau, der an der Rittergasse wesentlich niedriger werden sollte als die Vorgängerturnhalle, er überliess den Entscheid jedem einzelnen, d.h. er gab seinen Mitgliedern keine Parole heraus.[279] Die Abstimmung endete mit einem knappen Sieg für die Opponenten. Aber bei den nachfolgenden Verhandlungen ging dann irgendetwas schief. Das Baudepartement war zu einer Reduktion des Projekts bereit, aber eine beratende Grossratskommission akzeptierte das nicht und erreichte, dass der vorher an der Rittergasse niedriger geplante Bau zu schlechter Letzt um ein Geschoss aufgestockt wurde. Der «Walfisch an der Rittergasse»[280] und die nachträglich versuchte Gliederung der hier entstandenen Betonwand führten dann zu viel Spott in der Öffentlichkeit.[281]

Denkmalschutz für Strassenzüge des 19. Jahrhunderts

Nachdem im äusseren Spalenquartier jahrelang regelrecht gewütet worden war, Einzelbauten aus Häuserzeilen herausgebrochen und durch Neubauten ersetzt und Hinterhöfe zugebaut worden waren, zeichnet sich auch hier eine Wende ab. Ein Baubegehren für Eulerstrasse 15 löst eine Bewegung unter den Hauseigentümern aus, die nun von sich aus verlangen, dass ein Teil der Strasse geschützt wird. Leider war nur noch der vordere Teil intakt genug. Seine Aufnahme in das Denkmalverzeichnis erfolgte 1971. Ähnliches passiert etwa gleichzeitig an der Angensteinerstrasse. Auch hier löst ein Neubauvorhaben eine Bewegung für Unterschutzstellung aus, die dann zwar angefochten wird, aber schliesslich doch erfolgreich ist.[282] Und noch einmal setzen sich Anwohner – an der Pilgerstrasse – durch (1973). Jedesmal ging die Initiative von einzelnen, sehr bewussten Bürgern aus, die hier architektonisches Erbe retten wollten.

Eulerstrasse, Angensteinerstrasse und Pilgerstrasse erhalten Denkmalschutz.

Ein weiterer Versuch, eine Häuserzeile des frühen 20. Jahrhunderts am Steinenring 40–58 ins Denkmalverzeichnis aufzunehmen, scheiterte dagegen. Die Regierung lehnte eine Unterschutzstellung ab und auch die Anrufung des Bundesgerichts nützte nichts.[283]

Fragwürdige Fassadenerhaltungen und Rekonstruktionen

1963 wird die eingelagerte Fassade des Hauses zum Goldenen Löwen von der Aeschenvorstadt 4 tatsächlich wieder aufgebaut. Der Bankverein war bereit, seine moderne Kantine mit der prächtigen Barockfassade zu verbrämen. An der St. Alban-Vorstadt 36 hatte sich eine «Baulücke» gefunden, auf die aus Heimatschutzkreisen aufmerksam gemacht worden war. Offensichtlich störte es niemanden gross, dass sich hier bereits ein stattliches neubarockes Wohnhaus von FRITZ STEHLIN, 1913, befand, das aus heutiger Sicht ebenso schützenswert war wie die beiden angrenzenden Altadtliegenschaften, Nr. 40 und 42. Alle drei wurden abgebrochen und modern ersetzt.

Der Wiederaufbau der Fassade geschah also auf Kosten von drei schützenswerten Bauten, was heute kaum noch zu verstehen ist. Und jedermann, der durch den neuen Durchgang Richtung Lautengartenstrasse geht, versteht, was man ebenfalls nicht tun sollte: an eine barocke Fassade und Dachform moderne Kuben direkt anfügen – vom Gegensatz Aussen-Innen des Gesamtgebäudes ganz zu schweigen. Auf dem Hinterland, also dem Garten des ehemaligen Hauses «zum Hof», durfte ferner ein neungeschossiger Wohnblock der Pensionskasse des Bankvereins realisiert werden. Dieser brachte gegen die Malzgasse einen schweren Einbruch in das damals noch intakte Altstadtgefüge, für dessen Erhaltung sich der Heimatschutz seit Jahrzehnten eingesetzt hatte. Ein städtebaulich sehr hoher Preis wurde hier für eine Fassadenrekonstruktion bezahlt. Aber damals sah man vor allem den Goldenen Löwen wiedererstehen.

Ein anderer Fall von Fassadenerhaltung geschah fünf Jahre später an der St. Alban-Vorstadt 90/92. Das Doppelwohnhaus Sarasin, von JOHANN JAKOB STEHLIN 1857 erbaut, sollte durch einen mehrgeschossigen Geschäfts-

Der am besten erhaltene Teil der Eulerstrasse wird 1971 auf Verlangen der Hauseigentümer unter Denkmalschutz gestellt.

Strassenbild der St. Alban-Vorstadt in den sechziger Jahren. In der Strassenzeile rechts soll 1968 ein modernes Geschäftshaus errichtet werden (siehe Abbildung unten).

Der geplante Neubau anstelle der Sarasinschen Häuser, St. Alban-Vorstadt 90, 92. Dank den Bemühungen von Heimatschutz und Freiwilliger Basler Denkmapflege kann die Bauherrschaft dazu gebracht werden, wenigstens die Fassaden der beiden Häuser (von 1857, Architekt J. J. Stehlin) zu erhalten. Mehr konnte damals nicht erreicht werden, da die gesetzlichen Grundlagen fehlten.

haus-Neubau ersetzt werden. Der Heimatschutz und die Freiwillige Basler Denkmalpflege setzten sich dagegen zur Wehr. Der Heimatschutz organisiert einen Offenen Brief mit zahlreichen Unterschriften, ferner wird ein Flugblatt verfasst zuhanden der Öffentlichkeit und des Grossen Rats. Man erreicht schliesslich, dass die Eigentümerin, eine SAPREF AG, soweit einlenkt, dass die Fassade stehen bleiben kann. Sie bleibt mit den originalen Fensterprofilen und Verzierungen erhalten, ist also keine Rekonstruktion wie beim Goldenen Löwen. Aber dahinter befindet sich ebenfalls ein kompletter Neubau.[284]

Und 1975 wurde dann sogar das in der Aeschenvorstadt abgebrochene Gasthaus Goldener Sternen wieder aufgebaut. Nach jahrzehntelangen Bemühungen verschiedener engagierter Persönlichkeiten war es schliesslich gelungen, für dieses magazinierte Gebäude im St. Alban-Tal einen neuen Platz zu finden.[285] Auch hier war der Bauplatz nicht ideal. Der Sternen musste um eine Fensterachse verbreitert werden, um in die bestehende Häuserzeile zu passen. Dies führte dann zu vielen Änderungen des ursprünglichen Gebäudes sowohl am Äusseren wie im Inneren. Der geänderte Rock wollte einfach nicht zur alten Figur passen! Und leider hatte man beim Abbruch die Bauteile nicht genügend numeriert, so dass beim Wiederaufbau der historischen Teile einiges improvisiert werden musste.[286]

Alle drei Fälle waren problematisch, was auch bald einmal so empfunden wurde. 1970/71 formuliert dies Obmann RUDOLF WIRZ in einem Referat «Neubauten in Altstädten – Prüfsteine für den Architekten» folgendermassen: «Immer muss eine Substanzerhaltung einer blossen Strukturerhaltung vorgezogen werden.»[287] Bei den Sarasinschen Häusern bedauerte der Heimatschutz im Anschluss an die Verhandlungen, nicht mehr als eine Fassadenerhaltung erreicht zu haben. Die stärkste Kritik gab es jedoch für den Goldenen Sternen. Hier wurden die Grenzen einer baulichen Rekonstruktion allzu offenkundig. Man musste enttäuscht zur Kenntnis nehmen, dass der Wiederaufbau zu weit vom Original entfernt blieb und dass die Atmosphäre und der Genius loci des altehrwürdigen Gasthauses aus der Aeschen eben nicht übertragbar waren. Sie waren, zusammen mit der Vorstadt selbst, endgültig verloren. – Trotzdem ist der Goldene Sternen heute ein Gewinn für das St. Albantal, denn die jüngere Generation kennt den Vergleich zu vorher nicht und geniesst die schöne Lage des Gasthauses am Rhein, besonders an Sommertagen, sehr.

Ein noch einmal anders gelagerter Fall passierte an der St. Johanns-Vorstadt 14. Die Altstadtliegenschaft in Staatsbesitz sollte abgebrochen werden. Der Heimatschutz hatte sich seit Jahren für das prägnante Haus eingesetzt. 1970 beschloss der Grosse Rat jedoch auf Antrag des Baudepartements, den Abbruch und Neubau. Der Heimatschutz verzichtete auf ein Referendum und versuchte es mit Verhandlungen mit Vertretern des Hochbauamts, der Staatlichen Heimatschutzkommission und der Denkmalpflege. Das Ergebnis war ein Neubau mit Wiederanbringung eines Fachwerkgiebels.[288] Mehr war damals

Abbildung links: Die Schmiedenzunft am Rümelinplatz 6. 1970 wollte die GGG das spätmittelalterliche Zunfthaus durch einen Neubau ersetzen lassen. Dank einer Urabstimmung unter den Mitgliedern wurde dieses Vorhaben gestoppt und durch den Einsatz von Heimatschutz-Obmann Rudolf Wirz ein akzeptables Renovationsprojekt in die Wege geleitet.

Abbildung rechts: Der 1970 geplante Neubau am Rümelinsplatz.

hier nicht zu erreichen. Vergleicht man aber den Vorzustand mit dem jetzigen Bau, so kann man nur den Kopf schütteln. Aber eben, hinterher hat man leicht reden.

• Ohne gesetzliche Grundlage war, das zeigte sich immer wieder, wenig auszurichten.

So musste man sich damit zufrieden geben, in Einzelfällen wenigstens das Strassenbild zu retten, und auch das gelang sehr oft nicht.

1970 und 1973
Zwei Zunfthäuser bedroht – und gerettet: die Schmiedenzunft und die Safranzunft

Um 1970 herrschte immer noch eine beispiellose Hochkonjunktur. Es war eine Zeit der Häuser-Abbrüche. Altbauten rentierten nicht und wurden ersetzt. Auch die GGG (Gesellschaft für das Gute und Gemeinnützige) beschloss, ihr Gebäude am Rümelinsplatz, die im Kern aus dem 15. Jahrhundert stammende Schmiedenzunft, abreissen und durch einen rentablen Neubau ersetzen zu lassen. Dies rief einen Sturm der Entrüstung in der Öffentlichkeit hervor. In den Zeitungen gab es eine Flut von Leserbriefen und auch die Redaktionen zeigten sich bestürzt ob diesem Vorhaben. Es bildete sich ein «Aktionskomitee zur Erhaltung der Schmiedenzunft» (Leitung: Dr. Julia Gauss). Unter den Mitgliedern der GGG wurde eine Urabstimmung durchgeführt, deren Ergebnis ein klares Bekenntnis zur Erhaltung des Zunftgebäudes war.

Der neue Obmann des Heimatschutzes, RUDOLF WIRZ, hatte in diesem Fall sofort hinter den Kulissen agiert. «Wir suchten den Kontakt mit der GGG und konnten erreichen, dass deren Vorstand dem Architekten den Auftrag erteilte, Varianten für einen Neubau mit Erhaltung des schützenswerten Gebäudetraktes und des reizvollen Innenhofes auszuarbeiten.»[289] RUDOLF WIRZ, von Beruf Architekt, hat dann selbst mit dem beauftragten Architekten THOMAS BALLY verschiedene Lösungen entwickelt, die später in Zusammenarbeit mit dem Stadtplanbüro weiter ausgearbeitet wurden.[290] Der Vorstand lenkte ein. Das wertvolle Zunfthaus blieb erhalten und ausserdem entstand an der Gerbergasse 24 eine der charmantesten Hofsituationen der Altstadt, mit Boulevardcafé und reizvollen kleinen Boutiquen samt einem Fussgänger-Durchgang zum Rümelinsplatz.

Im Februar 1973 wird bekannt, dass das neugotische Gesellschaftshaus der Safranzunft von 1901 (Architekt G. A. VISSCHER VAN GAASBEEK) durch einen zeitgenössischen Neubau ersetzt werden solle. Der Basler Heimatschutz macht daraufhin sofort einen SOS-Notruf in den Zeitungen (am 15. und 16. 2.).[291] Auch der BSA (Bund Schweizer Architekten) zeigt sich bestürzt und fordert öffentlich die Erhaltung des wertvollen Gebäudes. Er weist darauf hin, dass eine Renovation etwa 2 Millionen kosten würde, der Neubau aber auf 5,4 Millionen veranschlagt sei.[292]

Das neugotische Gesellschaftshaus der Saranzunft an der Gerbergasse 11, von 1902, sollte 1973 abgebrochen werden. Dank des grossen Einsatzes von Heimatschutz und Freiwilliger Basler Denkmalpflege, unterstützt vom Bund Schweizer Architekten, BSA, konnte das prächtige Zunfthaus schliesslich erhalten werden.

Der Vorstand der Zunft ruft gleichzeitig deren Mitglieder zusammen und lässt über das Neubauvorhaben abstimmen. Die Zunftversammlung beschliesst den Neubau mit 80 zu 58 Stimmen. Vorausgegangen war allerdings 1968 eine Anfrage der Zunft bei der Arbeitsrappen-Kommission, ob ein Beitrag an die Fassadenrenovation gewährt werden könne. Dies wurde mit dem Hinweis abgelehnt, das Gebäude sei nicht erhaltenswert.[293]

Im Grossen Rat reichen CARL MIVILLE (SP) und JÜRGEN ZIMMERMANN (FDP) Interpellationen ein, die vom Baudepartment dahingehend beantwortet werden, es könne höchstens eine Fassadenerhaltung unterstützt werden.[294] Am 10. Mai kommt es zu einer Besprechung des Zunft-Vorstands mit Vertretern der Staatlichen Heimatschutzkommission, des privaten Heimatschutzes, der Öffentlichen Basler Denkmalpflege und der Freiwilligen Basler Denkmalpflege. Der Vorstand ermächtigt den Heimatschutz und die Freiwillige Denkmalpflege einen Alternativ-Vorschlag zur Sanierung des Hauses ausarbeiten zu lassen. Das Architekturbüro ARNOLD GFELLER, in dem Heimatschutz-Obmann RUDOLF WIRZ arbeitet, macht in kürzester Zeit einen solchen Vorschlag. Man stellt fest, dass vor allem Fassade, Dach und Saal des Zunft-

Der grosse Saal der Safranzunft gehört heute zu den schönsten Festsälen der Stadt. 1973 sollte er abgerissen werden.

hauses in schlechtem Zustand seien. Ferner müsse die Küche verlegt und besser ausgestattet werden.[295]

Dann wird es eine Zeitlang still um die Pläne. Mittlerweile bricht die Hochkonjunktur ein, was die Baubranche besonders schwer trifft. Und 1977 berichtet dann die «Basler Nachrichten», ein Neubau der Safranzunft sei angesichts der heutigen Marktlage nicht zu verantworten.[296] Am Ende des Jahres stimmen die Zunftmitglieder ohne Gegenstimme einer Renovation zu. Bund und Kanton geben Fr. 600 000.– an die Restaurierung, die schliesslich doch über 4 Millionen kostet.[297] Am 28. Februar 1979 findet die feierliche Wiedereröffnung des Zunfthauses statt. (Restaurierung: MARKUS G. RITTER, STRAUMANN U. HIPP, in Zusammenarbeit mit der Basler Denkmalpflege.)[298] Die Erhaltung der Safranzunft ist für das Stadtbild und auch für die Geschichte der Zünfte, die den grössten Teil ihrer Häuser verloren haben, von grosser Bedeutung. Aber vor allem wurde hier einer der schönsten Festsäle der Stadt Basel bewahrt und wiederhergestellt.

In jene Zeit fällt auch die Renovation der originellen Schalterhalle der Hauptpost an der Rüdengasse. Hier hat sich Architekt RUDOLF E. WIRZ ebenfalls sehr verdient gemacht. Denn auch die Post hatte einmal die für jene Zeit typische Absicht, die markanten Deckengewölbe abzubrechen zu lassen und den hohen Raum durch das Einziehen eines Zwischenbodens besser zu nutzen.[299] Die Generaldirektion entschloss sich dann aber doch für eine Renovation der neugotischen Halle, die in der Schweiz zu den besten ihrer Art gehört. Unterstützt von einem Gutachten des Kunsthistorikers GEORG GERMANN konnte RUDOLF WIRZ die Halle mit ihren ehemaligen Schaltern rekonstruieren. Dabei wurden die Jugendstildekorationen aus der Zeit von 1910, die zu den Wandgemälden von BURKHARD MANGOLD passen, wiederhergestellt.

1971–1983
Kampf um den «Bäumlihof»

Zu Beginn der siebziger Jahre beschlossen die Eigentümer des Bäumlihofs, das ihnen unbequem gewordene Haupthaus ihres Landguts aus dem 18. Jahrhundert abreissen zu lassen und an anderer Stelle auf dem Areal ein Einfamilienhaus zu errichten. Sie stellten daher Antrag, das denkmalgeschützte Gebäude aus dem Schutz zu entlassen, was von der Regierung am 7. Juni 1971 auch genehmigt wurde. Im Jahresbericht des Heimatschutzes für 1970/71 steht dazu:

«*Dieser Entschluss löste eine unerwartete und für uns erfreuliche, breite Reaktion aus. So hat der Grosse Rat in seiner Sitzung vom 10. Juni einer scharfen Resolution in dieser Sache zugestimmt, denn er konnte es nicht verstehen, dass die Regierung diesen folgenschweren Entschluss überstürzt und vor der Beantwortung der diesbezüglichen Interpellation Dr. W. Zettler und des hängigen Anzugs E. Feigenwinter fällte. Geharnischte Artikel er-*

schienen in allen Basler Zeitungen, die Generalversammlung der Gesellschaft für Schweizerische Kunstgeschichte bezeichnete den Beschluss als einen kunsthistorischen Skandal und bereits wurde von zwei Seiten beim Verwaltungsgericht in Basel Rekurs gegen den Entscheid des Regierungsrates erhoben. Diesen Rekursen wurde aufschiebende Wirkung erteilt, so dass zumindest vorläufig der geplante Abbruch verhindert werden konnte. In der Zwischenzeit wurde auch eine Initiative [«Zur Erhaltung des Bäumlihofs»] gestartet, welche die Kompetenz zur Unterschutzstellung dem Grossen Rat übertragen will. Wohl erstmalig wurden innert wenigen Tagen über 5000 Unterschriften gesammelt und das nun eingereichte Initiativbegehren darf als eindeutige Willensäusserung der Basler Bevölkerung gewertet werden. 》 [300]

Die beiden Rekurse gegen die Entlassung aus dem Denkmalschutz stammten übrigens von dem Verein Freiwillige Basler Denkmalpflege und von Grossrat HANSJÖRG WEDER (LdU) als Einzelperson. Weder war im Vorstand des Basler Heimatschutzes und wurde dann von 1977–80 dessen Obmann.

Ein Jahr später wurde das Bäumlihof-Areal dann infolge des «Bundesbeschlusses vom 17. März 1972 über dringliche Massnahmen auf dem Gebiet der Raumplanung» einer provisorischen Schutzzone zugewiesen. Die öffentliche Meinung änderte sich in jener Zeit grundlegend. Nicht mehr eine grosse Wohnüberbauung, wie sie seit 1965 zwischen Hirzbrunnenquartier und Bäumlihofgut geplant gewesen und von den Stimmbürgern auch deutlich bejaht worden war[301], erschien erwünscht, sondern eine Grünzone, die den Stadtbereich vom Landbereich trennt. Eine diesbezügliche Initiative wird 1975 eingereicht. Allerdings hatte sich mittlerweile auch gezeigt, dass die Basler Bevölkerung nicht mehr zu- sondern abnahm, vermehrter Wohnungsbau also nicht mehr vordringlich war. 1978 liegt ein reduziertes Bauprojekt vor, aber die beratende Grossratskommission findet eine Grünzone sinnvoller. 1982 beschliesst der Grosse Rat, das Areal für 93 Millionen zu kaufen.[302] Dagegen wird das Referendum ergriffen. Die Stimmbürger sind jedoch im Verhältnis 2 zu 1 für den Kauf des Areals, zwecks Nichtüberbauung.[303] Die historischen Gebäude bleiben erhalten, das Haupthaus wird renoviert und 1983 auf Antrag der Eigentümer wieder in das Denkmalverzeichnis aufgenommen.

1975
Das Europäische Jahr für Denkmalpflege und Heimatschutz

Unter dem Motto «Eine Zukunft für unsere Vergangenheit» lancierte der Europarat in den frühen siebziger Jahren eine Denkmalschutz-Kampagne, deren Höhepunkt das Europäische Jahr für Denkmalpflege und Heimatschutz, 1975, werden sollte. Es war bekannt geworden, dass in Europa nach 1945 mehr historische Bausubstanz zerstört worden war als durch den Krieg selber. Dies führte nun zu einer Neubesinnung auf die eigenen historischen Werte. Die Politiker in ganz Europa waren aufgerufen, ein Umdenken einzuleiten.

Der Zeitpunkt für eine Umbesinnung hätte für Basel kaum günstiger sein können. Die lang andauernde Hochkonjunktur, die hier bereits 1945 eingesetzt hatte, kam endgültig zum Erliegen. Sie hatte sich vor allem in der Baubranche manifestiert. Seit den späteren sechziger Jahren waren in Basel jährlich – laut dem Statistischen Jahrbuch des Kantons Basel-Stadt – gegen 200 Häuser abgebrochen worden. Im Jahr 1975 sind es dann nur noch 68. Natürlich sind dies nicht alles erhaltenswerte Bauten gewesen, aber ein Teil davon eben doch. Im Jahr 1974 hielt der Obmann des Berner Heimatschutzes, Hans Laué, vor dem Basler Verkehrsverein einen Vortrag mit dem provokanten Titel: «Berns Altstadt, die schönste der Schweiz – und die Selbstzerstörung Basels».[304]

Der gewählte Titel zeigt mehr als deutlich, wie negativ man die Entwicklung Basels auch von auswärts her sah. Rolf Brönnimann, der neue Obmann des Basler Heimatschutzes, nennt das etwas später so:

«*Denn was sich in unserer Stadt in den letzten Jahrzehnten abspielte, ist ein grosses Trauerspiel, dessen Ende noch nicht abzusehen ist. Optimisten mögen entgegnen, es würde in nächster Zeit anders kommen, man hätte schliesslich aus den Fehlern einiges gelernt. Dem ist leider nicht so. Die Bedrohung unserer Stadt besteht weiter, wie gewisse Projekte zeigen. Da höre ich schon die Frage, wo bleibt denn da der Heimatschutz? Dazu muss leider gesagt werden, dass im Allgemeinen unsere Möglichkeiten, Bauten vor dem Abbruch zu bewahren oder andere Barbareien zu verhindern, stark überschätzt werden. Solange keine wirksamen Gesetze existieren, müssen wir uns auf Appelle, Resolutionen und dergleichen beschränken.*» [305]

Der Schweizerische Bundesrat hatte alle Kantone aufgerufen, sich an der Kampagne des Europarats zu beteiligen. Da sich jedoch in Basel nichts tut, gelangen die beiden Vereine Heimatschutz und Freiwillige Basler Denkmalpflege 1974 an die Regierung mit einer diesbezüglichen Anfrage. Daraufhin wird die Basler Denkmalpflege beauftragt, das Denkmalschutzjahr vorzubereiten. Für einmal sind nun die Denkmalpflege-Behörden im ganzen Land gefragt. Sie sollen Aktionen durchführen, Führungen zu Baudenkmälern organisieren etc., obwohl sie personell meist kaum dazu in der Lage sind.

In Basel tut sich Denkmalpfleger Fritz Lauber sofort mit den beiden oben genannten Vereinen zusammen, man bildet ein gemeinsames Aktionskomitee und die Sache wird zu einem ganz grossen Erfolg in der Bevölkerung. Tausende nehmen an den Führungen teil, die das ganze Jahr hindurch in der Altstadt angeboten werden. Im St. Alban-Tal, dessen Sanierung die «Christoph Merian Stiftung» unter ihrem Direktor Hans Meier übernommen hatte, wurde ein grosses Volksfest veranstaltet, das ebenfalls ein Riesenerfolg war. Dadurch wurde dieses lange stiefmütterlich behandelte Quartier nun endlich in

Seit den späteren 60er Jahren wurden jährlich gegen 200 Häuser abgebrochen.

1945–1975 | HOCHKONJUNKTUR – VERKEHRSGERECHTE STADT – ENTDECKUNG DES 19. JAHRH.

Das alte Stadttheater mit Kunsthalle, Steinenschule und Elisabethenkirche im Hintergrund. Zeichnung von J. J. Stehlin, 1893. Der Steinenberg war im 19. Jahrhundert zu einem Kulturzentrum ausgebaut worden und von so überzeugender Gestaltung, dass der Heimatschutz die ganze Strasse bereits 1912 hatte schützen wollen.

Das alte Stadttheater wurde 1975 gesprengt. Für seine Erhaltung hatte eine Gruppe von Idealisten in letzter Minute noch eine Initiative gestartet, die jedoch vom Grossen Rat für ungültig erklärt wurde.

das breite öffentliche Bewusstsein gebracht. Auch die beiden Vereine Basler Heimatschutz und Freiwillige Basler Denkmalpflege sind hier mit einer Standaktion dabei und gewinnen viele neue Mitglieder. Der frisch gedruckte Werbeprospekt des Heimatschutzes «Reden ist gut, handeln ist besser» findet reissenden Absatz. Er war das Werk von OLIVER WACKERNAGEL, der mit seinen Werbeaktionen in den siebziger Jahren den Mitgliederbestand des Heimatschutzes auf gegen 1000 Personen steigerte.

In Basel ist 1975 immer noch ein Jahr der Abbrüche

Aber auch das «Jahr für Denkmalpflege und Heimatschutz» ist in Basel immer noch eine Zeit der Abbrüche und Sprengungen. In der «National-Zeitung» erscheint am Jahresende ein ganzseitiger Rückblick mit dem Titel: «Blick zurück im Zorn».[306] Das alte Stadttheater am Steinenberg musste fallen. In der letzten Minute hatten noch verschiedene Idealisten versucht, das stattliche Gebäude mit dem Mittel einer Initiative zu retten (für die in vierzehn Tagen

Abbildung Seite 136: Die wunderschöne Villa Pobé an der St. Alban-Anlage 36, erbaut 1879 von Leonhard Friedrich im florentinischen Stil, wurde 1975, trotz grossen Einsatzes verschiedener prominenter Heimatschützer, abgebrochen.

Abbildung Seite 137: Das Haus Sodeck an der Freien Strasse 74 war der erste Eisenbeton-Bau der Schweiz, erbaut 1896 von Architekt Rudolf Linder. Trotz intensiver Bemühungen des Heimatschutzes konnte das Gebäude nicht gehalten werden.

5700 Unterschriften zusammenkamen), was aber nicht gelang. Dies ist vor allem bedauerlich, weil damit das einzigartige städtebauliche Ensemble des 19. Jahrhunderts am Steinenberg, das der Heimatschutz schon 1912 hatte schützen wollen, nun endgültig aufgebrochen wurde. (Ein erster Schlag war allerdings bereits der Abbruch des Berri-Casinos, 1938, gewesen.)
– Das Theater wurde gesprengt, ebenso wie die alte Post an der Nauenstrasse, ein imposanter Bau aus Neobarock und Jugendstil, an dessen Stelle sich heute der städtebaulich unsägliche querliegende Riegel des rostroten Postreitergebäudes befindet. Und an der St. Alban-Anlage 36 fiel die wunderschöne Villa Pobé, 1879 von Architekt LEONHARD FRIEDRICH in florentinischem Stil erbaut. Auch hier hatten sich prominente Heimatschützer persönlich sehr eingesetzt, aber die Erhaltungsbestrebungen scheiterten an den zu hohen finanziellen Forderungen der Besitzer.

> Vergeblich versuchte man in letzter Minute das Stadttheater vor dem Abriss zu retten.

Ein weiterer prominenter Bau, der abgebrochen werden sollte, war das Haus Sodeck an der Freien Strasse 74. Es wurde 1896 von RUDOLF LINDER erbaut und war der erste Eisenbetonbau in der Schweiz. Seit November 1974 lag eine Abbruchbewilligung vor. Aber erst ein Jahr später wurde die Sache akut. Der Heimatschutz hatte mit einer Resolution an die Eigentümer nichts erreichen können. Ein parlamentarischer Vorstoss, das Gebäude unter Denkmalschutz zu stellen, wurde von der Regierung abgelehnt.[307]

So entschloss man sich zu einer Unterschriftensammlung zur Rettung des Hauses. Man liess Poster und Postkarten von dem alten «Sodeck» drucken und verteilte sie in Läden der ganzen Innerstadt, wo sie auch bereitwillig aufgelegt wurden. Im Dezember plante man eine Standaktion in der Freien Strasse. Das Baudepartement verweigerte aber die Bewilligung mit dem Argument, der Heimatschutz sei keine wohltätige Organisation. Der Direktor des Globus war dann so grosszügig, die Aufstellung eines Standes unter den Arkaden seines Warenhauses zu erlauben. Insgesamt 1600 Unterschriften brachte man in kurzer Zeit zusammen. Im Januar veröffentlichte man einen Teil davon in einem Inserat, zusammen mit einem Appell, das Haus stehen zu lassen.[308]

Das Baudepartement verweigerte dem Heimatschutz die Bewilligung für eine Standaktion zur Rettung des Sodeck.

Aber die Bauherrschaft blieb hart. Das Gebäude wurde abgebrochen. (Wie im Nachhinein aus Insiderkreisen zu erfahren war, wurde es einer der teuersten Abbrüche der Stadt. Das Haus war aus Eisenbeton im System Hennebique erbaut, und man hatte im Vergleich zu heute viel zu viel Eisen verwendet.)

Die Aktion Sodeck des Heimatschutzes war aber trotz Abbruch nicht ganz erfolglos. Die Eigentümer liessen umplanen. In dem beauftragten Architekturbüro (DIENER + DIENER) waren neuerdings junge begabte Architekten am Werk und so bekam der Neubau nun eine spannende Aussengestaltung.[309] Wie früher das Gebäude des 19. Jahrhunderts gehört heute das neue Sodeck zu den Besonderheiten an der Freien Strasse. Es passt in seiner manieristischen Auffassung perfekt zu den Geschäftsbauten der Jahrhundertwende, die letztlich einer sehr ähnlichen Grundhaltung verhaftet sind.

Der Basler Heimatschutz startet neue Öffentlichkeitsarbeit

1969
Der Heimatschutz beginnt Bauten zu prämieren

Obmann HOCKENJOS bringt den Vorschlag, jährlich gute Bauten zu prämieren, wieder ins Gespräch.[310] Er setzt durch, dass nicht nur Renovationen, sondern auch jeweils ein interessanter Neubau prämiert werden sollen. Dies erwies sich als ein hervorragendes Mittel, Anliegen des Heimatschutzes publik zu machen. So konnte der Basler Heimatschutz vor allem auch einmal jährlich mit eigenständigen neuen Ereignissen an die Öffentlichkeit gelangen.

Er konnte zeigen, wie vorbildlich renovierte Bauten aussehen sollten. Und da der Heimatschutz damals als einzige Institution auch jährlich einen Neubau prämierte, entstand zusätzlich ein besonders spannendes Moment.[311]

Das erste Mal findet die Bautenprämierung im Jahr 1969 statt. Prämiert werden Hausbesitzer und Architekten, die sich ohne staatlichen Zwang und ohne staatliche Mittel verdient gemacht hatten. Die ersten drei Prämierungen betrafen: die SAPREF, für das Einlenken an der St. Alban-Vorstadt 90/92, die Brauerei Feldschlösschen für die Renovation des «Löwenzorns» am Gemsberg und die Architekten WINTER, TRUEB UND ELLENRIEDER für einen Neubau am Wettsteinplatz, der sich gut in die Umgebung einpasst.[312]

Die jährlichen Bautenprämierungen wurden seitdem beibehalten. Im Vorstand hat sich dafür eine Untergruppe gebildet, die jeweils versucht, aktuelle und gute Beispiele aufzuspüren. Die Bedingungen, wer für Prämierungen in Frage kommt, wurden in der Zwischenzeit jedoch insofern etwas revidiert, als auch Hausbesitzer prämiert werden können, die mit Hilfe von staatlichen Subventionen ein Haus renoviert haben. Sehr zurückhaltend dagegen ist man bei Bauvorhaben des Staates selbst, denn man ist der Auffassung, der Staat habe grundsätzlich vorbildlich zu handeln. Zurückhaltung übt man auch gegenüber Werken von Stararchitekten, denn sie bilden eine Kategorie für sich. Und nicht prämiert werden können natürlich diejenigen Architekten, die Mitglied im Vorstand des Heimatschutzes sind. Was zu manchen bedauerlichen Ausgrenzungen führt.

Neben Renovationen prämiert man alljährlich auch einen guten Neubau.

Ab 1972
Das Mitteilungsblatt «Heimatschutz Basel liest für Sie»

Im Jahr 1972 beschliesst der Vorstand, ein Mitteilungblatt herauszugeben, das die Neuigkeiten aus den Basler Zeitungen zusammenfasst und den Mitgliedern in konzentrierter Form zukommen lässt. Die Anregung dazu kam von DR. OLIVER WACKERNAGEL, seit 1972 Kassier des Heimatschutzes und später lange Jahre Präsident des Denkmalrates. Vorstandsmitglied ANNEMARIE BURCKHARDT übernahm es verdienstvollerweise, dieses Blatt zu gestalten. Es erschien ab 1972 viermal im Jahr unter dem Titel «HS Basel liest für Sie». Es enthielt in den ersten Jahren sehr viele Zeitungsartikel, denn damals gab es im Raum Basel noch mindestens vier Zeitungen, die regelmässig über Bauvorhaben berichteten. Natürlich wurden auch das Wichtigste aus dem Vorstand und geplante Veranstaltungen, Führungen etc. hier veröffentlicht.

ANNEMARIE BURCKHARDT bekommt 1981 den Preis des «Deutschen Nationalkomitees für Denkmalschutz» für diese Arbeit zugesprochen.[313] Nach ihr übernimmt dann Vorstandsmitglied OTHMAR BIRKNER für viele Jahre die Redaktion des Mitteilungsblättchens. Als in den 90er Jahren, nach Denkmal-

BASLER ABREISSKALENDER 1975

Herausgegeben vom Basler Heimatschutz
zum Europäischen Jahr für Denkmalpflege und Heimatschutz

Der Basler Abreisskalender wurde 1975 von Rolf Brönnimann zum «Europäischen Jahr für Denkmalpflege und Heimatschutz» kreiert und vom Basler Heimatschutz herausgegeben. Der Kalender war sehr erfolgreich und erschien in der Folge zehn Jahre lang. Immer mit neuen Abbildungen von abgebrochenen oder vom Abbruch bedrohten Bauten. Das Titelfoto zeigt den Strassburgerhof, am Petersberg 29 (Abbruch für den Spiegelhof, 1937).

schutzgesetz und Zonenplanrevision, die Hiobsbotschaften geringer wurden, reduzierte man auch die Kadenz des Blattes. Heute erscheint es immer noch, aber nur noch zweimal jährlich.

Ab 1975
Der «Basler Abreisskalender» von Rolf Brönnimann

Im Jahr 1975 startet der Heimatschutz eine Serie «Basler Abreisskalender», die zu einem grossen Erfolg wird. Vorstandsmitglied ROLF BRÖNNIMANN entwirft einen Foto-Kalender, in dem das Wort Abreissen doppeldeutig verwendet ist. Man kann die Fotos wirklich abreissen und als Postkarten verschicken und die dargestellten Objekte sind jeweils Bauten, die in Basel abgebrochen wurden. Also das Thema ist Abreissen in Basel. Für jedes Jahr gibt es 24 Postkarten. Der Kalender wird bald einmal zum Kultobjekt, wie man heute sagen würde, das heisst er wird gesammelt und sogar zur gesuchten Rarität. Vom Jahr 1979 an sind dann auch Bauten dabei, die erst vom Abbruch bedroht sind. Einige davon haben dann sogar bis heute überlebt. Insgesamt zehn Jahre lang erscheint dieser Abreisskalender, der auch ausserhalb von Basel auf grosses Interesse stösst und an einigen Orten sogar kopiert wird. Danach erst verwendet ROLF BRÖNNIMANN für den Kalender neue Themen, wie «Details» von Bauten oder die Werke bekannter Basler Architekten.

> Der Kalender wird bald einmal zum Kultobjekt, wie man heute sagen würde, das heisst er wird gesammelt und sogar zur gesuchten Rarität.

1976 – 1980

Meinungsumschwung
Markthof-Referendum
Denkmalschutzgesetz

1973–76
Der Kampf um den Marktplatz wird zum Wendepunkt in der Geschichte der Altstadt-Erhaltung

1968 waren erstmals Pläne bekannt geworden, nach denen an der Nordseite des Marktplatzes ein grosser Warenhausblock (Markthof) für den ACV gebaut werden sollte.[314] Ein 80 Meter langer Bau sollte von der Eisengasse bis zur Stadthausgasse entstehen, für den die Häuser an der Nordseite des Marktplatzes bis zum Tanzgässlein und der ganze Häuserblock vom Singerhaus bis zum Fischmarkt fallen sollten. Ferner wollte man die Marktgasse zubauen. Das Tram sollte durch einen Tunnel im Erdgeschoss des Neubaus geführt werden. Letztlich ging diese Planung auf ein Vorhaben der fünfziger Jahre zurück, als eine Turicum AG, Tochtergesellschaft des Warenhauskonzerns Jelmoli, begann hier Liegenschaften aufzukaufen. 1956 entstand ein Generelles Bauprojekt der Architekten Bräuning und Dürig, das vom Stadtplanbüro befürwortet wurde und in einem Ratschlag mündete.[315] In den sechziger Jahren übernahm dann Coop Basel ACV diese Planung. – Zur gleichen Zeit plante übrigens die Ankerbrauerei in Zusammenarbeit mit dem ACV einen Neubau an der Rheinfront, am Blumenrain 2, anstelle der alten Kantonalbank[316], und der Globus wollte sein Warenhaus durch einen grossen Neubau ersetzen. Die beiden letzteren Projekte wurden aber bald wieder aufgegeben.[317]

Die Baupläne für den Markthof dagegen wurden konkret mit dem Ratschlag 7010, von 1973. Nun erhebt sich ein Sturm der Entrüstung wider dieses Vorhaben. Die «National-Zeitung» berichtet vom «grössten Eingriff in Basels Altstadt»[318] und die «Neue Zürcher Zeitung» titelt: «Verliert Basel seine Identität?»[319] In den «Basler Nachrichten» erscheinen im September dreimal hintereinander ganzseitige Artikel unter dem Titel «Rettet den Marktplatz».[320] Sie sind verfasst von einem «Komitee gegen den Markthof», dem u.a. Hans Brutschin, Annemarie Burckhardt, Dr. Lucius Burckhardt und Dr. Andreas Christ angehören. Später erscheinen diese Artikel auch als Broschüre mit dem Titel: «Zur Rettung des Basler Marktplatzes». Es wird vielfältig argumentiert. Das Projekt sei baulich überdimensioniert, der Marktplatz solle erhalten werden, die Vielfalt der Geschäfte mache Innerstadt attraktiv, nicht eine Warenhaus-Monokultur; Verkehrszuwachs wird befürchtet und Vieles mehr. Letztlich aber geht es darum, dass hier ein Herzstück Basels getroffen wird und dass die Bürger von der seit langem andauernden Abbruchwelle in ihrer Stadt nun deutlich genug haben.

«Scho wider en Egge-n-ab!» Abstimmungs-Plakat von Herbert Leupin.

1976–1980 | **MEINUNGSUMSCHWUNG – MARKTHOF-REFERENDUM – DENKMALSCHUTZGESETZ**

Abbildung oben: 1973 wird an der Nordseite des Marktplatzes ein riesiges Warenhauses geplant, das als flächendeckender Gebäudekomplex von der Eisengasse bis zum Stadthaus und Fischmarkt reichen sollte. Die Marktgasse sollte dabei gänzlich verschwinden. Sofort entsteht eine ausserordenlich grosse öffentlichen Opposition. Es bildet sich ein «Komitee gegen den Markthof» mit über 450 Mitgliedern. Das Referendum (wegen einer benötigten Baulinienänderung) wird mit 27 000 Unterschriften eingereicht und übertrifft damit alle Unterschriften-Rekorde in Basel.

Abbildung Seite 144: «Scho wider en Egge-n-ab!» Abstimmungs-Plakat von Herbert Leupin. Das Komitee gegen den Markthof führt eine brillante, von Hans Brutschin gestaltete Werbekampagne. Die Volksabstimmung vom 27. September 1976 wird mit einer Zweidrittels-Mehrheit gewonnen. Dies bedeutet in Basel endgültig die Wende in Sachen Altstadterhaltung. Der Weg ist nun frei für eine neue Gesetzgebung. 1977 werden die Schutz- und Schonzonen erlassen, 1980 das Denkmalschutzgesetz.

Das «Komitee gegen den Markthof» ist innert kürzester Zeit ein eingetragener Verein, der 451 Mitglieder zählt. Mitglieder des Basler Heimatschutzes und der Freiwilligen Basler Denkmalpflege arbeiteten im Vorstand des Komitees mit und die letztere stellt sogar den Präsidenten, Prof. Dr. iur. Adrian Staehelin, Gerichtspräsident. Im Grossen Rat hat in der Zwischenzeit eine Kommission unter Dr. H. R. Schmid mit der Beratung des Bauvorhabens begonnen. Diese lädt auch die Vertreter des Komitees zum Gespräch ein. Dabei macht Grossrat Dr. Andreas Christ folgende herrlich bissige Bemerkung:

«*Das Baudepartement wirkt seit Jahren wie ein kontinuierliches Erdbeben. Die Aeschenvorstadt ist z. B. völlig sinnlos ruiniert worden.*» [321]

Doch Gespräche fruchten wenig. Der Grosse Rat stimmt 1976 einem modifizierten Neubau-Projekt zu. Es besteht nun aus zwei Baukörpern mit einer Passerelle über die Marktgasse und das Jugendstilhaus am Fischmarkt 5 soll erhalten werden. Das Komitee ergreift das Referendum und bekommt eine Rekordzahl von 27000 Unterschriften zusammen. Hans Brutschin führt eine brillant gemachte Werbekampagne in den Zeitungen, Herbert Leupin entwirft ein hervorragendes Plakat und der Dichter Blasius greift wieder einmal zur Feder. Unerwartet erscheint er an einem Stand des Markthofkomitees zur Abstimmungskampagnie mit einem neuen Gedicht, das sofort vervielfältigt und unter die Leute gebracht wird:

> Z Basel an mym Rhy
> Rysst me Hyser y,
> rächts und linggs, s kunnt nit druff aa,
> wenn me numme baue kaa
> z Basel an mym Rhy.
>
> Und der Basler Määrt
> Isch au nyt meh väärt.
> Waiht nit d Luft so schwär und lau
> wäägem Glotz vom ACV
> Uff em Basler Määrt?
>
> Au im Gässli d Brugg
> Isch kai Maischterstugg.
> Macht e Stadt nit Harakiri
> Mit däm «Ponte dei Sospiri»,
> mit däär Jammerbrugg?
>
> Wär scho, Grooss und Glai
> Wott das Gugguggs-Ai!
> S lyt bi uns im lätze Näscht,
> git em Basler Määrt der Räscht.
> Doorum: Määrthoof N a i !

Die Volksabstimmung vom 27. September wird zu einem Triumph für die Markthof-Gegner. Bei hoher Stimmbeteiligung ist eine Zweidrittelmehrheit gegen das Projekt (39 497 zu 19 945), also für die Erhaltung des Marktplatzes.

Ende 1977 wird das Areal dann umgezont (in die Schonzone) und 1978 werden diverse Fassaden unter Denkmalschutz gestellt. Der Singerblock wird an Private verkauft. In diesem Bereich muss sich das Komitee dann 1979 nochmals energisch zur Wehr setzen: Die Häuser Marktgasse 16, 18, 20 bzw. Stadthausgasse 14, 18 sollen durch einen Neubau (Büro WENK) ersetzt werden. Dies wird verhindert und in Haus Nr. 18, das im 16. Jahrhundert dem Maler URS GRAF gehörte, findet man dann beim Renovieren grossartige spätmittelalterliche Wanddekorationen und verschiedene bemalte Balkendecken. Am Marktplatz entsteht, hinter den Fassaden des 19. Jahrhunderts dann 1983 – mit einem geänderten Konzept – der «Märthof».[322]

• Die Markthof-Abstimmung bedeutete den endgültigen Wendepunkt in der Geschichte der Altstadt-Erhaltung. Nun war auch dem Grossen Rat und der Verwaltung klar geworden, dass eine grosse Mehrheit der Bevölkerung ein Umdenken in Sachen Altstadterhaltung wünschte. Infolge dieser überwältigenden Demonstration wurden nun endlich die gesetzlichen Bestimmungen zur Erhaltung der Basler Altstadt und ein Denkmalschutzgesetz möglich.

An dem gleichen September-Wochenende war über einen Ratschlag (Nr. 7140) abgestimmt worden, nach dem in den nächsten Jahren 40 staatliche Altstadtliegenschaften renoviert werden sollten.[323] Auch hier hatte es im Vorfeld viel öffentliche Kritik gegeben. Insbesondere die Renovation der Häusergruppe Imbergässlein 23–31 war heftig angegriffen worden. Nachdem hier anfänglich ein alle Parzellen übergreifender Neubau vorgesehen gewesen war, wurde nun ein Neubau hinter den gotischen Fassaden vorgeschlagen, was mit echter Altstadterhaltung natürlich nichts zu tun hat.[324] – Diese Abstimmung endete sozusagen mit einem Patt: Ganze 77 Stimmen mehr waren für den

Trotz knappem, aber negativem Volksentscheid: Das Imbergässlein wird gerettet!

Ratschlag, ja man liess sogar noch einmal nachzählen, um sicher zu sein. In der Folge lenkte das Baudepartement ein und als 1978 bei der Denkmalpflege ein Amtswechsel erfolgte, wurde es dem neuen Denkmalpfleger, DR. ALFRED WYSS, ermöglicht, einige Projekte nochmals neu anzugehen und zu verbessern. Es war jedoch ein hartes Brot, denn damals gab es in Basel kaum noch Architekten, die sich im Umbauen auskannten. Zulange und zu heftig hatte die Zeit der Hochkonjunktur und des Neubauens gewirkt, so dass hier auf wenig Spezialwissen zurückzugreifen war.

Tiefparkings in der Innenstadt? Pläne für Parkings unter dem Münsterplatz und unter dem Claraplatz

Kaum waren die Sorgen wegen des Markthofs ausgestanden wird bekannt, dass unter dem Münsterplatz ein Grossparking gebaut werden soll. Die Planung dazu geht bis in das Jahr 1961 zurück und stammt, ebenso wie die Planung zum Markthof, aus dem Baudepartement (in Zusammenarbeit mit dem Ingenieurbüro AEGERTER U. BOSSHART). In sieben unterirdischen Stockwerken sollen 900 Autos Platz finden. Auf dem kleinen Münsterplatz, vor der heutigen Sacher-Stiftung, war die Ein- und Ausfahrt vorgesehen. Weitere Zufahrten sollten über unterirdische Stollen vom Barfüsserplatz, und vom St. Alban-Rheinweg via eine unterirdische Rheinstrasse den ganzen Münsterhügel hindurch bis zur Mittleren Brücke erfolgen. Bereits 1961 regt sich gegen diese Planung Opposition. WOLFGANG BESSENICH in der National-Zeitung findet, durch die Ein- und Ausfahrt gegenüber der Galluspforte werde «Basels Kulturerbe, hier Form geworden in einem einzigartigen Bauwerk, in einer unerträgliche Weise degradiert».[325]

«Basels Kulturerbe in einer unerträglichen Weise degradiert».

1970 wird ein revidiertes Projekt von demselben Ingenieurbüro in Zusammenarbeit mit BURCKHARDT Architekten vorgestellt. Diesmal verzichtet man auf die Zerstörung des kleinen Münsterplatzes und reduziert die Zufahrten auf eine Untertunnelung der Rittergasse. Die Auf- und Abfahrtsrampen sind in der Gegend des Kunstmuseums und beim Widerlager der Wettsteinbrücke vorgesehen.[326] 1971 fasst zwar der Grosse Rat den Beschluss, Parkings sollten nur noch am und ausserhalb des Cityrings geplant werden. Aber 1977 sieht es wieder anders aus. Sowohl für den Münsterplatz wie für den Claraplatz werden neue Parkings vorbereitet. Sofort bilden sich zwei Komitees, ein «Komitee zur Erhaltung des Wohnwerts um den Claraplatz» in Kleinbasel und ein «Basler Komitee gegen ein Münsterplatz-Parking» in Grossbasel.

Als erstes legt die Regierung 1978 einen Ratschlag (Nr. 7388) zum Claraparking vor. Es sollte direkt unter dem Claraplatz erstellt werden, mit Zufahrten im Claragraben. Gebaut werden sollte es von privater Seite, aber dazu war die Schaffung einer Allmendparzelle nötig und die Gewährung eines Baurechts. Dem Münsterplatz-Komitee (Präsident DR. PAUL H. BOERLIN, Arbeitsausschuss ALBIN BREITENMOSER, HANS BRUTSCHIN, DR. BERNHARD CHRIST, DR. MATHIAS FELDGES, PROF. DR. PETER SCHIESS, PROF. DR. ADRIAN STAEHELIN, DR. WOLFGANG WACKERNAGEL, HANSJÜRG WEDER, LUKAS WUNDERER) war sofort klar, dass die Verhinderung des Claraplatz-Parkings auch das Aus für das Münsterplatz-Parking bedeuten würde. Zuhanden des Grossen Rates gibt es eine Schrift heraus: «Tiefparkings in der Innenstadt?» Sie wurde von HANS BRUTSCHIN verfasst und zeigt auf die von ihm gewohnte brillante Art alle nur erdenklichen Nachteile auf, die Parkings der In-

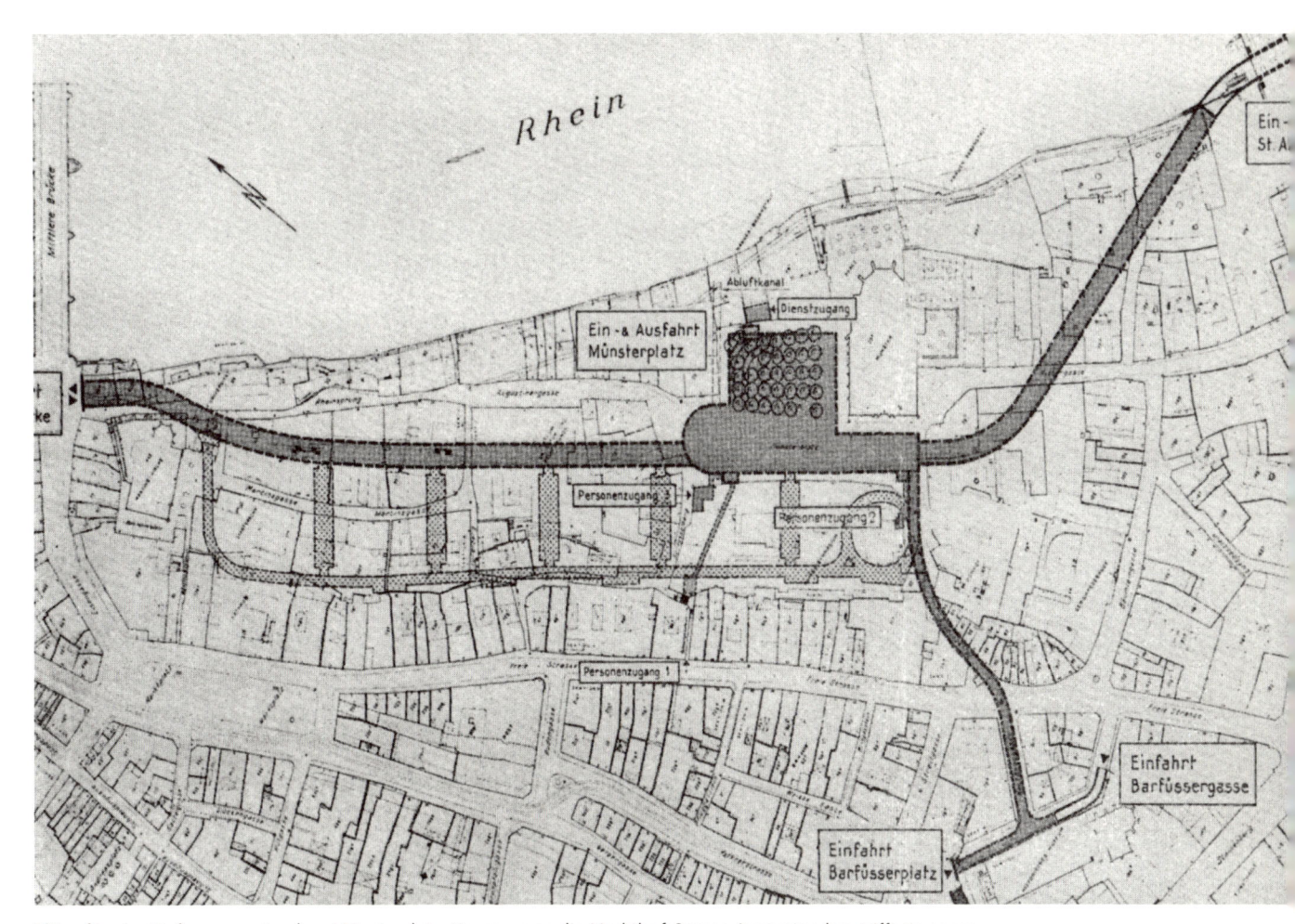

Pläne für eine Tiefgarage unter dem Münsterplatz. Kaum waren die Markthof-Sorgen Ausgestanden, trifft ein neues Projekt die Heimatschützer bis ins Mark. Unter dem Münsterplatz soll ein Parking für 900 Autos gebaut werden. Das erste Projekt stammte bereits von 1961 und hätte unterirdische Stollen vom Rheinweg bei der Wettsteinbrücke bis zum Rheinsprung erfordert. Ferner einen Stollen mit Ausfahrt zum Barfüsserplatz. Der kleine Münsterplatz wäre durch die Einfahrtsrampe vor der Galluspforte völlig zerstört worden. 1977 wird eine etwas reduzierte Variante vorgelegt, die den kleinen Münsterplatz schont und die unterirdischen Ausfahren reduziert. Sie bleibt dank heftiger Oppossition chancenlos.

nenstadt bringen können. Es wird dargelegt, dass Parkings in der Altstadt nicht mehr zeitgemäss sind, denn die Innenstadt war durch den öffentlichen Verkehr bereits bestens erschlossen und man wusste aus Erhebungen, dass dort nur noch 18 Prozent aller Kunden mit dem Auto ihre Einkäufe machten. Eine verkehrfreie Innenstadt dagegen zog die Kundschaft an und brachte nachweislich den viel grösseren Umsatz. Neue Parkings würden zudem nur neuen Suchverkehr bringen und damit den Wohnwert der Innenstadt vermindern, von der Lärm- und Luftbelästigung ganz zu schweigen.

Aber auch eine bauliche Realisation der beiden Parkings wäre äusserst schwierig gewesen, denn die Ein- und Ausfahrtsrampen bringen für enge Altstadtverhältnisse schier unlösbare Probleme.

Das Wunder geschieht: Die Planung für das Claraplatz-Parking wird vom Grossen Rat gestoppt. Im Jahresbericht des Heimatschutzes für 1978/79 schreibt Obmann HANSJÜRG WEDER: «Die vom Basler Komitee gegen ein Münsterplatz-Parking herausgegebene Broschüre, ‹Tiefparkings in der Innenstadt?› hat ihre Wirkung erzielt. In diesem Zusammenhang sei auch dem ‹Komitee zur Erhaltung des Wohnwerts um den Claraplatz› für die Mithilfe bei der Verhinderung des Claraparkings gedankt. Um das Parking unter dem Münsterhügel ist es nun still geworden.»[327] Ein Jahr später bezeichnet die Regierung dann ein Münsterplatz-Parking als «zurzeit nicht realisierbar».[328] Und später hat es dann zum Glück auch niemand mehr ernstlich versucht.

«Um das Parking unter dem Münsterhügel ist es nun still geworden.»

Endlich wirksame Gesetze zum Schutz der Altstadt und der historisch wertvollen Bausubstanz

Die Schutz- und die Schonzone von 1977

In dem nächsten Jahr gelingt es, eine Gesetzesnovelle zur Einführung von Schutz- und Schonzonen einzubringen, mit der erstmals die Altstadt einen echten Abbruch-Schutz bekommt. Die Vorbereitung zu dieser Gesetzesnovelle kam von einer Gruppe von jungen Heimatschützern, Kunsthistorikern, Architekten und Planern, die sich in einer Arbeitsgruppe «Wohnliche Stadt» der Sozialdemokratischen Partei für Anliegen der Stadt Basel engagierten. Nach dem Vorbild der Altstadtvorschriften für die Stadt Bern, in der es bereits den zonenmässigen Schutz von wertvoller Bausubstanz gab, entwickelten sie das Modell eines zweifachen Schutzes: die «Schutzzone», in der Fassaden, Dächer und Brandmauern nicht abgebrochen werden dürfen (Substanzschutz) und die «Schonzone», in der das Volumen der Gebäude und der Charakter der Bebauung gewahrt werden sollen. In Basel gab es zwar seit 1939 die «Violette Altstadtzone», aber in dieser durfte neu gebaut werden. Auch in Bern hatten die seit den fünfziger Jahren bestehenden Altstadtvorschriften insofern nur begrenzt gereicht, als nur Fassaden und Dächer geschützt waren. So waren Auskernungen und Zusammenfassungen mehrerer Liegenschaften hinter den historischen Fassaden möglich. Aus den gemachten Fehlern wollte man nun in Basel lernen, indem in der «Schutzzone» zusätzlich zu dem Schutz von Fassaden und Dächern auch noch der Schutz der Brandmauern, bzw. in der «Schonzone» die Erhaltung des Volumens des bestehenden Gebäudes verlangt wurde. Neben dem Schutz der Denkmäler verfolgten die Sozialdemokraten – mit Erfolg – auch ein gewerbepolitisches Ziel, nämlich den Schutz des Kleingewerbes, insbesondere der kleinen Läden in der Innenstadt und in den Aussenquartieren vor übermächtigen Investoren von Grosskaufhäusern.

Neu gegenüber der Violetten Altstadzone war auch, dass die Schutzzone und die Schonzone nicht nur für die Altstadt allein vorgesehen waren, sondern auch für erhaltenswerte Ensembles des 19. und 20. Jahrhunderts in den Aussenquartieren.

In der Schonzone, die für Strassenzüge gedacht war, die zwar wertvoll, aber nicht mehr intakt erhalten sind, sollte vor allem der Charakter der bestehenden Bebauung gewahrt werden. Neubauen ist möglich, aber der Neubau darf den Kubus des Vorgängerbaus nicht übertreffen. Damit wollte man verhindern, dass durch Parzellenzusammenlegung allzu grosse Blöcke entstehen konnten, für Strassenzüge mit Reihenhäusern des 19. Jahrhunderts zum Beispiel eine wichtige Sache. Die Schonzone ist damit quasi eine Schutzzone zweiter Klasse und entspricht ungefähr der vorherigen violetten Altstadtzone.

Diese Vorschläge wurden der Grossratskommission, die sich mit der Beratung des Denkmalschutzgesetzes befasste, am 26. März 1976 vorgestellt.[329] Sie fielen auf fruchtbaren Boden. Man erkannte, dass zonenmässiger Schutz, der ganze Strassenzüge umfasst, leichter akzeptiert wird als Einzelschutz. Ganze Ensembles sind so zu halten und alle Eigentümer haben die gleichen Vor- und Nachteile. Zu den Vorteilen gehörte damals für viele – neben dem genannten Schutz der kleinen Läden und den kleingewerblichen Betrieben insgesamt –, dass man nicht mehr befürchten mussten, dass das Nachbarhaus plötzlich verschwindet und durch einen grossen Klotz ersetzt wird. Was in jener Zeit leider nur allzu häufig geschah. Die konkrete Formulierung des neuen Gesetzes, das ins Hochbautengesetz aufgenommen wurde, war dann das Werk von PROF. DR. ALFRED KUTTLER, dem späteren Bundesrichter, der damals Chef der Rechtsabteilung des Baudepartements war. Das Gesetz wurde von der Kommission dem Grossen Rat vorgelegt und am 20. Oktober 1977 erlassen.

> Man erkannte, dass zonenmässiger Schutz leichter akzeptiert wird als Einzelschutz.

Die Revision des Zonenplans von 1939 im Sinn der Abzonung weiter Gebiete unserer Stadt (Anzug Miville)

Im März des gleichen Jahren hatte Grossrat CARL MIVILLE, der sich seit Jahrzehnten hartnäckig für die Belange des Heimatschutzes eingesetzt hatte, einen Vorstoss «Zur Revision des Zonenplans im Sinn der Abzonung weiter Gebiete unserer Stadt» eingereicht, der von Mitgliedern aller politischen Lager in breitem Umfang unterstützt wurde.[330] Er sollte eine enorme Wirkung haben. Dafür müssen wir kurz ausholen. In den sechziger und siebziger Jahren waren sehr viele historische Wohnquartiere mit zu grossen Neubauten durchsetzt worden und hatten dadurch sehr gelitten. Die Voraussetzung dafür waren Aufzonungen durch den Zonenplan von 1939 gewesen. Man durfte vielerorten höher bauen und dazu teilweise auch noch tiefer nach hinten als vorher. War es bis vor dem Krieg üblich gewesen, dass ein Wohnhaus 12m Bautiefe hatte, so wurden nach dem Krieg 15m möglich. Dies bedeutete bei Reihenbebauungen, dass plötzlich eine oder mehrere Parzellen zusammen durch Neubauten ersetzt wurden, die die Nachbarbauten überragten und ihnen an der Rückseite Licht und Luft wegnahmen. Was dann natürlich zur Entwertung dieser Liegenschaften führte. Ferner war bei der Zonenplanung von 1939 nie davon die Rede, dass man eine Parzelle ganzflächig z.B. fünfgeschossig bebauen dürfe, vorausgesetzt man hielt die Grenzabstände ein. Der Zonenplan mit seinen Angaben für die Geschosszahlen war für das Bauen an den Strassen gedacht, nicht für das Hinterland. Nach dem Krieg änderte sich das alles gründlich – und die Gesetzgebung folgte in kleinen Schritten immer wieder einer neuen grösseren Ausnutzungsmöglichkeit. So wurden Hinterhöfe radikal zugebaut, die vorher vielleicht ein wenig Gewerbe, aber nicht kompakte Büro- oder Wohnblöcke enthielten. Ganze Wohnquartiere, ins-besondere im Gundeldingerquartier, wurden dadurch Schritt für Schritt unwohnlicher. Bereits in den fünfziger Jahren wird von der Stadtflucht berichtet, aber innerhalb des Stadtbanns war die Fixierung auf mehr Nutzung, mehr Gewinn (vor allem in der Baubranche) und dazu noch auf mehr Verkehr so stark, dass niemand sich gross um die Wohnqualität der Stadt kümmerte. Zwar setzte sich der Heimatschutz schon seit den frühen sechziger Jahren für eine Beschränkung der Hinterhofnutzung ein, und im Grossen Rat wurden diese Vorschläge auch aufgenommen und umgesetzt – aber immer nur in sehr kleinen Schritten.

Der Anzug MIVILLE forderte nun endlich eine grundlegende Revision des Zonenplans von 1939. Diese wurde dann tatsächlich durchgeführt. Es war eine Riesenunternehmung, die insgesamt etwa zehn Jahre dauerte. Es mussten ja alle Stadtgebiete neu angeschaut und beurteilt werden. Die Schutz- und Schonzonen waren nur ein kleiner Teil dieser Planung.

Hinterhöfe werden zugebaut. Ganze Wohnquartiere wurden Schritt für Schritt unwirtlicher.

• Flächenmässig umfasst die Schutzzone heute etwa vier, die Schonzone fünf Prozent der gesamten bebauten Fläche der Stadt Basel.

Dazu ging es aber auch um Abzonungen in grösserem Ausmass, um die verlorene Wohnlichkeit der Stadt zurückzugewinnen. Vertreter des Heimatschutzes halfen bei den Vorarbeiten mit, die Hauptarbeit lastete aber auf der Basler Denkmalpflege, dem Stadtplanbüro und der Staatlichen Heimatschutzkommission, deren Präsident Dr. René Nertz die Vorbereitungsarbeiten leitete. 1984 schliesslich lag der erste Ratschlag zur Zonenrevision für die Innere Stadt vor. Weitere Ratschläge (Äussere Stadt, Riehen und Bettingen) folgten. Eine Grossratskommission unter der klugen und geduldigen Leitung von Dr. Bernhard Christ (LDP) tagte dann vier Jahre lang, bis das ganze Kantonsgebiet durchberaten war. Alle neuen Einweisungen mussten ja gemäss dem Raumplanungsgesetz den Hauseigentümern mitgeteilt und deren Einsprachen bearbeitet werden.[331]

Auch der Heimatschutz machte eine umfangreiche Einsprache zu den geplanten Vorschlägen.[332] Auf 40 Seiten wurden etwa 600 Objekte aufgeführt, die nach Auffassung des Heimatschutzes mehr Schutz oder eine andere Einweisung verdienten. Bei mehr als einem Viertel davon wurde das dann auch berücksichtigt. – Aber auch die jeweiligen finanziellen Folgen einer Einweisung wurden in der grossrätlichen Kommission diskutiert, denn eine zu grosse Änderung eines Rechtszustandes konnte Entschädigungsforderungen nach sich ziehen. 1988 schliesslich war das Werk beendet. Eine wesentliche Etappe in der Raumplanung Basels war damit erreicht.

• Betrachtet man heute unsere Stadt, so darf man feststellen, dass die nach dem zweiten Weltkrieg wachsende Unwirtlichkeit dadurch tatsächlich gestoppt wurde

Das Denkmalschutzgesetz von 1980

Das Denkmalschutzgesetz von 1980 bedeutete einen weiteren Meilenstein für die Erhaltung von wertvoller Bausubstanz. Ein allererstes Mal war bereits 1919 ein Denkmalschutzgesetz diskutiert worden (unter Regierungsrat Fritz Hauser), aber aus Rücksicht auf die damalige Freiwillige Basler Denkmalpflege, die keine Verstaatlichung der Denkmalpflege wollte, sah man davon ab. 1934 legte dann die Öffentliche Basler Denkmalpflege einen ersten Entwurf zu einem Denkmalschutzgesetz vor, der aber am Widerstand des Kirchenrats der Evangelisch-Reformierten Kirche scheiterte.[333] Erst die Volksinitiative von 1963 (Altstadtinitiative) gab wieder einen Anstoss, ein Denkmalschutzgesetz zu schaffen. Der Entwurf von Erziehungsdepartement und Denkmalpflege wurde 1967 an eine

Das erste Denkmalschutzgesetz war 1934 geplant. Das zweite 1963. Aber erst 1980 kam es zustande.

Expertenkommission unter Dr. Fritz Blocher, Appellationsgerichtspräsident, gewiesen, in der auch je ein Vertreter des Basler Heimatschutzes und der Freiwilligen Basler Denkmalpflege mitarbeiteten. 1969 ging das Gesetz in Vernehmlassung und blieb dann einige Jahre in den Schubladen.

Insgesamt neun parlamentarische Vorstösse bezüglich Altstadterhaltung und eine Volksinitiative lagen vor, als 1975 schliesslich der «Ratschlag und Entwurf zu einem Gesetz über den Denkmalschutz» (7150) herauskam. Eine Grossratskommission unter dem Vorsitz von Richard Beglinger (SP) machte sich dann daran, dieses Gesetz nochmals von Grund auf neu zu überdenken. Im Lauf ihrer vierjährigen Tätigkeit initiierte diese Kommission drei zusätzliche Gesetzesnovellen, eine davon das oben genannte «Gesetz über Schutz- und Schonzonen». Im Jahr 1980 stimmte der Grosse Rat dem von der Kommission grundlegend veränderten Entwurf der Regierung zu einem Denkmalschutzgesetz zu, obwohl kurz vor der Entscheidenden Sitzung der Regierungsrat noch versucht hatte, die Parlamentarier umzustimmen. In einem 14seitigen Schreiben liess er die Parlamentarier wissen, er habe schwere Bedenken gegen das vorgeschlagene Gesetz. Es gehe viel zu weit (die Regierung wollte nur ein Gesetz für eingetragene Denkmäler, also etwa 260 Liegenschaften), die Schutz- und Schonzonen sollten herausgenommen werden, die finanziellen Auswirkungen seien nicht absehbar und das Ganze sei auszustellen bis nach der Zonenplanrevision.[334] Aber die Parlamentarier schätzten dieses aussergewöhnliche Vorgehen der Regierung nicht. Am 21. März 1980, bei der Eintretensdebatte, ob man das Gesetz im Detail diskutieren solle oder nicht, stimmten 71 Grossräte für Eintreten, 31 dagegen. Die Schlussabstimmung, nach der Detailberatung, kurz vor Mitternacht, lautete dann: 56 zu 13, bei 6 Enthaltungen.[335]

Damit hatte das Parlament mit grossem Mehr das Denkmalschutzgesetz angenommen. Wie richtig die Parlamentarier damit lagen zeigte sich anschliessend darin, dass von den Gegnern nicht einmal mehr das Referendum ergriffen wurde. Eine Volksabstimmung über das Denkmalschutzgesetz hätte damals denn auch mit Sicherheit eine noch grössere Mehrheit gefunden als die Markthof-Abstimmung – und ein zweites solches Debakel wollte man sich offensichtlich ersparen.

Der Präsident der Grossratskommission, Richard Beglinger (SP), formulierte damals seine Schlussbemerkungen zum Denkmalschutzgesetz so souverän, dass wir hier eine ganze Passage davon übernehmen:

«*Dieses Gesetz hat nicht nur zum Ziel, unbestrittene Denkmäler zu erhalten. Es dient vielmehr der Erhaltung und der Zurückgewinnung des unverwechselbaren Bildes der Stadt Basel und der Landgemeinden Riehen und Bettingen. Unser Kanton enthält ein reiches geschichtliches und baugeschichtliches Erbe, das einer jahrhundertelangen abendländischen Kultur sichtbaren Ausdruck verleiht.*

Die Regierung versucht das Denkmalschutzgesetz in letzter Minute zu verhindern.

Steigende Bodenpreise führten zu Bauten, deren Kuben das feinmasstäbliche historische Gefüge in weiten Bereichen innert weniger Jahre auslöschten. Alte, auch schützenswerte Häuser hatten funktionell konzipierten, höhere Rendite versprechenden Neubauten zu weichen. Öffentliche und private Dienstleistungsbetriebe schienen – unbekümmert um die verheerenden gesellschaftlichen Folgen – in der Errichtung neuer, die Altstadt ihres Reizes beraubender Gebäude beinahe zu wetteifern. Liesse man den Dingen weiterhin freien Lauf, so wäre der totale Untergang der traditionellen Stadtlandschaft in kürzester Zeit eine nicht wieder gut zu machende Tatsache.

Die bauliche und landschaftliche Umgebung bilden den Rahmen, das entscheidende Umfeld für das psychische Wohlbefinden unserer Bevölkerung. Denkmalschutz erschöpft sich daher nicht in der Konservierung toter Monumente. Denkmalschutz im Sinne dieses Gesetzes heisst Bewahrung von Einzelwerken und Ensembles, heisst Sinn für die Schönheit unseres Landes und der von Menschen eingefügten Bauwerke, heisst Kreativität im Bemühen, Basel und die Landgemeinden als aktive, gesunde, lebende und vom Leben erfüllte Einheiten zu erhalten und zu pflegen.

Denkmalpflege, oder besser Pflege der baulichen Umwelt, ist keine für Fachleute reservierte Aufgabe – diese Aufgabe stellt sich der gesamten Bevölkerung.

Denkmalpflege ist zu einer umfassenden, einer echten ökologischen Aufgabe geworden. Die Wahrung unserer Verantwortung gegenüber unserer Vergangenheit und die angemessene Erhaltung der ererbten Bausubstanz aber ist letztlich eine Frage der Priorität. Denkmalschutz und wirtschaftlicher Fortschritt lassen sich dann auf einen Nenner bringen, wenn unter Fortschritt etwas anderes verstanden wird als möglichst schnelle, rein materielle Bereicherung.

Mit der Vorlage dieses Gesetzes manifestiert die Kommission, dass in Zukunft das Erhalten von Altbauten zu den Zielen einer modernen Orts- und Regionalplanung gehören muss. Sie verbindet damit die Vorstellung und die Überzeugung, dass die Bewältigung der besonderen Probleme einer Altstadtsanierung unserer Bauwirtschaft neue Impulse vermitteln und damit zur Wiederbelebung handwerklicher Traditionen und qualifizierter Handwerksberufe beitragen wird. Der Grundsatz der sozialen Verantwortung für unsere umbaute Umwelt stellt einen Auftrag dar, der einmal von der Gesamtbevölkerung, insbesondere aber von Bauherren, Bewohnern und zuständigen Ämtern in der täglichen Auseinandersetzung an der Sache erfüllt werden muss. 》 [336]

Der wichtigste Artikel des neuen Gesetzes lautet, dass im Kanton Basel-Stadt die Denkmäler zu erhalten sind. Damit ist das Denkmal im materiellen Sinn gemeint. Der Weg zur Erhaltung ist dann die Aufnahme in das Denkmalverzeichnis oder auch eine Einweisung in die Schutz- oder Schonzone, die sehr bewusst als spezielle Schutzarten im Denkmalverzeichnis aufgeführt sind. Ferner bekam die Basler Denkmalpflege nun endlich eine gesetzliche Grundlage für ihre Arbeit, die damit zur Staatsaufgabe erklärt wurde. Zum ersten Mal wurde ihr in Basel die Altstadt als Arbeitsgebiet zuerkannt. Bis 1980 war sie nur für eingetragene Denkmäler zuständig. Die Violette Altstadtzone war der Staatlichen Heimatschutzkommission unterstellt, die vor allem bei Neubauvorhaben agierte. Eine eigentliche fachliche Betreuung der historischen Bausubstanz wurde, mit Ausnahme bei den geschützten Denkmälern, noch nicht betrieben.

Mit dem Denkmalschutzgesetz wurden auch die Subventionen an die Restaurierung wertvoller Bauten neu geregelt. Jahrelang hatte man vorher im Parlament über die Neueinführung eines Altstadtrappens diskutiert, ohne zu einem Ergebnis zu kommen, obwohl die Notwendigkeit unbestritten war.

Die von der damaligen Regierung befürchteten schweren negativen Folgen sind dann übrigens nicht eingetreten. Was die finanziellen Folgen betrifft so gab es zwar im Rahmen der Zonenplanung diverse Entschädigungsforderungen, auch bei Einzelschutz wurde hin und wieder Entschädigung verlangt, aber nur Weniges musste wirklich bezahlt werden. Das moderne Recht erlaubt, dass Eigentümern gewisse Einschränkungen zuzumuten sind, vorausgesetzt, dies geschieht im öffentlichen Interesse. Subventionen an die Altstadt hatte es auch schon früher gegeben (aus dem Arbeitsrappenfonds).

- Diese Kosten wurden nun höher und auch die Staatsstelle Basler Denkmalpflege wurde etwas ausgebaut und kostete daher mehr als vorher. Verglichen mit dem Anteil von Subventionen, die jedoch jährlich an andere kulturelle Einrichtungen bezahlt werden, ist das alles nur ein Bruchteil. Der Gegenwert aber ist eine gepflegte, historische Altstadt, die Basel einzigartig macht und die heute im In- und Ausland sehr geschätzt wird.

1982
Der Basler Heimatschutz wird rekursberechtigt

Zwei Jahre nach dem Denkmalschutzgesetz wurde die dazugehörige Verordnung erlassen. Und anschliessend daran wurden dann diejenigen privaten Vereine bestimmt, die in Basel rekursberechtigt sind.[337] Laut Gesetz müssen sie sich seit mindestens fünf Jahren für Denkmalschutzfragen engagiert haben. Neben dem Basler Heimatschutz sind dies die Freiwillige Basler Denkmalpflege und ferner eine Stiftung für das Stadtbild. Sie können nun gegen Entscheide im Baubewilligungswesen Einsprache machen oder bei Unterschutzstellungen, beziehungsweise bei deren Verweigerung, vor Gericht gehen.

1980–1996

Altstadtrestaurierung
Neues Bauen in
historischem Kontext

Die Achtzigerjahre: «Villen ‹sterben› – doch die Altstadt lebt neu auf»

Das «Villensterben»

Mit der Einführung der Schutzzone war eine Beruhigung der Abbruchwelle für die Altstadt entstanden. Für Einzelgebäude, vor allem die vielen Villen des 19. Jahrhunderts, galt dies aber nicht. Sie standen gewöhnlich in grossen Gärten, die als Bauland eingezont waren. Hier war es in der Regel unmöglich, ein Gebäude vor dem Abbruch zu bewahren, denn die Forderungen nach Entschädigungen waren einfach zu hoch. Ein sehr typisches Beispiel dafür war die Pobé-Villa gewesen. Trotzdem setzte man sich immer wieder für Einzelbauten ein, insbesondere wenn sie auch im städtebaulichen Kontext wichtig war, wie z. Beispiel die Villa Mittlere Strasse 5, von Leonhard Friedrich, 1900 erbaut, mit gut erhaltener Innenausstattung. Die Regierung lehnte die Unterschutzstellung ab, also machte man eine Petition an den Grossen Rat. Doch als die Grossräte der Petitionskommission zur Besichtigung des Gebäudes kamen, fanden sie die Innenausstattung bereits vollständig zerstört vor.[338] So hart waren damals die Bräuche.

> Mit der Einführung der Schutzzone war eine Beruhigung der Abbruchwelle für die Altstadt enstanden.

In seinem Jahresrückblick für 1981 in der «Basler Zeitung» titelt Lukas M. Stoecklin: «Schutzzone wirkt – noch aber fallen Villen.»[339] In diesem Jahr waren es die Villen an der Sevogelstrasse 1, der St. Alban-Anlage 24 (beide von J. J. Stehlin) ferner Engelgasse 43 und 55.

1982 sind es Mittlere Strasse 5, Lange Gasse 84, 86, 88, Grellingerstrasse 81 und Burgstrasse 117 (Riehen). Diesmal nennt Stoecklin seinen Jahresrückblick: «Villen sterben – doch die Altstadt lebt neu auf.»[340]

1983 fielen dann Gartenstrasse 14–18 und St. Jakobstrasse 13 und 15, alles höchst originelle Bauten des bedeutenden Basler Architekten Rudolf Linder. Im selben Jahr wird unter der Federführung des Heimatschutzes ein überparteiliches Referendums-Komitee zur Erhaltung des St. Alban-Dreiecks gegründet. In dem Geviert zwischen Malzgasse, St. Albanvorstadt und St. Alban-Anlage war seit 1976 eine Grossüberbauung geplant.[341] Dies hatte zu einer Initiative von Heimatschutz, Naturschutz und der Vereinigung zum Schutz der Grünzonen Basels geführt, die verlangte, das Dreieck sei in die Grünzone einzuweisen. 1983 sollten dann auch die beiden Villen St. Alban-Anlage 27 und 31 (von Vischer u. Fueter und J. J. Stehlin) einem Wohn- und Geschäftshaus weichen. Eine Volksabstimmung innerhalb der Bürgergemeinde, die im Besitz der Villa Nr. 27 war, wurde zwar 1983 gewonnen, die Erhaltung der Villen aber schliesslich doch nicht erreicht.[342] Sie wurden 1989 abgebrochen.

Die Erhaltung von Villen bleibt in den frühen achtziger Jahren chancenlos. 1981 lehnt die Regierung die Unterschutzstellung der Villa Heckendorn, Mittlere Strasse 5 (Architekt: Leonhard Friedrich, 1899) ab. Daher wird eine Petition an den Grossen Rat lanciert.

Als die Grossratskommission zur Besichtigung kommt, um über die Petition entscheiden zu können, ist die Innenausstattung der Villa kurz vorher vorsorglich zerstört worden. So hart waren damals die Bräuche.

Betrachtet man die Bücher von ROLF BRÖNNIMANN, «Basler Bauten von 1860 – 1920» und «Villen des Historismus in Basel», so ist man doch recht erschrocken, wie vieles davon heute nicht mehr steht.[343]

Bezüglich Villen-Erhaltung im Gellert muss allerdings auch gesagt werden, dass die interessantesten Bauten bereits kurz nach dem zweiten Weltkrieg verschwanden. Und es war andererseits ja auch sinnvoll, dass hier in Zentrumsnähe auf dem locker bebauten Areal neue Wohnungen entstanden. Nur hätte man sich gewünscht, dass das Ganze etwas planvoller vor sich gegangen wäre. Zum Beispiel hätte man nicht gerade in der Malzgasse, die voller wertvoller Villen von MELCHIOR BERRI war, mit neuen Wohnbauten beginnen sollen. Und es wäre ja auch denkbar gewesen, zumindest einige ausgewählte Bauten rechtzeitig zur Erhaltung vorzusehen, damit dem Gellert-Quartier noch ein Rest historischer Identität bewahrt geblieben wäre. Aber solche Planungsgedanken lagen den Verantwortlichen bis in die späten siebziger Jahre fern. Erst die Zonenrevision brachte allmählich ein Umdenken, wohl auch, weil man durch das systematische Begehen und Qualifizieren der historischen Strassenzüge erstmals wirklich realisierte, wieviles bereits unwiderruflich verschwunden war.

In der Malzgasse mussten mehrere Villen von Melchior Berri Neubauten weichen.

Im Rahmen der Zonenplanung kamen schliesslich doch noch einige Villen an der St. Alban-Anlage in die Schutzzone und auch der Sevogelplatz konnte gerettet werden. Für den letzteren war dann in den Neunzigerjahren die

Erhaltung der roten Backsteinvilla Hardstrasse 36, die 1996 vom Abbruch bedroht war[344], dann aber von einem verständnisvollen Bauherrn gekauft und bewahrt wurde, besonders wichtig, denn so blieb doch ein charakteristischer Teil dieses Quartiers bewahrt.

Endlich werden Altstadthäuser in grosser Zahl restauriert

In den achtziger Jahren gab es jedoch nicht nur «Villensterben». Es gab einen regelrechten Boom für Restaurierungen. Viele grosse historische Bauten wurden renoviert, allen voran das Rathaus, eine mehrjährige Angelegenheit, ferner das Blaue und das Weisse Haus, die Stadtmauer im St. Alban-Tal, die Gallizianmühle mit Ausbau zum Papiermuseum, der Formonterhof an der St. Johanns-Vorstadt, das Museum an der Augustinergasse, das Lamm und der Silberberg in Kleinbasel, das St. Alban-Tor und das St. Johanns-Tor, Martinsgasse 7–13, die Rychmühle und die Münsterbauhütte im St. Alban-Tal, der Spalenhof, der Engelhof, ferner viele Bauten an der Schneidergasse, dem Andreasplatz, und dem Imbergässlein. Den Jahresberichten der Basler Denkmalpflege ist zu entnehmen, dass jährlich gegen 50 Restaurierungen und Renovationen betreut wurden.

• Erst in diesen Jahren wurde die Altstadt allmählich zu dem, was sie heute ist. Dank der vorzüglichen fachlichen Betreuung durch Denkmalpfleger Dr. Alfred Wyss, der die Gebäude nach historischen Kriterien restaurieren liess, wuchsen die Ensembles wieder zu einem einheitlichen Bild zusammen.

Das heisst, die Gebäude bekamen wieder einen weissen Kalkverputz, wie sie es jahrhundertelang gehabt hatten, dazu farbig gefasste Architekturteile (Fenster- und Türeinfassungen, Dachuntersichten). Die letzteren waren meist rot, seit dem 18. Jahrhundert auch grau, im 19. Jahrhundert kommen Pastellfarben dazu. Die Farbigkeit einer Fassade wurde genauestens untersucht, bevor man sich unter den historisch hintereinander folgenden zu derjenigen entschied, die der Architektur des Gebäudes am meisten gemäss ist. Aber auch die Ensemblewirkung konnte entscheidend sein. Diese Diskussionen mit den Bauherren waren im Anfang nicht immer einfach, denn es bestand keinerlei Bewusstsein mehr für historische Farbgebung. Je mehr Häuser jedoch so renoviert wurden, desto überzeugender wurden die Ensembles. Und es währte nicht sehr lange, bis das «Basler Haus» wie es unsere Malermeister gern nennen, wieder völlig en vogue war. Es besteht in seiner «klassischen» Ausführung aus weissem Verputz, dunkelroten Fenstergewänden und grünen Fensterläden. Aber auch das elegante Grau der Barockzeit prägt unser historisches Stadtbild in hohem Mass. Man redet daher auch oft vom «Basler Grau».

Jährlich werden nun gegen 50 Renovationen durchgeführt.

Das prägnante Eckhaus Opéra am Steinentorberg 2, von 1904/5, galt vielen als nostalgisches Wahrzeichen der Heuwaage. Sein Denkmalwert war jedoch umstritten. Eine Intiative zur Einweisung in die Schutzzone wird 1983 von einem überparteilichen Komitee gestartet und in der Folge von Heimatschutz und Freiwilliger Basler Denkmalpflege unterstützt. In der Volksabstimmung wird jedoch der Abbruch befürwortet.

Zwei Initiativen werden verloren: «Bachlettendreieck» und «Opéra»

1981 wird bekannt, dass die Fracht AG im Dreieck Bachlettenstrasse/ Pelikanweglein/Birsigstrasse eine Grossüberbauung anstelle einer Reihe von Wohnhäusern realisieren möchte. Sofort bildet sich im Quartier ein «Aktionskomitee Bachletten-Dreieck», das eine quartiergerechte Sanierung der Häuser anstelle eines Geschäftshauses von 60 m Front verlangt.[345] Es geht hier vor allem um den Wohnwert dieses stadtnahen Quartiers.

Ein politischer Vorstoss zur Einweisung der bedrohten Häuser in die Schutz- und Schonzone wird von der Regierung abgelehnt.[346] Daraufhin startet man eine Initiative, die von 7000 Personen unterschrieben wird. Darin verlangt man die Einweisung von Bachlettenstrasse 23–35 und Birsigstrasse 75, 79–83 in die Schutzzone und für Pelikanweglein 16, 18 die Einweisung in die Schonzone. Der Basler Heimatschutz und die Freiwillige Basler Denkmalpflege unterstützen das Vorhaben, ebenso die politischen Quartiervereine. Die Anwohner engagieren sich vorbildlich. Schliesslich wird 1984 über die Initiative abgestimmt. Sie wird leider, wenn auch nur knapp, verworfen. Eine interessante städtebauliche und siedlungspolitische Chance wurde damit vertan. Immerhin lässt die Bauherrschaft anschliessend umplanen. 1986 liegt ein neues Projekt vor, das etwas mehr Rücksicht auf das Quartier nimmt, aber architektonisch dürftig bleibt.

Auch eine Initiative zur Erhaltung des Hauses «Opéra» an der Heuwaage bleibt erfolglos. Das prägnante Eckhaus zwischen Steinentorberg und Innerer Margarethenstrasse von 1904/5 war zwar vielleicht keine grosse Architektur, aber mit seinen vielen Steinreliefs doch ein recht origineller Bau. Das Haus «Opéra» war für viele ein nostalgisches Wahrzeichen der Heuwaage. Wegen der verlorenen Umgebung hatten die Fachleute der Denkmalpflege eine Unterschutzstellung abgelehnt. Ein überparteiliches Initiativkomitee unter PETER A. VOGT startete jedoch 1983 eine Initiative zur Einweisung des Gebäudes samt den direkt anschliessenden Häusern in die Schutzzone. Es bekommt 5000 Unterschriften zusammen und 1985 wird über das «Opéra» abgestimmt. Diesmal ist das Nein zur Erhaltung recht deutlich.[347] Der Basler Heimatschutz und die Freiwillige Basler Denkmalpflege hatten den Abstimmungskampf unterstützt, waren aber nicht federführend. Im folgenden Jahr wird das Gebäude abgebrochen.

> Beim Bachlettendreieck wurde eine interessante städtebauliche Chance vertan.

Die Einsprachetätigkeit des Basler Heimatschutzes

Der Basler Heimatschutz hatte in den späten siebziger Jahren seine Einsprachetätigkeit intensiviert. Man kritisierte vor allem Häuserabbrüche, aber auch Bauprojekte, bei denen historische Bausubstanz verändert wurde, sei es durch neue Ausbauten oder Auskernungen oder sonstige störende Veränderungen. Eine Arbeitsgruppe des Vorstands unter Architekt MARTIN KOEPP arbeitet hartnäckig daran, die vielen laufend passierenden kleinen und grösseren Verunstaltungen an historischen Gebäuden bewusst zu machen. 1979 wurde dem Heimatschutz die Berechtigung für Einsprachen vom Verwaltungsgericht aberkannt.[348] Trotzdem machte man weiter, denn die Probleme, die der Heimatschutz aufzeigte, wurden öfters von den Bauwilligen doch auch erkannt und gelegentlich sogar berücksichtigt. Mit dem Denkmalschutzgesetz von 1980 bekam nun diese Einsprachetätigkeit endlich eine Rechtsgrundlage.

Eine besonders gewichtige Einsprache jener Zeit betraf ein Baubegehren am Nonnenweg 35/37. Zwei Häuser in der Schonzone sollten aufgestockt werden. Dies bedeutete klar eine Vermehrung des bestehenden Baukubus, was in der Schonzone nicht zulässig ist. Die Baubehörden geben jedoch grünes Licht für die Aufstockung, worauf der Heimatschutz die Sache vor Gericht zieht und Recht bekommt.[349] Aber es erging ihm ähnlich wie 1949, als er erstmals wegen

Im Spalenhof am Spalenberg 12, einem Kaufmanns- und Bürgermeistersitz, der bis ins 13. Jahrhundert zurückgeht, sollten nach dem Wunsch der Regierung zu Beginn der achtziger Jahre Wohnungen eingebaut werden. Dies obwohl bei Bauuntersuchungen ein grosser, kostbar bemalter Saal aus dem 16. Jahrhundert entdeckt worden war. Der Basler Heimatschutz erhob erfolgreich Einsprache, was seit 1982 möglich war und konnte damit eines der historisch wertvollsten Baudenkmäler Stadt erhalten.

Die komplizierte Rettung des über siebenhundertjährigen Spalenhofs in statischer Hinsicht erfolgte durch den jungen, heute weltberühmten Ingenieur-Architekten Santiago Calatrava, der auch den Raum des Theaters Tabourettli gestaltete.

einer Zonenfrage das Gericht angerufen und Recht bekommen hatte. Auch diesmal wurde das Gesetz anschliessend geändert. Es lässt nun mehr Möglichkeiten für Ausnahmen zu.[350]

Ein spezielles Streitobjekt wurde dann der Spalenhof am Spalenberg 12. Er gehörte zu den 40 Staatsliegenschaften, die von 1976 an in einer grossen Aktion renoviert und zu Wohnungen umgebaut werden sollten. Der Spalenhof, dessen Geschichte und Bausubstanz bis ins 13. Jahrhundert zurückgeht, war dafür ein denkbar ungeeignetes Objekt. Aber auch als man bei Voruntersuchungen einen kostbar bemalten Saal aus der Zeit des 16. Jahrhunderts fand, liess sich die Regierung nicht umstimmen. Die Denkmalpflege musste «contre coeur» einem Bauprojekt zustimmen, nach dem im ganzen Haus Wohnungen eingebaut werden sollten. Jetzt konnte der Basler Heimatschutz dank der neuen Rechtsgrundlage aktiv werden. Er erhob Einsprache, es kam 1983 zu einem Baurekursverfahren, an dessen Ende die Einsprecher Recht bekamen.[351] Das Projekt wurde umgeplant und der wunderschöne Saal durfte restauriert werden. Er stammt von 1420 und wurde im Jahr 1566 unter Bürgermeister CASPAR KRUG, der in Basel KAISER FERDINAND empfing, im Innern neu ausgestattet. Heute gehört der «Kaisersaal» zu den besonderen kunsthistorischen Kostbarkeiten unserer Altstadt. – Die komplizierte Rettung des Spalenhofs in statischer Hinsicht kam hier übrigens von dem damals noch jungen, heute weltberühmten Architekten SANTIAGO CALATRAVA, der eine geniale Stahlkonstruktion erfand und damit das Haus vor zu vielen baulichen Eingriffen bewahren konnte.

• Als mit der Zeit die neuen Gesetze zu wirken begannen, konnte die Einsprachetätigkeit des Basler Heimatschutzes deutlich reduziert werden. Vor dem Denkmalschutzgesetz waren es jährlich etwa 50, zwanzig Jahre später dagegen jährlich nur noch etwa 20. Dies ist eine sehr moderate Zahl. Im Jahr 1999 beispielsweise wurden in Basel über 2000 Bauprojekte publiziert, der Heimatschutz hat bei nur 19 Fällen Einsprache erhoben.[352]

Ich erwähne dies, weil hin und wieder in der Öffentlichkeit der Eindruck entsteht, der Heimatschutz würde zu viele Einsprachen machen.

Das Denkmalschutzgesetz wird zunächst nicht angewendet

Die von der Regierung genannten Befürchtungen gegen das Denkmalschutzgesetz sind, wie wir erwähnten, nicht eingetroffen. Aber was eintraf war, dass die Regierung das Denkmalschutzgesetz zunächst nicht vollzog. In den ersten Jahren nach Erlassen des Gesetzes lehnte sie die meisten Schutzanträge des Denkmalrats ab. Dies war 1981 besonders schmerzhaft, denn für die «Villa Barell» am Rennweg 62, eine der besten Villen der Moderne in Basel, von OTTO RUDOLF SALVISBERG 1934 erbaut, wurde der Schutz verweigert. Der Heimatschutz konnte hier infolge noch mangelnder Rekursberechtigung nichts aus-

1980–1996 | ALTSTADTSANIERUNG – NEUES BAUEN IN HISTORISCHEM KONTEXT

Die Basler Regierung wendet das Denkmalschutzgesetz von 1980 zunächst nicht an. Die Unterschutzstellung des Bahnhofs SBB wird 1984 abgelehnt, obwohl die SBB dafür ist. Die beiden rekursberechtigten Vereine, Basler Heimstschutz und Freiwillige Basler Denkmalpflege, ziehen diese Ablehnung vor Gericht und bekommen Recht. Die Sache wird an die Regierung zurückgewiesen und der Bahnhof 1988 ins Denkmalverzeichnis aufgenommen.

Das Kino Küchlin, ursprünglich ein Variété-Theater von 1911, sollte 1989 durch einen Geschäftshausneubau ersetzt werden. Der Schutzantrag von der Denkmalpflege wird von der Regierung abgewiesen. Sofort bildet sich ein «Komitee Pro Küchlin», das in knapp vier Monaten 15 000 Unterschriften zur Erhaltung des Gebäudes zusammen bringt. Die beiden rekursberechtigten Vereine gehen vor Gericht, bekommen Recht und das Gebäude wird 1992 ins Denkmalverzeichnis aufgenommen. Der Eigentümer ficht dies vor Bundesgericht an, aber das oberste Gericht bestätigt den Denkmalschutz.

167

richten. Die Villa blieb zwar äusserlich unverändert, wurde aber im Innern zu mehreren Wohnungen umgebaut, wobei der grösste Teil ihrer höchst wertvollen Innenausstattung verloren ging. Ebenfalls verweigert wurde damals die Unterschutzstellung des Badischen Bahnhofs (Hauptgebäude) von KARL MOSER, 1911–13.

Im Jahresbericht des Basler Heimatschutzes für 1985 wird Bilanz gezogen. In diesem Jahr war in Basel trotz bestehender Anträge wieder einmal gar keine Unterschutzstellung vollzogen worden, im Vergleich dazu in Baselland elf. Und von 18 Anträgen des Denkmalrates seit Erlassen des Denkmalschutzgesetzes waren lediglich vier akzeptiert worden.[353]

Dieses rigide Verhalten änderte sich erst in den späteren Achtzigerjahren. Aber auch danach kam es immer wieder vor, dass Unterschutzstellungsanträge von der Regierung abgelehnt wurden, erstaunlicherweise auch für ganz wichtige Baudenkmäler. So zum Beispiel 1984 beim Bahnhof SBB, mit dem Argument, er sei nicht bedroht. Die beiden rekursberechtigten Vereine, Basler Heimatschutz und Freiwillige Basler Denkmalpflege gehen daraufhin gemeinsam vor Verwaltungsgericht, das entscheidet, der Bahnhof als Denkmal sei zu schützen (Urteil vom 18. Sept. 1987). Die Sache wird an die Regierung zurückgewiesen und der Bahnhof ein Jahr später in das Denkmalverzeichnis aufgenommen.[354]

1989 ist das Kino Küchlin vom Abbruch bedroht. Es soll zusammen mit der Komödie durch einen Geschäftshausneubau ersetzt werden. Der Antrag des Denkmalrates zur Unterschutzstellung wird, obwohl diesmal eine Bedrohung besteht, von der Regierung abgelehnt. Sofort bildet sich ein Komitee «Pro Küchlin»[355], das innerhalb von knapp vier Monaten 15 000 Unterschriften zusammenbringt, um das Küchlin zu retten. Wieder gehen beide Vereine vor Gericht und bekommen Recht. Daraufhin wird das Gebäude 1992 in das Denkmalverzeichnis aufgenommen. Das von den Eigentümern angerufene Bundesgericht bestätigt die Schutzwürdigkeit des Gebäudes. Anschliessend kommt es zu jahrelangen zähen Verhandlungen um Entschädigungen, einer der ganz wenigen Fälle in Basel, bei denen der Einzelschutz dies provozierte.

Der zweite Anlauf, den Badischen Bahnhof in das Denkmalverzeichnis aufzunehmen, verlief ebenfalls harzig. Der Bahnhof sollte Anfang der neunziger Jahre im Innern zu einem Warenhaus ausgebaut werden. Hier hatte die Regierung 1991 zwar einem Teilschutz zugestimmt, der aber im Innern zu wenig von der historischen Substanz umfasste. Wieder gingen beide Vereine vor Verwaltungsgericht, das ihnen Recht gab. Wie beim Küchlin ging auch in diesem Fall der Eigentümer vor Bundesgericht, das jedoch ebenfalls der Seite der Denkmalschützer Recht gab.[356]

Auch beim Wolfgottesacker verweigert die Regierung 1994 die Aufnahme in das Denkmalverzeichnis. Wieder gehen die beiden Vereine vor Gericht und wieder bekommen sie Recht. Die Richter bestätigen, der Wolfgot-

> Die beiden rekursberechtigten Vereine setzen Denkmalschutzvorhaben über das Gericht durch.

Badischer Bahnhof, Schalterhalle, historische Aufnahme. Auch dem Badischen Bahnhof, einem hervorragenden Baudenkmal von Architekt Karl Moser, 1911–13, wurde der Denkmalschutz zunächst verweigert. Erst als zu Beginn der neunziger Jahre ein Warenhaus mit Galerie in die Schalterhalle eingebaut werden soll, stimmt die Regierung einem Teilschutz zu, der jedoch nicht ausreicht. Wieder müssen die beiden rekursberechtigten Vereine den Gang zu den Richtern beschreiten und wieder bekommen sie Recht. Auch in diesem Fall geht der Eigentümer vor Bundesgericht, das jedoch den Denkmalschutz bestätigt.

tesacker sei ein Denkmal von hohem Wert. Die «Basler Zeitung» vom 24.11. 1995 berichtet dazu:

» *Mit dem jüngsten Entscheid wird die offenbar zur Praxis gewordene Haltung des Basler Regierungsrates, schützenswerte Objekte nicht ins Denkmalverzeichnis aufzunehmen, vom Gericht gerügt. Vor dem Wolfgottesacker waren bereits der Bahnhof SBB, der Badische Bahnhof, das Theater Küchlin und der Mattenhof in Riehen gegen den Willen der Regierung unter Denkmalschutz gestellt worden.* »[357]

Zwei weitere gleichgeartete Fälle betreffen später das Haus Bäumleingasse 14 und jüngstens das Haus Füglistaller, Freie Strasse 23.

Ohne die Rekursberechtigung der privaten Vereine wären hier insgesamt sieben Unterschutzstellungen nicht möglich gewesen. Dabei fiel den Richtern immer wieder die Aufgabe zu, die Anwendung des Denkmalschutzgesetzes durchzusetzen. In fast jedem der genannten Urteile wird die Regierung deutlich und oft mit feiner Ironie angemahnt, die in Basel bestehenden Gesetze doch auch anzuwenden. Seit der zweiten Hälfte der neunziger Jahre hat sich das dann übrigens endlich gebessert. Vorher jedoch hatte man oft den Eindruck, dass Bevölkerung und Parlament die Basler Altstadt sehr hoch schätzen, ihre Regierung dagegen hinterherhinke.

Ansicht des St. Alban-Tals von oben gesehen. Die Sanierung dieses Kloster- und Gewerbequartiers aus dem Mittelalter gehörte zu den grossen städtischen Aufgaben der zweiten Hälfte des 20. Jahrhunderts. Viele Gebäude waren sanierungsbedürftig, die Fabrikbauten teilweise am Verfallen.

Die Sanierung des St. Alban-Tals und das Debakel um die Wettsteinbrücke

Die Sanierung des St. Alban-Tals

Zu den interessantesten Altstadtquartieren Basels gehört das St. Alban-Tal, dessen Geschichte mit der Gründung des St. Albanklosters im Jahr 1083 beginnt und das von dessen Mönchen bald zu einem Gewerbequartier ausgebaut wurde. Bereits Ende des 13. Jahrhunderts gab es hier zwölf Mühlen, die von der Wasserkraft der «Dyche» betrieben wurden, die die Mönche angelegt hatten. Die Funktionen der Mühlen variierten im Lauf der Jahrhunderte. Seit dem 15. Jahrhundert (bis 1954) wurde im St. Alban-Tal Papier gemacht, ferner Schin-

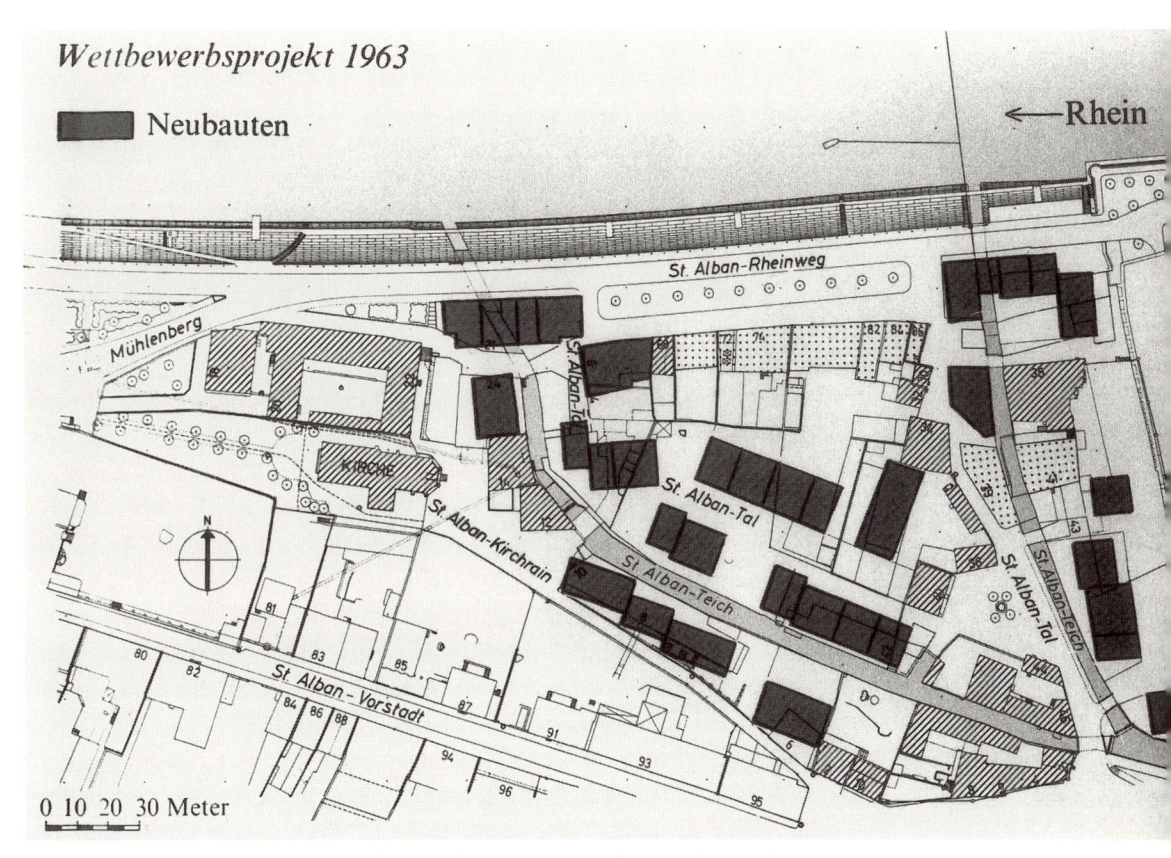

Eine erste Planung von 1963 mit zahlreichen Neubauten (im Plan schwarz gekennzeichnet) musste mit der Zeit komplett überholt werden, weil sich nun die Vorstellungen über den Umgang mit historischer Bausubstanz entscheidend geändert hatten.

deln, im 18. und 19. Jahrhundert gab es auch Seidenbandfabrikation und Indiennefärberei. Im 20. Jahrhundert hatte dann das ansässige Gewerbe ausgedient, die Bauten verfielen und wurden nach dem 2. Weltkrieg von der Einwohnergemeinde der Stadt aufgekauft, um neuen Wohn- und Gewerberaum zu schaffen. 1962/63 schrieb das Baudepartement einen Wettbewerb für eine generelle Planung aus, der von ERNST EGELER gewonnen wurde und zu einem Überbauungsplan mit neuen Bau- und Strassenlinien samt speziellen Bauvorschriften führte. Aber dieser Plan nach dem es zahlreiche Neubauten gegeben hätte, kam nicht zur Ausführung. Der Einbruch der Hochkonjunktur und auch eine geänderte Auffassung von Altstadterhaltung standen dagegen.[358]

1974 schliesslich übergab der Regierungsrat die Sanierung des gesamten Quartiers der Christoph Merian Stiftung, deren neuer Direktor, HANS MEIER, mit Schwung an die Arbeit ging. Zum Glück machte man diesmal kein Gesamtprojekt, sondern setzte auf Flexibilität. Im Lauf der Sanierung wurde bald einmal vieles für erhaltenswert angesehen, das man früher ersatzlos gestrichen hatte. Aber auch dies ging nicht ohne diverse Auseinandersetzungen, sowohl mit den Heimatschützern wie mit den Bewohnern des Quartiers, ab. Ende 1980 gründeten diese eine Vereinigung «Pro Dalbeloch», weil sie befürchteten, man wolle das Quartier zu stark verändern.[359] Auf Kritik stiessen unter anderem eine geplante Tiefgarage im sog. Mittelfeld, ferner der vorgesehene Abbruch des Arbeiterwohnhauses, St. Alban-Tal 42, an dessen Stelle eine grössere Wohnüberbauung kommen sollte. Für die Überbauung der beiden Areale mit den «Dych»-Einmündungen wurde ein Wettbewerb gefordert. Diesem Wunsch kam die Christoph Merian Stiftung dann nach, und auch bei den anderen Punkten lenkte man schliesslich ein.

Als erstes wurden das St. Albantor (1976/77) und die Stadtmauer (1978–80) restauriert. Dann erfolgte der Ausbau der Sarasinschen Bandfabrik zur Jugendherberge. Etwa gleichzeitig begann man, die Gallizianmühle zu einer Papiermühle mit Museum auszubauen. 1980 entstand das Museum für Gegenwartskunst von KATHARINA UND WILFRID STEIB, das aus einem Umbau der ehemaligen Papierfabrik Stoecklin und einem Neubau besteht. Die Stegreifmühle (St. Alban-Tal 43) war leider 1963 abgebrannt, wurde aber im Erscheinungsbild wiederhergestellt und im Innern zu Wohnzecken ausgebaut. Desgleichen auch die Rychmühle, St. Alban-Tal 41, und der Schindelhof, Nr. 44. In dem Gewerbebau, Nr. 43, konnte die Münsterbauhütte untergebracht werden, für die man schon lange einen passenden Ort gesucht hatte.

Für die fehlenden Kopfbauten im Osten und Westen wurden Wettbewerbe veranstaltet, die im Osten von DIENER & DIENER, im Westen – unter Bewahrung der sog. Direktionsvilla – von ROLF KELLER gewonnen wurden. Beide Projekte wurden 1984/85 realisiert. 1986/87 baute dann MICHAEL ALDER das Arbeiterwohnhaus, St. Alban-Tal 42, zu einem Wohnhaus um. Ferner erstellte er im Bereich des ehemaligen Klostergartens Ateliers mit Werkstätten. 1988 war die Sanierung des St. Alban-Tals beendet. Später kamen dann noch der Ausbau von Gewerbebauten auf dem Heuslerschen Areal zu Wohnungen (Architekt ROLF GUTHMANN) und auf dem Areal der Nationalversicherung ein Mehrfamilienhaus mit Atrium (Architekt URS GRAMELSBACHER) dazu.

Die Sanierung des St. Alban-Tals dauerte von den ersten Plänen bis zur Fertigstellung fast dreissig Jahre, also eine Zeitspanne, die man gewöhnlich für eine Generation rechnet. In dieser Zeit änderten sich die Vorstellungen, wie eine Altstadt zu behandeln sei, grundlegend. Im St. Alban-Tal findet man heue alle nur denkbaren Varianten, wie man mit alten Häusern umgehen kann: von der echten Restaurierung (St. Alban-Tor, Stadtmauer, Gallizianmühle) zur Rekonstruktion eines Fassadenbilds (Stehgreifmühle), der Versetzung eines historischen Gebäudes (Goldener Sternen), der Fassadenerhaltung mit Auskernung (Jugendherberge), der Umnutzung von Fabrikbauten zu Ateliers oder zu Wohnzwecken (St. Alban-Tal 62, 64 und 38, Heuslersches Areal), dem Ausbau zu Wohnungen

> In dieser Zeit änderten sich die Vorstellungen, wie eine Altstadt zu behandeln sei, grundlegend.

Heute ist das St. Alban-Tal eine gelungene Mischung aus Alt und Neu, die jedermann in den Bann zieht. Das Foto zeigt das Museum für Gegenwartskunst, von Wilfrid und Katharina Steib, 1978–80. Durch die Glasbrücke sieht man auf die angrenzenden historischen Bauten.

Der Neubau, im Bild Mitte rechts, zeigt einen der Kopfbauten am St. Alban-Rheinweg 94. Seine kompromisslos moderne Gestaltung bildet einen spannungsvollen Kontrast zu den bestehenden historischen Bauten. (Architekten: Diener + Diener, 1986.)

(St. Alban-Kirchrain 12, 14), dem Umbau einer Fabrik zum Museum mit modernem Anbau (Gegenwartsmuseum), der neuzeitlichen Wiederholung eines Arbeiterwohnhauses des 19. Jahrhunderts (St. Alban-Tal 42, von MICHAEL ALDER) bis zu Neubauten in kompromisslos modernen Formen (Kopfbauten von DIENER U. DIENER). Besonders um die Form der Neubauten wurde lange gerungen, aber dann doch der klar moderne Weg anstatt einer Anpassung gewählt Das Resulat kann sich sehen lassen – und den damaligen Vertretern der Christoph Merian Stiftung gebührt Dank und Anerkennung, dass sie die oft schwierigen Wege zu einer Lösungsfindung mitvollzogen und die Sanierung dadurch zu einem guten Ende geführt haben.

Das Debakel um die Wettsteinbrücke

Im Jahr 1978 hatte die Regierung die Idee, eine Sevogelbrücke über den Rhein bauen zu lassen, endgültig aufgegeben. Dafür rückte nun der Abbruch und Neubau der Wettsteinbrücke in den Vordergrund. Sie sollte Teil des Cityrings und dafür vierspurig ausgebaut werden. Bereits 1978 äussert sich der Heimatschutz an seiner Jahresversammlung besorgt darüber.[360] Ein Jahr später wird vom Baudepartement ein Wettbewerb für einen Neubau ausgeschrieben, der von dem Büro JEAN-CLAUDE und ELISABETH STEINEGGER gewonnen wird. Danach hätte es eine neue Dreibogenbrücke aus Beton gegeben. Im Vorfeld war von Architekt MARTIN BURCKHARDT eine horizontale Brücke vorgeschlagen worden, die niedriger über dem Rhein gelegen hätte, aber dafür einen Tunnel an der Grossbasler Seite verlangte, dessen Ausgang im St. Alban-Graben stadträumlich nicht lösbar war.

Der Basler Heimatschutz ist für die Erhaltung der bestehenden Brücke aus dem 19. Jahrhundert, deren einziger Schönheitsfehler ist, dass sie in den dreissiger Jahren seitlich verbreitert worden war und dadurch einen Teil ihrer originalen Ausstattung eingebüsst hatte.

Im Sommer 1982 schlägt die Regierung in einem Ratschlag (Nr. 7699) an den Grossen Rat den Neubau der Brücke für die Kosten von knapp 30 Millionen vor.[361] Im gleichen Ratschlag sind auch die Kosten für eine Sanierung der bestehenden Brücke aufgeführt. Danach hätte die Wettsteinbrücke für 8,6 Millionen saniert werden können. Dazu wären noch Rampenbauwerke zu rechnen gewesen, so dass die Endsumme mit rund 17 Millionen veranschlagt wurde.[362] Die Regierung und dann auch der Grosse Rat befürworten jedoch den Neubau.

Daraufhin startet der Heimatschutz eine Volksinitiative für die Renovation der Wettsteinbrücke, mit dem Ziel, deren ursprüngliches Erscheinungsbild weitgehend wiederherzustellen. Dafür sollte sie in die Schutzzone eingewiesen werden.[363] Bereits im Oktober wird diese Initiative mit 11 543 Unterschriften eingereicht.[364]

Ein Jahr später erklärt der Grosse Rat die Initiative des Heimatschutzes jedoch für ungültig, weil die Schutzzone nur für Hochbauten in Frage komme,

Für die Erhaltung der Wettsteinbrücke (hier in einer historischen Ansicht des 19. Jahrhunderts) führte der Heimatschutz einen jahrelangen Kampf, mit Initiative (für Einweisung in die Schutzzone) und Referendum (gegen den geplanten Beton-Neubau). Der letztere wurde in einer Volksabstimmung 1984 abgelehnt. Das Parlament beschliesst daraufhin die Sanierung der Brücke, aber eine Expertengruppe des Baudepartements plant zusätzlich wieder einen Neubau (Bischoff und Rüegg).

die Brücke aber ein Tiefbau sei (gemäss Fachjargon). Ferner sei sie auf Allmend, was ebenfalls für die Schutzzone nicht in Betracht komme.[365]

Der Ratschlag (7699) zum Neubau der Wettsteinbrücke, vom 6. August 1982, war inzwischen von einer Grossratskommission beraten worden. Eine Mehrheit war für das Neubauprojekt, eine starke Minderheit jedoch favorisierte die Sanierung der Brücke und verfasste dazu einen Bericht, der im Bericht der Grossratskommission an den Grossen Rat zum Ratschlag der Regierung aufgeführt ist.[366] Der Grosse Rat schliesst sich jedoch der Meinung der Regierung an und beschliesst einen Neubaukredit.[367] Der Beschluss wird dem obligatorischen Referendum unterstellt und in der Volksabstimmung vom 23./25. September 1984 vom Basler Souverän abgelehnt.[368]

Daraufhin beschliesst der Grosse Rat 1986, die bestehende Brücke sei zu sanieren und dabei sei auch eine Verbesserung ihres Erscheinungsbildes anzustreben.[369] Man berücksichtigte damit auch die Vorstellungen des Heimatschutzes. Der Baudirektor beruft daraufhin eine Expertengruppe, um die Möglichkeiten der gewünschten Verbesserungen abklären zu lassen. Diese prüft verschiedene Varianten, ein Basisprojekt mit reiner Sanierung des bestehenden Zustands (GUT, AEGERTER & BOSSHARDT), eine Kombination von alten und

Von privater Seite wird daraufhin ein Konkurrenz-Projekt lanciert. Es handelt sich um einen genialen Entwurf des Ingenieur-Architekten Santiago Calatrava. Der Heimatschutz entschliesst

neuen Teilen (R. WALTHER & H. MORY, Bauingenieure AG) und, entgegen dem Auftrag des Grossen Rates, auch einen Vorschlag mit «regenerativem Charakter». Konkret bedeutet das einen Neubau (BISCHOFF u. RÜEGG).[370] Schliesslich kommt die Expertengruppe zum Ergebnis, es sei keine Restaurierung zu machen, weil ein Neubau besser halten würde.[371]

Der Heimatschutz kritisiert nach den vorhergegangenen Diskussionen dieses Vorgehen scharf.[372] Er hatte das Projekt WALTHER/MORY befürwortet und am 11. März 1987 eine diesbezügliche Eingabe an den Grossen Rat gemacht.[373] Aber im nächsten Jahr geschieht dann etwas bisher noch nicht Dagewesenes: Eine private Gruppe um Grossrat DR. BERNHARD CHRIST (LDP) stellt ein Konkurrenz-Projekt vor. Es stammt von dem jungen Zürcher Ingenieur-Architekten SANTIAGO CALATRAVA, ist eine höchst elegante Stahlbrücke und löst in der Öffentlichkeit, wie die «Basler Zeitung» feststellt, «eine Grundwelle der Begeisterung» aus.[374] Auch der Vorstand des Basler Heimatschutzes lässt sich überzeugen, dass dieses Neubauprojekt für Basel eine einsich, dieses Projekt zu unterstützten. Trotz grosser Begeisterung in der Bevölkerung und Gründung zweier Komittees Pro Calatrava kann dieser Entwurf nicht durchgesetzt werden.

zigartige Chance sei. Im Frühjahr 1988 entscheidet er sich einstimmig für das Calatrava-Projekt und sieht von der weiteren Empfehlung eines Restaurierungsprojektes ab.[375] Obmann RONALD GRISARD erwirbt sogar das Modell der Brücke. Er hat den Basler Heimatschutz in den achtziger Jahren umsichtig geführt und für viele städtische Probleme sensibilisiert. 1987 wurde er dann zum Präsidenten des Schweizerischen Heimatschutzes gewählt.

Eine Calatrava-Brücke soll nicht sein

Der Calatrava-Entwurf wird jedoch vom Baudepartment nicht geschätzt. Der Baudirektor bezeichnet die Brücke als «Trampolin»[376], man befürchtet, sie halte nicht (mittlerweile hat CALATRAVA in der ganzen Welt Brücken gebaut und es ist noch keine eingestürzt, und auch seine spektakulären Flughafengebäude und Bahnhöfe stehen ohne einzubrechen), das ganze komme viel teurer als geplant (was vermutlich so gewesen wäre). Man bezweifelt dies und das an dem Entwurf und verlangt immer neue Expertisen, die jedoch alle positiv für das Projekt und seinen Verfasser sind. ETH-Professor MENN, selbst ein weltberühmter Brückenbauer und als Oberexperte von Basel angefragt, sagte damals dem Vernehmen nach, sein Schüler CALATRAVA werde vermutlich einmal einer der berühmtesten Ingenieure unserer Zeit werden – was mittlerweile eingetroffen ist. Aber die Basler Baubehörden lassen sich nicht überzeugen und der Grosse Rat ist in seiner Mehrheit für das BISCHOFF + RÜEGG-PROJEKT, unter anderem auch, weil es wesentlich weniger koste. Es kommt zu einer Volksabstimmung, am 20. Mai 1990, und trotz grossen Einsatzes zweier «Comités» für das Projekt CALATRAVA, in denen viele Mitglieder des Basler Heimatschutzes und der Freiwilligen Basler Denkmalpflege vertreten sind, kann sich das elegante Projekt nicht durchsetzen.[377] Zur allgemeinen Verwirrung hatten allerdings auch noch zusätzliche Projektvorschläge von privater Seite beigetragen, die die Stimmbürger wohl zusätzlich bewogen haben, einen Schlusspunkt unter die Diskussionen zu setzen.

In der Folge wird die alte Wettsteinbrücke abgebrochen und neugebaut (1991–95). Anstatt der ursprünglich veranschlagten 37 Millionen kostet sie schliesslich 69 Millionen. Dies ist eine enorme Kostenüberschreitung, was aber niemanden gross zu bekümmern scheint.[378] Damit hat sie mehr gekostet, als was man seinerzeit für das Calatrava-Projekt errechnet hatte, das ja unter anderem auch (und zwar vornehmlich!) aus Kostengründen bekämpft worden war. Und der Neubau kam viermal teurer als die Sanierung der alten Brücke. Hat dieselben Verkehrskapazitäten und beschert auch denselben Tramlärm.

• Für einmal hatten hier die Heimatschützer in Basel, denen man ja sonst hin und wieder vorhält, sie wollten immer nur Altes bewahren, sich ernsthaft und mit grossem Engagement für ein aussergewöhnliches modernes Bauwerk eingesetzt. Aber es sollte nicht sein. «Es entspricht einer alten Basler Tradition, vor dem eigenen Mut kalte Füsse zu bekommen» meinte Obmann Ronald Grisard im Jahresbericht 1989/90 dazu.[379] Und vielleicht passte dieser Paradiesvogel ja auch wirklich nicht zum Genius loci. Aber es bleibt doch ewig schade um die verpasste Chance, das Stadtbild um eine ausserordentlich schöne moderne Brücke zu bereichern.

Ab 1980

Neues Bauen im historischen Kontext

Ein neues Schlagwort geht um: «Neues Bauen im historischen Kontext». Auf einmal wird es für Architekten interessant, nicht gegen, sondern mit der Altstadt zu bauen. Der Rosshof war ein erstes Beispiel dafür, weitere sollten folgen. Dazu ist zu bemerken, dass seit den 80er Jahren gewissermassen ein Wunder geschehen war: In Basel wurde auf einmal wieder gut gebaut. Viele

Die Neubauten für die Universität auf dem Areal des Rosshofs (Von Naef, Studer und Studer) gehören in Basel zu den ersten Beispielen für Neues Bauen im alten Kontext. 1987.

Auch der interessante Wohnbau an der Hebelstrasse 11 von Herzog & de Meuron steht im historischen Kontext. 1988.

kleinere Spekulationsbüros, die kräftig zur Verunstaltung des Stadtbilds beigetragen hatten, waren in der zweiten Hälfte der siebziger Jahre mit dem Rückgang der Hochkonjunktur verschwunden. Es gab darunter solche, die zu Stadt und Land buchstäblich nur immer dieselbe industriell vorfabrizierte Fassade verwendeten, ganz gleich, in welchen Kontext diese zu stehen kam. Andere fanden es völlig überflüssig, überhaupt einen Architekten anzustellen, ein Bauzeichner musste genügen.

• Heutige Kunsthistoriker, die die Bauten der Nachkriegszeit beurteilen müssen, finden in Basel wenig Schützenswertes, im Gegensatz zu Zürich zum Beispiel. Und musste der Basler Heimatschutz in den siebziger Jahren gute Neubauten zum Prämieren quasi wie Diogenes mit der Laterne suchen (manchmal ging ihm dabei sogar auch noch ein wenig dieses Licht aus), so gab es jetzt auf einmal genügend interessante neue Architektur. Entgegen allen Behauptungen von früher war hier der Denkmalschutz überhaupt kein Hindernis. Es kam eine neue Generation von begabten jungen Architekten, denen das Bauen im historischen Kontext als reizvolle Aufgabe erschien. Vertreter der vorhergehenden Generation dagegen berichteten, dass es bei der Ausbildung von Architekten in den fünfziger und sechziger Jahren gar kein Thema gewesen sei, was auf einem Bauplatz eventuell schon stand. Es wurde einfach so geplant, als sei alles Neuland. Aber auch das in Basel endlich wieder angewendete Wettbewerbswesen trug wesentlich dazu bei, dass qualitätvolle Architektur entstand. Und nicht zuletzt war es der neue Kantonsbaumeister Carl Fingerhuth, der das gute Bauen nach Kräften förderte und gleichzeitig die Altstadt schätzte.

Einige besonders gelungene Beispiele für Bauen im historischen Kontext seien hier genannt: der Rosshof am Nadelberg 20 mit den Neubauten für die Universität gegen den Petersgraben, das Museum für Gegenwartskunst von Wilfrid und Katharina Steib und die Kopfbauten von Diener & Diener im St. Alban-Tal, das Wohnhaus Hebelstrasse 11 von Herzog & de Meuron, das Warteck-Areal von Diener & Diener Architekten an der Grenzacherstrasse, der Bahnhof SBB mit der neuen Passerelle von Wettstein, Cruz u. Ortiz, der Eckbau Steinenvorstadt 2 und allerneuestens das Haus Bäumleingasse 14, beide von Diener & Diener Architekten.

Basel bekommt 1996 den Wakkerpreis für «Alt und Neu im Dialog»

Der Schweizerische Heimatschutz verleiht 1996 überraschend der Stadt Basel den Wakker-Preis, denn Basel habe in den letzten fünfzehn Jahren an wegweisenden Beispielen gezeigt, wie heutige Architektur sich ohne Anbiederung in historische Ensembles einordnen lasse. Die Übergabe samt dazugehörigem Fest findet im St. Alban-Tal statt, das ja selbst ein überzeugender Beweis für «Alt und Neu im Dialog» ist.

1980–1996 | ALTSTADTSANIERUNG – NEUES BAUEN IN HISTORISCHEM KONTEXT

Der Präsident des Schweizerischen Heimatschutzes, Dr. Caspar Hürlimann, sagt in seiner Laudatio:

«*Die Stadt Basel hat während der letzten 25 Jahren Beispielhaftes geleistet. Nach einer Zeit der modernistischen Euphorie, des Übergewichts reiner Funktionalität und Rationalität und damit auch des Bruchs mit der Stadtgeschichte, gelang es nach zähem politischem Kampf in den 70er Jahren – unter tatkräftiger Unterstützung des Basler Heimatschutzes – 1980 ein fortschrittliches Denkmalschutz-Gesetz in Kraft zu setzen. Etwa zur gleichen Zeit fand auch ein Umdenken in der Erhaltung und im Umgang mit der vorhandenen historischen Bausubstanz statt. Man begann die Stadt wieder als Ganzes zu entdecken, und man verstand das neue Bauen als Dialog zur vorhandenen Baustruktur und dem historischen Stadtbild. Eine Zonenplan-Revision, das Wirken einer höchst kompetenten Stadtbildkommission, die Prämierung guter Bauten sowie die mustergültigen eigenen Projektierungen mit Wettbewerb waren die Pfeiler einer baslerischen Baupolitik, welche Vorbildcharakter hat und durch entsprechende Öffentlichkeitsarbeit auch viele private Bauherrschaften motivierte, an die Architektur ihrer Projekte höchste Ansprüche zu stellen. Dies wiederum war ein fruchtbarer Nährboden für eine ganze Generation von kompetenten und qualitätsbewussten Architekten, die in Basel ein für Architekturfragen offenes Klima schufen.*» [380]

1996–2005

Leitbild
Bautenprämierungen
Rekurse

Das 21. Jahrhundert beginnt

2001
Der Heimatschutz Basel gibt sich ein neues Leitbild

Im Jahr 1999 hatte der Schweizerische Heimatschutz, dem der Basler Heimatschutz als Sektion angehört, ein neues Leitbild herausgegeben, das auch den Anforderungen des nächsten Jahrhunderts gerecht werden sollte. Darin wird das gewandelte Selbstverständnis der Vereinigung deutlich. Wir zitieren einige Grundsätze daraus:

- «Der SHS versteht Heimat als Vertrautheit mit einem bestimmten Ort oder Raum. Heimat entsteht dort, wo gelebt wird. Und wo gelebt wird, finden Veränderungen statt. Eine offene und andauernde Auseinandersetzung mit Neuem und mit Veränderungen ist unerlässlich.»
- «Der SHS versteht sich als Anwalt des gebauten Erbes in städtischen und in ländlichen Räumen, aber auch als Anwalt der Landschaft. Er setzt sich für die Erhaltung, die Pflege und die sinnvolle Nutzung von Werken ein, die sich durch Qualität auszeichnen.»
- «Der SHS begleitet die Weiterentwicklung der gebauten Umwelt. Seine Aufmerksamkeit erstreckt sich auf alle Aspekte des Bauens und des damit verbundenen Lebens.»[381]

Zu Beginn des neuen Jahrhunderts zieht der Basler Heimatschutz nach und umschreibt seine spezifischen Aufgaben und seinen Tätigkeitsbereich folgendermassen:

- «Der Basler Heimatschutz setzt sich für die Pflege des Basler Stadtbilds ein. Er unterstützt die Erhaltung von historisch wertvoller Bausubstanz und fördert das Entstehen von guter neuer Architektur.
- Der Heimatschutz beobachtet das Baugeschehen in der Stadt, prüft die ausgeschriebenen Neubaubegehren und macht Einsprachen, wenn historisch wertvolle Substanz bedroht wird, sei es durch Abbruch oder durch unsachgemässe Renovationen.
- Der Heimatschutz berät Bauherren und Architekten. Bei Einsprachen nimmt er Kontakt mit den Betroffenen auf und versucht, Projekte zu verbessern.
- Der Heimatschutz unterstützt die Unterschutzstellungsbegehren des Denkmalrates und der Denkmalpflege und geht, wenn diese abgelehnt werden, notfalls vor Gericht.
- In Einzelfällen stellt er selbst Schutzbegehren.

- Der Heimatschutz beobachtet Planungen städtebaulicher und verkehrstechnischer Art und setzt sich für die Wohnlichkeit der Stadt ein.
- Der Heimatschutz fördert gute Renovationen, indem er jährlich einmal Auszeichnungen vergibt.
- Der Heimatschutz fördert aber auch gute neue Architektur. Diese wird von ihm ebenfalls jährlich einmal prämiert.
- Der Heimatschutz veranstaltet Führungen in Baudenkmälern (historischen und modernen) und zeigt interessante Renovationen und Umbauten.
- Der Heimatschutz gibt für seine Mitglieder jährlich mehrmals ein Mitteilungsblatt heraus, in dem die wichtigsten Informationen zu Bauvorhaben, Planungen, Schutzbegehren usw. zusammengefasst sind.
- Der Heimatschutz dokumentiert seine Tätigkeit mit einem Jahresbericht.» [382]

2001
Der Heimatschutz bekommt einen Internet-Auftritt

Seit dem Sommer 2001 ist der Heimatschutz im Internet mit einer Homepage vertreten. Er ist unter www.heimatschutz.ch/basel erreichbar. Ermöglicht wurde die Einrichtung dieses Internet-Auftritts durch eine grosszügige Spende der Singenberg-Stiftung, die auch über mehrere Jahre eine halbtags besetzte Geschäftsstelle des Heimatschutzes finanzierte. Die Homepage ist seitdem immer auf dem neuesten Stand und informiert über alle Aktivitäten des Basler Heimatschutzes.

Die Bautenprämierungen des Basler Heimatschutzes, ein Rückblick

Seit 1969 wurden alljährlich an der Jahresversammlung Hauseigentümer oder Architekten ausgezeichnet, die eine beispielhafte Renovation oder einen beispielhaften Neubau verwirklicht hatten. Dazu kamen in Einzelfällen Prämierungen von Personen, die sich auf ganz besondere Weise um Basel verdient gemacht hatten, wie z. B. der Dichter BLASIUS (DR. FELIX BURCKHARDT), 1985. Auch besonders gute Handwerker oder Restauratoren wurden gelegentlich ausgezeichnet. Aber in der Hauptsache waren es Bauten, die im Zentrum des Interesses standen.

Sie werden von einer speziellen Untergruppe des Vorstands ausgewählt. Dabei findet man es besonders wichtig, dass Beispiele gefunden wurden, die vorbildlich sind, d. h. eine Leistung repräsentieren, die als Modell auch für andere vergleichbare Situationen gelten könnte.

Im Jahresbericht für 2001 zieht Vorstandsmitglied DOROTHEE HUBER unter dem Thema «‹Heimat von morgen›. Die Bautenprämierungen des Basler Heimatschutzes» Bilanz zu dieser über dreissigjährigen Tätigkeit des Vereins.[383] Weit über hundert Bauten sind es bis heute, die vom Basler Heimatschutz ausgezeichnet wurden. Einige davon sollen hier genannt werden.

Von den Restaurierungen:

- Das Wohnhaus «Schöneck» von Melchior Berri (Architekt Peter Burckhardt, 1970), • das Altstadthaus Riehentorstrasse 14 (Eigentümer Joos Hutter, 1971), • das Läckerli-Haus, Gerbergasse 57 (Eig. Robert Klein, 1973), • das Restaurant Efringerhof in Kleinbasel (Eig. Wilhelm Moog, 1973), • das Wohnhaus Klosterberg 21 (Ehepaar Daniela u. Carl Schlettwein-Gsell, 1974), • das Warenhaus Globus (1975), • die Bernoullihäuser, Sierenzerstrasse 46–60 (Josef Frevel, 1977), • der Umbau der Hauptpost (Arch. Rudolf E. Wirz, 1978), • das Zunfthaus zu Safran (Arch. Markus Ritter, 1979), • Bärenfelserstrasse 30 (Genossenschaft Cohabitat, 1979), • das Haus «Zum hohen Pfeiler», Stadthausgasse 11 (Eig. Nelly u. Tibor Veres-David, 1980), • die Wohnhäuser Gundeldingerstrasse 89/91 mit Restaurierung der Jugendstil-Fassadenmalerei (1981), • das Schuhhaus Bata, Marktplatz, mit Rekonstruktion der Erdgeschoss-Arkaden (Eig. Margrit Jehl, 1982), • das Wohnhaus Oberwilerstrasse 22 (Arch. Rolf Müller, 1983), • das Eckhaus St. Johanns-Ring 95 (Eig. Erich u. Franziska Frösch, 1984), • der «Hohenfirstenhof» an der Rittergasse 19 (Eig. Fritz Vischer, 1985), • die Schlüsselzunft (mit Wandmalerei von Samuel Burri, 1986), • die Münsterbauhütte im St. Alban-Tal (Arch. Walter Müller, 1986), • die Eisenbahnerhäuser am Tellplatz (Arch. Nicolas Goetz, 1987), • die Wohnhäuser am Erasmusplatz 6–8 und Feldbergstrasse 25, 27 (Wohnstiftung für Studierende, Architekten Archi-Co, 1989), • das Altstadthaus Heuberg 20 (Eig. Rudolf Fellmann, 1990), • das Mehrfamilienhaus Bachlettenstrasse 80 (Architekten u. Eigentümer Ester Brogli u. Daniel Müller, 1991), • das Restaurant Platanenhof (Eig. Ciba, Arch. Tom Osolin, 1992), • das Rheinbad Breite (mit Rückbau der Anlage, Arch. Andreas Scheiwiller u. Matthias Oppliger, 1994), • das Geschäftshaus «Zum Hut», Falknerstrasse 17 (Arch. Thedy Doppler, 1995), • das Viktoria-Gewächshaus im Botanischen Garten (Christoph Merian Stiftung, 1996), • den «Wildensteinerhof», St. Alban-Vorstadt 30/32 (Arch. Kurt Frommenwiler, Restauratoren Christian Heidrich u. Gregor Mahrer, 1997), • das Wohnhaus «Zum Waldvögelein» Rebgasse 40 (Arch. Ernst Moser, 1998), • das Pfarrhelferhaus Leonhardskirchplatz 11 (Arch. Werner Mundschin, 1998), • das «Hotel Au Violon» im Lohnhof, Architekten Lukas Buol u. Marco Zünd, 1999), • das Altstadthaus Spalenberg 30 (Eig. Gemeinschaft Vogt, Arch. Stephan Rolli), • das Wohn- und Geschäftshaus Bäumleingasse 4 (Eig. Ehepaar K. E. u. N. Steiger, Architekten Quintus Miller u. Paola Maranta, 2000), • die Villa Gartenstrasse 78 (Architekt u. Eig.: Christian Lang, 2001), • das Haus im Rosgarten, Leonhardsgraben 38, (Eig. F. Eigenmann, Arch. Peter Burckhardt, 2001), • das Wohnhaus Wartenbergstrasse 19 (Eig. u. Architekt Andreas Scheiwiller, 2002), • der Bahnhof SBB (Architekten Nicolas Goetz, Passerelle: Crutiz/Ortiz u. Giraudi & Wettstein, 2003), • der «Erlacherhof «St. Johanns-Vorstadt 15/17 (Eig. Beat u. Christine Senn-Werthemann 2004).

Eine Reihe von Bauten des 20. Jahrhunderts, die vorbildlich restauriert und daher prämiert worden sind:

- Das Wohnhaus «Zossen» an der St. Alban-Anlage 37/39 (Architekt: Otto Senn 1935–38, restauriert von René Gautschi, 1986), • das Wohnhaus Sandreuterweg 44 in Riehen (Arch. Artaria u. Schmid 1928, restauriert von Pierre de Meuron, 1991), • das Restaurant Zolli, Bachlettenstrasse 75, (Arch. H. Flügel 1935, restauriert von Diener u. Diener, 1993), • das Wohnhaus Hackbergstrasse 29 in Riehen (Arch. Artaria u. Schmidt, 1929, restauriert von Benedikt Huber 1993), • das Kantonspital Ost (Architekten E. u. P. Vischer, Hermann Baur und Bräuning, Leu, Dürig, 1938–1945, restauriert von Silvia Gmür, 1994), • das Lonza-Hochhaus Münchensteinerstrasse 33, (Arch. Suter u. Suter 1962, renoviert von Burckhardt Partner Architekten, 1999), • das Mehrfamilienhaus Bläsiring 98 (Arch. Courvoisier, Müller, Stork 1963, Umbau: Stefan Baader, 2000), • das Wohnhaus am Schnitterweg 40 in Riehen (Otto u. Walter Senn, 1934, restauriert von Quintus Miller u. Paoloa Maranta, 2003).

Zu den besonderen Attraktionen der jährlichen Bautenprämierungen gehörte ein Neubau, der jährlich ausgewählt wurde. Hier nahm der Basler Heimatschutz eine Vorreiterrolle ein. Erst über zehn Jahre später zogen andere nach. Und nicht ohne einen gewissen Stolz kann der Heimatschutz darauf hinweisen, dass er z.B. bereits 1982 ein damals noch unbekanntes, heute weltberühmtes Architekturbüro prämiert hat, HERZOG & DE MEURON, für einen Wohnungsumbau an der Landskronstrasse 60. 1989 kamen dann das Wohnhaus an der Hebelstrasse 11 und der Mehrfamilienhaus-Neubau an der Allschwilerstrasse 90 derselben Architekten dazu.

- Aber auch Michael Alder und Klaus Vogt – um nun zum Alphabet überzugehen – wurden prämiert für die Wohnsiedlung Bündten in Riehen (1985) und das Wohnheim an der Birmannsgasse 37 (1998). • Alioth und Remund wurden prämiert für das Wohnhaus Pfeffingerstrasse 48/50 (1978) und das Bürohaus Intercontainer, Margarethenstrasse 38 (1991), • die Archi-Co Architekten für die Wohnsiedlung an der Burgfelderstrasse (1996), • Bürgin u. Nissen für das Fernmeldezentrum Basel Grosspeter (1988) und das SVS-Schulungs- und Verwaltungsgebäude, St. Alban-Rheinweg 222 (1995), • Diener und Diener für das Mehrfamilienhaus Gartenstrasse 14 (1981), das Geschäftshaus am Picassoplatz (1993) und • Theo Hotz für die Messehalle am Riehenring (2000), • Quintus Miller und Paola Maranta für das Wohnhaus Schwarz-Park an der Gellertstrasse 135/137 (2004), • Otto Senn für die Universitätsbibliothek (1970), • Katharina und Wilfrid Steib für das Musum für Gegenwartskunst im St. Alban-Tal (1980) und das Alters- und Pflegeheim Wendelin in Riehen (1990) und • Winter, Trueb u. Ellenrieder für das Bürohaus Interfrigo am Wettsteinplatz (1969).

Wir belassen es hier, wie bei den Restaurierungen, bei einer Auswahl der prämierten Bauten. Ferner ist beizufügen, dass nicht in jedem Jahr ein Neubau gefunden wurde, der prämierungswürdig erschien.

Die jüngsten Rekurs-Fälle des Basler Heimatschutzes

Im Jahr 2002 wird ein jahrzehntelanges Seilziehen um einen Rheinuferweg an der Grossbasler Rheinfront zwischen Pfalz und Wettsteinbrücke endgültig ad acta gelegt.

Es handelte sich um eine geplante Fussgängerverbindung, deren bauliche Realisierung in diesem schönsten und ehrwürdigsten Teil der Basler Altstadt letztlich ohne verunstaltende Eingriffe nicht zu machen war. Die Christoph Merian Stiftung hatte es 1998 nach einem bereits früher gescheiterten Versuch unternommen, diesen Weg doch noch zu realisieren. Die Denkmalpflege und der Denkmalrat lehnten das Projekt jedoch ab, da es mit der einmalig schönen Denkmalsituation an der Grossbasler Rheinfront im Sichtbereich des Münsters nicht zu vereinbaren war. Die Christoph Merian Stiftung als Unternehmerin zieht den Fall weiter vor die Baurekurskommission. Die beiden Vereine Basler Heimatschutz und Freiwillige Basler Denkmalpflege werden zur Vernehmlassung beigeladen. Sie lehnen die Vorlage ebenfalls ab. Die Baurekurskommission findet dann einen Rheinweg zwar möglich, die Unterlagen aber ungenügend. Daraufhin wird die Sache zum ersten Mal vors Gericht gezogen, gleichzeitig aber ein neues Bauprojekt eingegeben. Das Appellationsgericht weist die Angelegenheit dann an die Vorinstanz, die Baurekurskommission zurück. Mittlerweile läuft die zweite Baueingabe, ein zweites Verfahren beginnt mit Ablehnung durch die Denkmalpflege und Einsprache der Vereine und führt auch diesmal zum Appellationsgericht. Nach jahrelangem Hin und Her[384] entscheiden nun die Richter. Sie haben in diesem Fall eine Abwägung zwischen zwei öffentlichen Interessen vorzunehmen: dem an der ungestörten Wirkung der historisch wertvollen Bausubstanz der Basler Rheinfront im Bereich des Münsters und dem ebenfalls öffentlichen Interesse an einem Fussgängerweg zwischen Wettsteinbrücke und Pfalz. Sie entscheiden zugunsten der in Basel einmaligen Denkmalsituation im Sichtbereich des Basler Münsters.[385]

> Das Gericht schützt die Denkmalqualität der intakten Grossbasler Rheinfront.

Ein anders gelagerter Fall betrifft die Martinsgasse 6, 8, 10. Hier hatte der Heimatschutz Einsprache erhoben gegen eine Autoeinstellhalle im engsten Altstadtbereich, die zu einem Umbauvorhaben des Staates gehört. Eine ehemalige Fabrik wird zu Wohnungen ausgebaut. Aber obwohl die Martinsgasse so eng ist, dass es täglich Verkehrsprobleme gibt – sie sollte vernünftigerweise autofrei sein – und obwohl die geplante Garage nicht normal, sondern nur durch einen Auto-Lift in einem sehr engen Eingangsbereich erschlossen werden kann, wurde die Einsprache von den Richtern nicht gutgeheissen, denn es liege keine Beeinträchtigung des denkmalgeschützten Gebäudes vor.[386]

Auch im Fall des Hochkamins der CIBA musste der Heimatschutz eine Niederlage einstecken. Der Denkmalrat und die Basler Denkmalpflege hatten die Unterschutzstellung des eleganten 122 m hohen Kamins von 1965 (ING. EGLIN U. RISTIC), der ein Wahrzeichen für die Industriestadt Basel darstellt, beantragt. Diese war von der Regierung abgelehnt worden. Daraufhin zog der Heimatschutz die Sache vor das Verwaltungsgericht, das jedoch trotz Bejahung der Besonderheit dieses Kamins eine Aufnahme in das Denkmalverzeichnis nicht zwingend fand.[387]

In zwei anderen Fällen dagegen war die Rekurs-Tätigkeit jedoch erfolgreich. An der Bäumleingasse 14 konnte damit ein kostbares Altstadthaus erhalten werden. Es hatte im 18. Jahrhundert dem bekannten Geschichtsschreiber DANIEL BRUCKNER gehört, der ihm den schönen Namen «zum Vergnügen» gab. Die Geschehnisse um die Erhaltung dieses Hauses bilden eine beinahe endlose Geschichte, in deren Verlauf das Haus bereits mehrfach aufgegeben worden war. Es begann im Jahr 1984 mit einem Baubegehren für die Bank Sarasin, die später jedoch einen anderen Bauplatz an der Nähe des Bahnhofs bevorzugte. Ein erster Schutzantrag des Denkmalrats, 1984, blieb erfolglos, und auch einen Wiedererwägungsantrag, 1989, wies der Regierungsrat zurück. 1992 meldet die «Basler Zeitung», das Haus Bäumleingasse 14 werde jetzt abgebrochen.[388] In den Jahren 1994 – 96 führten die Basler Denkmalpflege und die Archäologische Bodenforschung dann in dem leerstehenden Gebäude Untersuchungen durch, die sensationelle neue Erkenntnisse über das Haus brachten. Zu den bereits bekannten äusserst wertvollen Ausstattungsteilen wie der gotischen Holzdecke des 15. Jahrhunderts und dem wertvollen Deckenstuck aus dem 18. Jahrhundert fand man jetzt noch einen Festsaal im dritten Obergeschoss aus dem 18. Jahrhundert mit bemalter Balkendecke. Ferner wurden Reste von Wanddekorationen aus dem frühen 14. Jahrhundert entdeckt und vor allem konnte nun der Dachstuhl genau datiert werden. Er stammt aus dem Jahr 1498. Das Haus stand also bereits vor 1500 in seiner heutigen Grösse. Damit gehört es zu den ältesten erhaltenen Gebäuden der Stadt überhaupt.

> An der Bäumleingasse 14 konnte durch die Anrufung des Gerichts ein kostbares Altstadthaus erhalten werden: das Haus «zum Vergnügen».

Als 1999 nach einem Besitzerwechsel ein Abbruchgesuch eingegeben wird, stellt daher der Denkmalrat zum dritten Mal einen Antrag auf Unterschutzstellung. Auch dieser wird von der Regierung abgelehnt. Nun beschliessen der Heimatschutz und die Freiwillige Basler Denkmalpflege gemeinsam in dieser Sache vor Gericht zu gehen. Ferner sammeln sie in der Bevölkerung 5000 Unterschriften von Leuten, die sich für die Erhaltung des Gebäudes einsetzen. Die Richter verlangen dann im Jahr 2002 in korrekter Auslegung des Denkmalschutzgesetzes von der Basler Regierung den Erlass eines Teilschutzes des Hauses.

Daraufhin wird ein in Basel einmaliges Projekt gestartet. Das beauftragte Architekturbüro DIENER UND DIENER baut um das gotische Haus herum, verpackt es gewissermassen in einem Neubau. Zur Strasse entsteht eine Glasfassade mit elegantem Knick, hinter der sich das mittelalterliche Haus mit seinen wertvollen, nun restaurierten Ausstattungsteilen befindet. Auf dem Hinterland, das schon früher bebaut war, gibt es neue Wohn- und Geschäftsräume. Eine Lösung, die für den Bauherrn verträglich erscheint und der Stadt ein ausgesprochen originelles Beispiel für «Neues Bauen *mit* altem Kontext» beschert.

Beim Haus Füglistaller an der Freien Strasse 23 hatte die Regierung zwar dem Antrag des Denkmalrats für Aufnahme in das Denkmalverzeichnis entsprochen, aber entgegen der Vorlage das Innere des Hauses, das einen der ganz wenigen noch erhaltenen architektonisch höchst wertvollen Lichthöfe in der Schweiz hat, von dem Schutz ausgenommen. Dagegen gingen die beiden rekursberechtigten Vereine, Freiwillige Basler Denkmalpflege und Basler Heimatschutz 2003 vor Gericht. Sie bekamen Recht, aber der Eigentümer zog den Fall weiter, vors Bundesgericht. Dieses hat nun vor kurzem den Heimatschützern auf breiter Basis Recht gegeben.[389]

Ein noch hängiger Fall, der ebenfalls von beiden Vereinen zusammen vor Gericht gezogen wurde, ist die geplante Aufstockung des Museums der Kulturen an der Augustinergasse. Hier geht es den Vereinen um die Bewahrung der Schutzzone vor nach ihrer Meinung unzulässiger Auslegung des Baugesetzes und um das Einhalten des Denkmalschutzgesetzes. Das Bauvorhaben betrifft einen höchst heiklen Bereich am Münsterplatz. Hinter dem Rollerhof, Münsterplatz 20, soll der 1917 für das damalige Völkerkundemuseum neu erstellte Flügel des Museums an der Augustinergasse mit einer Ausstellungshalle aufgestockt werden. Eine solche Volumenvermehrung und ein solcher Eingriff in die historische Dachlandschaft sind aber in der Schutzzone, in der sich das betroffene Gebäude befindet, nicht zulässig. Ferner werden durch das hohe neue Geschoss, das weit in den Hof auskragt, mehrere unter Denkmalschutz stehende Gebäude (Rollerhof mit Anbauten) in ihrer Wirkung beeinträchtigt. Gleiches gilt für die geplante Absenkung des Hofareals, die den geschützten historischen Denkmälern gewissermassen die Bodenhaftung nimmt. Beides widerspricht dem Denkmalschutzgesetz, das einen Sichtbereich für Denkmäler garantiert. In diesem Verfahren steht der Entscheid der Richter noch aus.

Haus Füglistaller an der Freien Strasse 23 mit einem der ganz wenigen noch erhaltenen architektonisch höchst wertvollen Lichthöfe in der Schweiz.

2003
Der Heimatschutz gibt sich einen Kodex für den Umgang mit dem Beschwerderecht

Das Verbands-Beschwerderecht wird seit einiger Zeit gesamtschweizerisch angefeindet. Wirtschaftskreise möchten es am liebsten ganz abschaffen, eine diesbezügliche Initiative ist in Vorbereitung. Dies wäre vor allem für den Natur- und Umweltschutz eine Katastrophe. Aber auch der Heimatschutz ist auf das Beschwerderecht angewiesen. Viele Basler Baudenkmäler stünden ohne das Beschwerderecht heute nicht mehr, wie wir oben ausführlich gezeigt haben.

Um die Erhaltung des kostbaren Gebäudes an der Bäumleingasse 14 wurde beinahe zwanzig Jahre lang gerungen. Dank den intensiven Bemühungen der Heimatschützer wurde schliesslich ein Teilschutz erreicht. Die wertvollen Bestandteile des Innern sind heute restauriert, die Fassade ist modern verpackt. Ein ausgesprochen originelles Beispiel für Neues Bauen mit altem Kontext. (Architekten: Diener+Diener).

Um den Vorwürfen, man wolle zuviel, begegnen zu können, haben sich bereits im Jahr 2003 der Schweizerische Heimatschutz und ebenso der Basler Heimatschutz einen Kodex für den Umgang mit dem Beschwerderecht gegeben. Sie halten sich an folgende Beurteilungskriterien:

- «Grundsätzlich auferlegt sich der SHS/BHS [Schweizer Heimatschutz/ Basler Heimatschutz] eine gewisse Zurückhaltung und trifft eine Auswahl im eigenen Tätigkeitsbereich, und zwar nach der Bedeutung der Sache sei es für seine Tätigkeit selbst wie auch nach aussen.
- Der SHS/BHS reicht keine aussichtslosen Einsprachen und Rekurse ein, die bloss das Ziel verfolgen, das Verfahren zu verzögern oder das Projekt zu verteuern.
- Der SHS/BHS legt seine Interessen offen. Wenn immer möglich nimmt er an den öffentlichen Auflage- oder Vernehmlassungsverfahren teil, welche vor einem eigentlichen Rechtsverfahren stattfinden und lediglich konsultativen Charakter haben.
- Der SHS/BHS lässt sich einen Beschwerderückzug nicht abkaufen.
- Der SHS/BHS handelt für sich selbst und lässt sich nicht von Dritten instrumentalisieren.
- Nur ausnahmsweise und wenn es nicht anders möglich ist, kann ein Rekurs allein mit dem Ziel eingereicht werden, mit der entscheidenden Behörde Gespräche zu führen. Gelangt man im Rahmen der Aussprache nicht zum gewünschten Ziel, so ist ein eingereichter Rekurs zurückzuziehen.»[390]

Als Bilanz zu den Denkmalschutz-Fällen, die der Basler Heimatschutz seit seiner Rekursberechtigung im Jahr 1982 vor Gericht gezogen hat, ist zu bemerken, dass von zwölf Fällen zehn gewonnen wurden; darunter sämtliche, die von den Eigentümern vor Bundesgericht gezogen wurden. Daraus darf gefolgert werden, dass die Verbandsbeschwerde sehr wohl ihre Berechtigung hat und ausserdem, dass der Verein Heimatschutz nicht leichtfertig die Gerichte anruft.

Ausblick

Der Basler Heimatschutz hat in seiner hundertjährigen Geschichte erreicht, dass die Stadt Basel heute über eine Altstadt verfügt, die sich in Europa sehen lassen kann. Die Stadt konnte ihr unverwechselbares Aussehen wenigstens in Teilen bewahren und ist daneben eine moderne Stadt mit einer – dank wirksamer Wettbewerbspolitik von Staat und Wirtschaft – in den letzten Jahren entstandenen ausserordentlich hohen Zahl von architektonisch herausragenden neuen Bauten geworden – mit städtebaulich und wirtschaftlich weltweiter Ausstrahlung.

Als der Heimatschutz 1905 startete, gab es noch nicht einmal eine Denkmalpflege. Heute gibt es seit 25 Jahren ein Kantonales Denkmalschutzgesetz. Die Erhaltung der Baudenkmäler ist eine Staatsaufgabe geworden. Die Altstadt ist geschützt und als Wohnort seit langem wieder sehr gesucht. Um so lebendige Altstadtbereiche wie den Spalenberg, den Andreasplatz und die Schneidergasse werden wir vielerorts beneidet.

Daneben ist in der Stadt aber auch überdurchschnittlich gute moderne Architektur entstanden, auf die wir ebenso stolz sind, wie auf unsere Altstadt. Ihre Förderung hat sich der Heimatschutz ebenfalls zum Ziel gesetzt, sei es mit Prämierungen oder auch der Unterstützung von Wettbewerben. Denn diese Architektur ist unsere Heimat von morgen.

Also hat man alles erreicht, was man wollte und kann man nun die Hände in den Schoss legen? Natürlich nicht, wie die Rekurs-Fälle der letzten Jahre zeigen. Das Wichtigste ist sicher mit der Gesetzgebung gegen Ende des 20. Jahrhunderts erreicht worden. Aber sowohl das Bewahren wie der stetige Wandel sind Bereiche, die es weiterhin kritisch zu beobachten gilt. In diesem Sinn gehen wir zuversichtlich in das zweite Jahrhundert unserer Tätigkeit.

ANHANG

Anmerkungen

1 «Tickt Basel wirklich anders? Das Stadtmarketing unter der Lupe», Neue Zürcher Zeitung, Nr. 195, vom 23. August 2005.
2 Andreas Bischofberger, Chancen privater Denkmalpflege, Geschichte der Freiwilligen Basler Denkmalpflege, Basel 1996, S. 25 ff.
3 Ernst Rudorff, Heimatschutz, erschienen 1897 im «Grenzboten», 2. Aufl. 1926, Callway München.
4 Zitiert nach Casimir Hermann Baer, Berechtigung und Möglichkeit eines Heimatschutzes, Separatdruck aus Berner Rundschau, Nr. 7, 1907, S. 1; STABS, PA 726, F (STABS = Staatsarchiv Basel-Stadt).
5 Walther Schoenichen, Naturschutz, Heimatschutz. Ihre Begründung durch Ernst Rudorff, Hugo Conwentz und ihre Vorläufer, Stuttgart 1954, S. 139.
6 Von dem Dichter Jean Lahor gegründet. Siehe Schoenichen, a.a.O., S. 140.
7 Zitiert nach: Albert Knoepfli, Schweizerische Denkmalpflege, Geschichte und Doktrinen, Zürich 1972, S. 17.
8 Rudolf Thommen, Die Geschichte unserer Gesellschaft, in: Basler Zeitschrift für Geschichte und Altertumskunde I, 1902, S. 202–247; Statuten: S. 242/43.
9 Thommen, a.a.O., S. 227/28.
10 J. R. Rahn, Zur Statistik schweizerischer Kunstdenkmäler, Anzeiger für schweizerische Altertumskunde II, 1872, S. 326.
11 Rahn, a.a.O, 1875, S. 630; 1876, S. 660; 1880, S. 93–100; 1881, S. 115–125 und 148–153.
12 Zitiert nach Knoepfli, a.a.O., S. 25.
13 Knoepfli, a.a.O., S. 27.
14 Knoepfli, a.a.O., S. 25.
15 Erst später hört man kritische Stimmen; siehe Basler Nachrichten, Nr., 297, vom 31. Okt. 1912: Der Heimatschutz in Basel.
16 STABS PA 934a B 1 (1).
17 Knoepfli, a.a.O., S. 41.
18 Paul Ganz, Die Tätigkeit der Schweizerischen Vereinigung für Heimatschutz im Jahre 1906, Zs. Heimatschutz, Heft 1, 15. Mai 1906, S. 2.
19 Knoepfli, a.a.O., S. 42.
20 Hans Barth, Albert Burckhardt-Finsler, 1854–1911, Basler Jahrbuch 1912, S. 1–39.
21 Barth, a.a.O., S. 30/31.
22 Albert Burckhardt-Finsler, Was wir wollen, Zs. Heimatschutz, Jg. 1, 1906, S. 1 (Propagandanummer).
23 Albert Burckhardt-Finsler, Die Bestrebungen der schweizerischen Vereinigung für Heimatschutz, Zürich 1908, S. 7; Separatdruck aus dem Schweiz. Jahrbuch II, 1907; STABS PA 726 D.
24 Burckhardt, a.a.O., S. 16.
25 Burckhardt, a.a.O., S. 23/24.
26 Burckhardt, a.a.O., S. 26/27.
27 Burckhardt, a.a.O., S. 33/34.
28 Burckhardt, a.a.O., S. 36.
29 National-Zeitung, Nr. 279, vom 26. November 1905.
30 Statuten der Sektion Basel, 4. Januar 1906, STABS PA 726, D.
31 Zs. Heimatschutz, Nr. 1, 1906, S. 8.
32 1. Jahresbericht der Sektion Basel, Jahrgang 1906, vorgelegt am 8. März 1907, Handschriftl. Exemplar; STABS PA 934a F 1 (1).
33 2. Jahresbericht, 1907 (von E. Hoffmann-Krayer), S. 9–15; STABS PA 726, E.
34 Vgl. Bericht des Vorstandes des Schweiz. Heimatschutzes, Zs. Heimatschutz, Heft 12, 1910, S. 89.
35 Paul Schultze-Naumburg, Kulturarbeiten, 9 Bde., München 1901 ff.
36 Nikolaus Meier, Die Stadt Basel den Werken der Kunst, Konzepte und Entwürfe für das Kunstmuseum Basel, Basel 1986, S. 16.
37 Die Eingabe von 1907 habe ich in den Akten des Heimatschutzes nicht mehr gefunden. Die Argumente des Heimatschutzes werden aber im Ratschlag 1893 betreffend Museumsbauten, vom 10. April 1913, S. 42, zitiert. STABS DS BS 9. Vgl. auch 2. Jahresbericht des Basler Heimat schutzes, 1907, S. 2.
38 Siehe Schweizerische Bauzeitung, Nr. 54, 1909, S. 115–118.
39 Nikolaus Meier, a.a.O., S. 19–30.
40 Nikolaus Meier, a.a.O., S. 31–33.
41 7. Jahresbericht, 1912, S. 5. Die Umfragebögen sind erhalten geblieben: STABS PA 934a K 2–1 (1) M.
42 Basler Jahrbuch, 1908, S. 356.
43 2. Jahresbericht, 1907, S. 3. Vgl. auch Ratschlag 1590, vom 21. März 1907, STABS DS BS 9.
44 2. Jahresbericht, 1907, S. 3, 4.
45 3. Jahresbericht, 1908, S. 3, 4 und 7.
46 4. Jahresbericht, 1909 (von Albert Oeri), S. 2, 3 und 4 ff.
47 5. Jahresbericht, 1910, S. 7.
48 5. Jahresbericht, 1910, S. 8.

49 Sammlung der Gesetze und Beschlüsse [...] für den Kanton Basel-Stadt; STABS DS BS 1, Bd. 28, 1911, S. 368–71. Vgl. auch 6. Jahresbericht, 1911, S. 4–6.

50 5. Jahresbericht, 1910, S. 7.

51 Ausser J. Kelterborn waren alle Mitglieder des Basler Heimatschutzes.

52 Vgl. Othmar Birkner. Hanspeter Rebsamen, Inventar der neueren Schweizer Architektur 1850–1920 (INSA), Basel, Bern 1986, S. 199.

53 Vgl. Basler Jahrbuch, 1916, S. 309.

54 Albert Oeri, Gutachten der staatlichen Heimatschutzkommission zuhanden des Regierungsrates über die Frage, welche Objekte dem Heimatschutz zu unterstellen sind, vom 1.8.1912, S. 7; STABS, PA 934a K 1–2 (1).

55 STABS, Erziehungs-Akten B 86, 1.

56 Basler Nachrichten, Nr. 292, vom 26. Okt. 1912, Nr. 297 vom 31. Okt. und vom 1., 2. und 3. Nov. 1912.

57 Albert Oeri, Aus Basler Heimatschutzkreisen, Basler Nachrichten, Nr. 298, vom 1. November 1912.

58 National-Zeitung, Nr. 259, vom 3. Nov. 1912.

59 Der Paragraph 43 der Verordnung vom 9. Dez. 1911 war bereits am 24. Dezember 1913 diesbezüglich geändert worden.

60 Schreiben vom 31. Oktober 1912; STABS, Erziehungs-Akten B 86, 1.

61 18. Jahresbericht der Öffentl. Basler Denkmalpflege, 1936, Basel 1937, S. 2.

62 Andreas Bischofberger, Chancen privater Denkmalpflege, Geschichte der Freiwilligen Basler Denkmalpflege, Basel 1996, S. 25ff.

63 12. Jahresbericht, 1917, S. 5/6.

64 Siehe Bischofberger, a.a.O., S. 42-44.

65 9. Jahresbericht, 1914, S. 7. Siehe auch Jahresberichte, 1915 und 1917.

66 Hermann Christ, Zur Geschichte des alten Bauerngartens der Basler Landschaft und angrenzender Gegenden, Basel 1916, 2. erweiterte Auflage, Basel 1923. Vgl. auch 10. Jahresbericht (Gerhard Boerlin), 1915, S. 11.

67 12. Jahresbericht, 1917, S. 7.

68 12. Jahresbericht, 1917, S. 10.

69 Ab 1921 erscheinen die gedruckten Jahresberichte nur noch alle zwei Jahre. In den dreissiger Jahren schliesslich werden sie meist gar nicht mehr gedruckt.

70 17. Jahresbericht, 1923/25, S. 4, 5.

71 17. Jahresbericht, 1923/25, S. 5.

72 18. Jahresbericht, 1925/27, S. 4, 5.

73 18. Jahresbericht, 1925/27, S. 4.

74 Gerhard Boerlin, Nationalbank und St. Albangraben in Basel, Zeitschrift Heimatschutz, Jg. XXII, Nr. 3, 1927, S. 47/48.

75 Henri Baur, Das künstlerische Leben in Basel vom 1. Okt. 1925 bis 30. Sept. 1926, Basler Jahrbuch 1927, S. 253.

76 18. Jahresbericht, 1925/27 von Obmann Rudolf Dürrwang, S. 15.

77 Dürrwang, ebd., S. 13.

78 Georg Schmidt, der spätere Direktor des Kunstmuseums, in National-Zeitung vom 9. Sept. 1927.

79 Diese Äusserungen gab es in Kreisen der PdA und von den jungen Architekten Artaria u. Schmidt, die sich später jedoch davon distanzierten. Siehe Schreiben F. Lauber, vom 20. Mai 1964, Archiv Basler Denkmalpflege.

80 19. Jahresbericht, 1927/29, S. 5.

81 Vgl. Uta Feldges, Die Farben der Basler Altstadt, Basler Zeitung (Magazin), 8. Mai 1999.

82 18. Jahresbericht, 1925/27, S. 9.

83 Jahresbericht über die Tätigkeit der Schweiz. Vereinigung für Heimatschutz im Jahre 1931, Zs. Heimatschutz, Jg. 27, 1932, Heft 1, S. 68.

84 A. Baur, Zs. Heimatschutz, Jg. 25, 1930, Heft 1, S. 71.

85 Sinn und Möglichkeit des Heimatschutzes, National-Zeitung, Nr. 570, vom 9.12.1935. Vgl. auch Peter Meyer, Heimatschutz und moderne Architektur, Zs. Heimatschutz, Jg. 31, 1936, S. 9–11.

86 Jahresbericht der Weiteren Kommission der Sektion Basel der Schweiz. Vereinigung für Heimatschutz, Oktober 1929 – Oktober 1930, S. 1, STABS PA 726 E.

87 Albert Baur, Basler Stadtbausorgen, Zs. Heimatschutz, Jg. 25, 1930, Nr. 1, S. 27–30.

88 Ratschlag Nr. 2994 betreffend die Festsetzung eines generellen Bebauungsplans für die innere Stadt, vom 23. Januar 1930. STABS DS BS 9.

89 A. Baur, a.a.O., S. 27.

90 A. Baur, a.a.O, S. 28/29.

91 19. Jahresbericht, a.a.O., S. 7.

92 Erhalten sind die Jahresberichte für 1934, 1937, 1938, 1939. STABS PA 726 E.

93 Bericht über die Jahresversammlung des Heimatschutzes in der «National-Zeitung», Nr. 541, vom 23. Nov. 1930.

94 Karl Huber, Gegen die Zerstörung des St. Albantals, Typoskript. STABS PA 934 a K 2–1 (1) St. Albantal, Silo.

95 Schreiben vom 2. Juni 1930. STABS PA 934a K 2 – 1 (1) St. Albantal, Silo.
96 Ratschlag 2724, vom 8. April 1926. Vgl. auch: Nikolaus Meier, Der lange Weg zur Erbauung des Kunstmuseums, Basler Stadtbuch 1986, S. 22 – 28.
97 Alfred Burckhardt, in: Basler Jahrbuch 1933, S. 238.
98 A. Baur, Das Spalentor, Zs. Heimatschutz, Jg. 27, 1932, Heft 4, S. 101.
99 National-Zeitung, Nr. 457, vom 1. Okt. 1932.
100 National-Zeitung, Nr. 459, vom 3. Okt. 1932.
101 Eingabe an das Baudepartement, vom 22. Jan. 1932. STABS PA 934a K 2 – 1 (1), Rh-Sch.
102 Das Basler Stadtbild in Gefahr, Zs. Heimatschutz, Jg. 27, 1932, Heft 1, S. 14/15.
103 Schützet die alten Winkel, Basler Vorwärts, 27. Jan. 1932.
104 Jahresbericht der Öffentlichen Basler Denkmalpflege, 1934, S. 5.
105 Ratschlag 3370 betreffend die Festsetzung eines allgemeinen Korrektionsplanes für die innere Stadt, vom 31. August 1933. STABS, DS BS 9.
106 Ratschlag 3370, a.a.O., S. 24.
107 Ratschlag 3370, a.a.O., S. 6/7.
108 Ratschlag 3370, a.a.O., S. 8.
109 Ernst Vischer, Bedenken zum Basler Strassenkorrektionsplan, Zs. Heimatschutz, Jg. 29, 1934, Heft 1, S. 28 – 30.
110 Ratschlag 2994, betreffend die Festsetzung eines allgemeinen Bebauungsplanes für die innere Stadt, vom 30. Jan. 1930, S. 7. STABS DS BS 9.
111 Emil Major, Eine letzte Erinnerung an den Segerhof, in: Historisches Museum Basel, Jahresberichte 1938, S. 1 – 10. In den Jahresberichten der Öffentlichen Basler Denkmalpflege und der Freiwilligen Basler Denkmalpflege jener Zeit wird der Abbruch des Segerhofs nicht einmal erwähnt.
112 A. Baur, Der Heimatschutz in den Städten, Basler Verlustliste, Zs. Heimatschutz, Jg. 30, Heft 3, 1935, S. 85 – 92.
113 A. Baur, a.a.O., S. 88.
114 STABS PA 934 a K 2 – 1 (1) A.
115 Werk, 1935, 10, S. 33. Siehe auch: Willi Kehlstadt, Hermann Baur, Die Universität am Rhein, Eingabe der Ortsgruppe des Bundes Schweizer Architekten BSA an den Hohen Regierungsrat des Kantons Basel-Stadt, Basel September 1935. STABS Bibliothek.
116 Albert Baur, Lehren einer verlorenen Schlacht, Zs. Heimatschutz Jg. 32, 1937, Heft 1, S. 1, 2.
117 National-Zeitung, Nr. 520, vom 8. Nov. 1936.
118 National-Zeitung, Nr. 528, vom 12. Sept. 1936.
119 Albert Baur, a.a.O., S. 1.
120 Brief vom 8. Nov. 1937. STABS ED REG 27c 3 (1).
121 Karl Huber, Tätigkeitsbericht der Sektion Basel der Schweiz. Vereinigung für Heimatschutz, vorgelegt der Mitgliederversammlung vom 23. April 1938, S. 1. STABS PA 934a F 1 (1).
122 K. Huber, a.a.O., S. 3.
123 Schreiben des Präsidenten des Arbeitsbeschaffungs-Rats, F. Mangold, an den Basler Heimatschutz, vom 22.4.1938. STABS, PA 934 a F 1 (1).
124 Lukas Burckhardt war zweimal Obmann, von 1938 – 42 und 1947 – 51.
125 Zeitschrift Heimatschutz, Jg. 34, Heft 6/7, 1939.
126 Fritz Ebi, Behördliche Massnahmen zur Erhaltung von Altstadtgebieten Basels, ebd., S. 82.
127 Hochbautengesetz vom 11. Mai 1939, Sammlung der Gesetze und Beschlüsse [....] des Kantons Basel-Stadt, Bd. 31, S. 257 ff. STABS BS DS 1; Zonenplan, siehe Ratschlag 3769 betreffend die Festsetzung von zwei Zonenplänen für das Gebiet des Kantons Basel-Stadt, vom 13. April 1939. STABS DS BS 9.
128 Lukas Burckhardt, Bericht über die Tätigkeit der Sektion Basel der Schweiz. Vereinigung für Heimatschutz seit der Generalversammlung vom 23.4.1938, 10. Okt. 1939, S. 5. STABS PA 934 a F 1 (1).
129 Baukultur im alten Basel. Unter den Auspizien der Öffentl. Basler Denkmalpflege, herausgeben von Hans Eppens, Frobenius AG, Basel 1939.
130 Die 8. und bisher letzte Auflage erschien 1974.
131 Erhalten in der Bibliothek der Basler Denkmalpflege.
132 Lukas Burckhardt, Tätigkeitsbericht für 1938, a.a.O., S. 5.
133 Lukas Burckhardt, Tätigkeitsbericht für 1941/42, S. 2. STABS PA 726 E.
134 Neues aus Basel, Zs. Heimatschutz, Jg. 33, 1938, S. 111. Vgl. auch: Abbruch der Spalenvorstadt, National-Zeitung vom 9.9.1938.
135 Eingabe an den Vorsteher des Baudepartements, November 1938. STABS PA 934a K 2 – 1 (1), Spalenvorstadt.
136 Eine Eingabe zur Erhaltung des Fechter'schen Äbtischen Hofes am Claraplatz, Basler Nachrichten vom 29.6.1938.
137 Lukas Burckhardt, Tätigkeitsbericht für 1939/40, S. 2. STABS PA 726 E.
138 F. Largiadèr-Linder, R. Philippi, H. Eppens, Denkmalverzeichnis des Kantons Basel-Stadt, Gemeinde Riehen, im Auftrag des Schweiz. Heimatschutzes, Sektion Basel, überreicht [...], 1942. Fotokopie, Basler Denkmalpflege, Bibliothek.

139 Lukas Burckhardt, Tätigkeitsbericht für 1941/42, a.a.O., S.1. STABS PA 726 E.
140 Jahresbericht des BSA für 1944. STABS PA 803 A 5.
141 A. Baur, Heimatschutz beider Basel, National-Zeitung, Nr. 449, vom 29. Sept. 1941.
142 Aktuelle Stadtbaufragen und Heimatschutz. Die Jahresversammlung des Heimatschutzes beider Basel, National-Zeitung, Nr. 472, vom 12. Okt. 1942.
143 Dies wird im Korrektionsplan von 1946 wieder zurückgenommen.
144 STABS ED REG 27c 3 (1).
145 STABS ED REG 27c 3 (1).
146 STABS ED REG 27c 3 (1).
147 Schreiben an den Vorsteher des Baudepartements, Regierungsrat Dr. Fritz Ebi, vom 9. Sept. 1946. STABS ED REG 27c 3 (1).
148 Hans Eppens, Sinn und Zweck unserer Denkmalverzeichnisse, undat. Manuskipt. STABS ED REG 27c 3 (1).
149 A. Baur, Jahresbott des Schweizerischen Heimatschutzes in Basel, 1./2. Juli 1944, National-Zeitung, Nr. 302, vom 1./2. Juli 1944.
150 Verordnung betreffend Abänderung der Vorschriften über den baulichen Heimatschutz, vom 7. Februar 1945, Sammlung der Gesetze und Beschlüsse […] für den Kanton Basel-Stadt, Bd. 33, Basel 1947, S. 413–424. STABS DS BS 1.
151 Verordnung, a.a.O., S. 414.
152 Verordnung, a.a.O., Paragraph 45, S. 414.
153 Hans Eppens, Basler Häuser unter Heimatschutz, Basler Nachrichten, Nr. 67, vom 13.2.1945.
154 Schreiben vom 1. März 1945. STABS ED REG 27c 3 (1).
155 Baulicher Heimatschutz, National-Zeitung, Nr. 73, vom 13. Febr. 1945.
156 Bericht zur Jahresversammlung des Basler Heimatschutzes, in: Basler Nachrichten, Nr. 198, vom 14. Mai 1945.
157 Siehe National-Zeitung, Nr. 539, vom 17. November 1944.
158 Zeitschrift Heimatschutz, 44. Jg., 1949, S.131. Insgesamt erlebte der Führer vier Auflagen, die vierte, von 1973, in neuer Bearbeitung von C. A. Müller.
159 Ratschlag 4172, vom 29. November 1945. STABS DS BS 9.
160 Vgl. Protokoll der Vorstandssitzung vom 11. Dezember 1945. STABS PA 726 A.
161 Bericht der Grossratskommission 4237, vom 13. Juni 1946, S.12. STABS BS DS 9.
162 Stellungnahme vom 14. September 1946. STABS PA 726 A, im Heft Protokolle 1941–47.
163 Bericht des Obmanns über die Tätigkeit der Vereinigung für Heimatschutz beider Basel im Jahr 1947/8, S. 4. STABS PA 726 E.
164 Bericht des Obmanns, a.a.O., S. 4.
165 Bericht des Obmanns, a.a.O., S.1.
166 Ratschlag 4531, vom 7. Juli 1949, S.19. STABS BS DS 9.
167 Lukas Burckhardt, Die Heimatschutzvereinigung zum Basler Korrektionsplan, in: Jurablätter, Jg. 11, 1949, S. S.178.
168 A.L.B., Die Altstadt in Gefahr, in: Basler Studentenschaft, 31. Jg., Oktober 1949, S. 9–15. Siehe auch Arbeiter-Zeitung, Nr. 52, vom 2. März 1950.
169 Lukas Burckhardt, a.a.O., S. 177–181.
170 Lukas Burckhardt, a.a.O., S. 181.
171 Lukas Burckhardt, Jahresbericht für 1949/50, S. 1. STABS PA 726 E.
172 Lukas Burckhardt, Schreiben vom 23.12.1949. STABS ED REG 27c 3 (1).
173 Ratschlag 4895, betreffend Teilkorrektion der Aeschenvorstadt, vom 15. Mai 1953. STABS BS DS 9.
174 Rudolf Massini, Basler Heimatschutz, Auszug aus dem an der Jahresversammlung mündl. erstatteten Bericht 1953/54. STABS PA 726 E, S.1.
175 An dem Abstimmungskampf um die Initiative beteiligte sich der Heimatschutz dann nicht mehr, da die Aeschen schon so verändert war, dass sich der Einsatz nicht mehr lohnte. Vgl. Basler Stadtbaufragen im Blickfeld des Heimatschutzes, Basler Nachrichten, Nr. 264, vom 24.6.1955.
176 Michael Gasser/Marianne Häni, Die Basler Aeschenvorstadt, Bausteine einer wachsenden Stadt, Basel 2001.
177 Gasser/Häni, a.a.O., S. 66.
178 Der Basler Heimatschutz gibt nicht auf [Bericht über die Jahresversammlung des Heimatschutzes von Carl Miville], in: Die «AZ» Abend-Zeitung, Nr. 125, vom 1.6.1964.
179 Schreiben E. Müller an den Basler Heimatschutz, vom 23. Juni 1953. STABS PA 934a K 2–1 (1) A.
180 Der Basler Heimatschutz zum Abbruch des Ernauerhofs, in: National-Zeitung, vom 25.10.1950. Siehe auch Lukas Burckhardt, Bericht des Obmannes für die Tätigkeit im Jahre 1950/51, S. 2. STABS PA 726 E.
181 Siehe auch R. Salathé, D. Huggel, O. Birkner, 50 Jahre Baselbieter Heimatschutz, 1950–2000, Liestal 2000.

182 Lukas Burckhardt, Entwurf zum Tätigkeitsbericht 1949/50. STABS ED REG 27c 2 (1) 1948–50.
183 Lukas Burckhardt, Bericht des Obmanns über die Tätigkeit im Jahr 1950/51, a.a.O., S. 1.
184 National-Zeitung vom 27.12.1951.
185 Bericht des Regierungsrats über den Anzug A. Gfeller […], Nr. 4730, 8.11.1951, S. 9. Ein umfassendes Dossier zum Fall Schneidergasse befindet sich in den Handakten des Obmanns Lukas Burckhardt. STABS ED-REG 27c 2 (1), 1951–63.
186 Basler Nachrichten, vom 7.6.1950; ferner: Tätigkeitsbericht des Obmannes für 1950/51, a.a.O., S. 2.
187 Ratschlag 4745, vom 12. Dezember 1951. STABS DS BS 9.
188 Vgl. Basler Nachrichten, vom 28.5.1951, und National-Zeitung, vom 31.5.1951.
189 Die Neubaupläne für das Areal der Kunsthalle, Basler Nachrichten, vom 17.1.1950.
190 Der Basler Heimatschutz zur Frage der Kunsthalle, National-Zeitung, vom 16.1.1951.
191 Vgl. Basler Nachrichten, Nr. 102, vom 8. März 1951.
192 Der Basler Heimatschutz zur Frage der Kunsthalle. STABS ED REG 27c 2 (1), 1950–51.
193 Dietrich Barth, Der Basler Heimatschutz im Jahr 1951/52, Jahresbericht, erstattet an der Jahresversammlung vom 28. Mai 1952, S. 2. STABS PA 726 E.
194 Barth, a.a.O., S. 3.
195 Barth, a.a.O., S. 4.
196 Schreiben R. Massini an die Mitglieder des Heimatschutzes, vom 7. Juli 1953. STABS ED-REG 27 c 2 (1).
197 R. Massini, Jahresbericht 1954/55, Manuskript. STABS PA 934 B 1–1 (1) 1.
198 Siehe Protokoll der Vorstandssitzung vom 10. Dez. 1956, S. 2. STABS ED-REG 27c 2 (1).
199 Im Oktober 1954. STABS ED-REG 27c 2 (1).
200 Die ganze Planung war eher auf tönernen Füssen und endet 1959 mit einem Konkurs. Siehe Basler Volksblatt, Nr. 298, vom 22.12.1959.
201 R. Massini, Brief-Entwurf, vom 31. Dezember 1955. STABS ED-REG 27c 2 (1).
202 R. Massini, Jahresbericht des Basler Heimatschutzes für das Jahr 1955/56, S. 4. STABS ED-REG 27c 2 (1).
203 R. Massini, Bericht Sektion Basel-Stadt, 1905–1955. STABS ED-REG 27c 2 (1).
204 Lucius Burckhardt, «Heimat ist immer in der eigenen Zeit», 50 Jahre Basler Heimatschutz, National-Zeitung vom 25. Oktober 1955.
205 Es ist der Festvortrag vom 5. November 1955: Rudolf Kaufmann, 50 Jahre Basler Heimatschutz, Jurablätter, 18. Jg., Heft 1, S. 85.
206 Reinhold Hohl, Wir brauchen eine sachliche Architekturkritik, Jurablätter, a.a.O., S. 93–97.
207 Peter Meyer, Die Auseinandersetzung des Heimatschutzes mit den Fragen der Zeit, Zs. Heimatschutz, 50. Jg., 1955, S. 24–38.
208 Basler Nachrichten, Nr. 270, vom 1.7.1957.
209 Wir Basler sind verpflichtet, unsere Altstadt zu erhalten, Basler Nachrichten, Nr. 270, vom 1.7.1957.
210 Protokoll der Vorstandssitzung vom 13. Juli 1956. STABS ED-REG 27c 2 (1).
211 Siehe Basler Nachrichten vom 2. Juli 1956.
212 Protokoll der Vorstandssitzung vom 11. April 1957. STABS ED-REG 27c 2 (1).
213 Protokoll der Vorstandssitzung vom 11. April 1957. STABS ED-REG 27c 2 (1).
214 «Warnung vor einem unerwünschten Projekt». STABS PA 934a K 2–1 (1), Stadthausgasse.
215 Reinhold D. Hohl, Noch ist es nicht zu spät. Eine konkrete Aufgabe zur Erhaltung des Stadtbildes, Separatdruck STABS PA 934 a K 2–1 (1), Stadthausgasse. Und National-Zeitung vom 10.4.1956.
216 R. Massini, Petersplatz und Peterskirchplatz, Jurablätter 18, 1956, S. 100.
217 In den Nummern vom 22. Februar 1958, vom 7. November 1958 und vom 16. Jan 1959. STABS Universitätsarchiv, Drucksachen AA 13,3, 1958–64.
218 Beschlussprotokoll der ausserordentlichen Vorstandssitzung vom 4.12.1958. STABS PA 934a D 7–2 (1).
219 Rudolf Suter, Zur Basler Architektur des 19. Jahrhunderts, Jurablätter 16, 1954, S. 86 ff.
220 Reinhold D. Hohl, Das unbequeme Saeculum oder Basler Knacknüsse aus dem 19. Jahrhundert, Jurablätter 20, 1958, S. 201 ff.
221 Erhaltenswerte Basler Bauten, 19. April–24. Mai 1959.
222 Heimatschutzwürdiges in Riehen, National-Zeitung, Nr. 291, vom 29. Juni 1959.
223 Basler Heimatschutz, Beschluss-Protokoll der Vorstandssitzung vom 10. Okt. 1957, S. 2. STABS ED REG 27c 2 (1).
224 Erweitertes Denkmalverzeichnis und Vorschläge für Zonenvorschriften für die Stadt Basel. Dem Regierungsrat des Kantons Basel-Stadt (dem Herrn Vorsteher des Baudepartementes) eingereicht anfangs 1958 [vom] Basler Heimatschutz. STABS, Bibliothek, Quart. Conv. Nr. 585 und PA 934b C 1–1 (1) 1.

225 Josef Gantner, Adolf Reinle, Kunstgeschichte der Schweiz, Bd. IV, Frauenfeld 1962, S. 103/4.
226 Die National-Zeitung macht ab September 1958 eine Serie «Wir diskutieren den Gesamtverkehrsplan». Am 4.9.1958 dazu: H. N. Thommen, «Das Labyrinth von Knossos – Neuauflage Basel».
227 Siehe Protokolle der Vorstandssitzungen seit dem 28. August 1958. STABS PA 934a D 7–2 (1).
228 Bericht in: Basler Nachrichten, Nr. 169, vom 22. April 1964.
229 Basler Nachrichten vom 16.11.1951: Der Basler Heimatschutz für die Erhaltung des Sommercasinos. Vgl. auch Rudolf Massini, Was wird aus dem Basler «Sommer-Casino», Zs. Heimatschutz, Jg. 49, 1954, S. 26–29.
230 Basler Nachrichten vom 21.6.1954, «Der Heimatschutz wehrt sich für die Renovation des Sommercasinos»
231 Paul Henry Boerlin, Das Basler Sommercasino, Basler Jahrbuch 1956, S. 162–186.
232 Vgl. Wilhelm Kradolfer, Das Sommerkasino in Basel, Jurablätter 16, 1954, S. 96 ff.
233 Basler Nachrichten vom 26. Oktober 1962: Basels erstes Jugendhaus vollendet.
234 René Nertz, Jahresbericht des Obmanns 1959/60, S. 4. STABS PA 726 E.
235 René Nertz, Jahresbericht 1960/61, S. 3. STABS PA 726 E.
236 Basler Abreisskalender 1800–1960. Ueberreicht vom Basler Heimatschutz. Zusammengestellt von Hans Eppens. STABS PA 934b C 1–1 (1) 1.
237 René Nertz, Jahresbericht 1960/61, S. 1. STABS PA 726 E.
238 Rudolf Suter, Basler Nachrichten vom 20. November 1960.
239 Vgl. AZ vom 4. Juni 1960.
240 Vgl. National-Zeitung, Nr. 308, vom 6. Juli 1960.
241 Jahresbericht 1960/61, S. 2. STABS PA 726 E.
242 Valentin Lötscher, Und nochmals der Rosshof!, Basler Stadtbuch 1962, S. 128.
243 Valentin Lötscher, a.a.O., S. 129.
244 Valentin Lötscher, a.a.O., S. 131.
245 Gasser/Häni, a.a.O., S. 141, 143.
246 Ratschlag 6013, vom 14. November 1963. STABS DS BS 9.
247 Vgl. auch Urs Weber, in: Basler Zeitung vom 26.5.1979.
248 Memorandum für die Presse, vom 15. März 1961. STABS PA 934 a K 2–1 (1) Bürgerspital.
249 Protokoll der Vorstandssitzung vom 2.12.1960. STABS PA 934a D 7–2 (1).
250 Schreiben vom 25.4.1962 an den Grossen Rat und den Bürgerrat. STABS PA 934 a K 2–1 (1) Bürgerspital.
251 Siehe Beschlussprotokoll der Vorstandssitzung vom 20. Juni 1963 und auch Schreiben des Obmann Hockenjos an B. Jucker-Lüscher vom 22.1.1964. Beides: STABS PA 934a J 2–1 (1) Bürgerspital.
252 Bei diesem Abstimmungskampf half auch die Freiwillige Basler Denkmalpflege kräftig mit.
253 Basler Nachrichten, Nr. 168, vom 30.9.1942.
254 Siehe Zeitungsausschnitte der Abstimmungspropaganda. STABS PA 934a K 2–1 (1) Bürgerspital.
255 Bemerkungen der Minderheit zum Kommissionsbericht Nr. 6005, vom 9. Okt. 1963.
256 Erhalten in den Akten des Heimatschutzes, STABS PA 934a K 2–1 (1), Bürgerspital
257 Peter Meyer, Die Basler Bürgerspitalbauten – eine Schicksalsfrage. Städtebau und das Problem des Denkmalschutzes, NZZ Nr. 269 vom 22.1.1964.
258 Basler Nachrichten, Nr. 76, vom 19. Febr. 1963, abgedruckt auch in: Jurablätter, 26. Jg., 1964, S. 20–23.
259 Peter Meyer, Zerstörung Basels? – Zum geplanten Neubau des Bürgerspitals, Stadtbuch 1964, S. 226–28.
260 Siehe National-Zeitung vom 29.1.1964.
261 Die Baukommission hatte bereits 1955 ein generelles Projekt vorgelegt, gegen das eine Grossratskommission unter Dr. Fritz Blocher (SP), Appellationsgerichtspräsident, Zweifel am Standort angemeldet hatte. U.a. schlug sie auch das Bruderholz als alternativen Standort vor. Die Baukommission blieb aber bei ihrem Projekt.
262 Rudolf Suter, Fehlplanung des Jahrhunderts, Basler Nachrichten vom 25./26.2.1968.
263 Georg Kreis, Basel und sein Kantonales Spital. Kurzer Bericht einer langen Leidensgeschichte, Basler Zeitung vom 6. Juni 1984. Zur ganzen Problematik siehe auch: Rémy Schmutz-Best, Der Basler Bürgerspitalskandal der 1960er Jahre, Lizentiatsarbeit Universität Basel, 1995.
264 Protokoll der Vorstandssitzung vom 9. April 1964. STABS PA 934 D 7–2 (1).
265 Protokoll der Vorstandssitzung vom 15. April 1963. STABS PA 934a E 1 (1) Protokolle 1919–69.
266 Nach der Markthof-Abstimmung 1976 wird Hans Brutschin dann Vorstandsmitglied beim Basler Heimatschutz.

267 Hans Brutschin, Das Petersplatz-Parking in kritischer Sicht, 45 Seiten, Typoskript, Herbst 1965. STABS, PA 934b C 1–1 (1) 2, Handakten des Obmanns Hockenjos.
268 H. R. Hockenjos, Jahresbericht des Basler Heimatschutzes für das Jahr 1963/64, Manuskript. STABS PA 726 E.
269 Siehe Ratschlag 7150, Entwurf zu einem Gesetz über den Denkmalschutz, vom 10. April 1975, S. 45. STABS DS BS 9.
270 H.R. Hockenjos, a.a.O., S. 5.
271 Rudolf Suter, Basler Nachrichten, Nr. 484, vom 13. November 1964.
272 Fritz Lauber, Die Erhaltung des Thomas-Platter-Hauses im Gundeldingerquartier von Basel, Jurablätter, Jg. 27, Heft 7, 1965.
273 Vgl. Basler Nachrichten vom 10.3.1966.
274 Fr. 10 000.– aus dem Talervermögen, Vorstandsbeschluss vom 19. Mai 1964. STABS PA 934b C 1–1 (1) 2 Handakten Hockenjos.
275 Vgl. Rudolf Suter, Die Odyssee des Thomas Platter-Hauses, Stadtbuch 1974, S. 197–204.
276 Gemäss Vorstandssitzung vom 13. Februar 1959. STABS ED-REG 27 c 2 (1). Vgl. auch Bericht des Obmanns (Renè Nertz) zum Jahr 1958/59, S. 4. STABS PA 726 E.
277 Ratschlag Nr. 6308, betr. Erweiterung der Altstadtzone, vom 10. November 1966. STABS DS BS 9.
278 Bericht der Grossratskommission Nr. 6490, vom 9. April 1968, S. 7. STABS DS BS 9.
279 Vgl. Pressecomuniqué vom 23. April 1970. STABS (Akten Freiw. Denkmalpflege) PA 907 L.3.3.1. Dieses Comuniqué wurde in den Zeitungen verkürzt wiedergegeben, was zu Fehlinterpretationen führte.
280 Walfisch an der Rittergasse, AZ Nr. 111, vom 16.5.1974 (von Wentdenspiess = Carl Miville).
281 Vgl. Jahresbericht des Basler Heimatschutzes, 1973/74, S. 19. STABS PA 726 E.
282 Rudolf Wirz, Jahresbericht 1970/71, S. 10/11. STABS PA 726 E.
283 Rudolf Wirz, Jahresbericht 1971/72, S. 16 und Jahresbericht 1972/73, S. 9.
284 Flugblatt und diverse Unterlagen in Handakten Hockenjos. STABS PA 934 b C 1–1 (1).
285 Der Wiederaufbau kam nach verschiedensten Bemühungen am Ende vornehmlich durch Fritz Salathé zustande. Vgl. Fritz Lauber, Glanz und Elend um Pflege und Schutz unserer Denkmäler, Basler Stadtbuch 1975, S. 250.
286 Gemäss mündlicher Auskunft von Restaurator Paul Denfeld.
287 Rudolf Wirz, Jahresbericht 1970/71, S. 4.
288 Rudolf Wirz, Jahresbericht 1970/71, S. 13.
289 Rudolf Wirz, Jahresbericht Basler Heimatschutz 1969/70, S. 6. STABS PA 726 E.
290 Rudolf Wirz, Jahresbericht für 1969/70, a.a.O., S. 6. Vgl. auch Basler Nachrichten, Nr. 346, vom 20. August 1970.
291 National-Zeitung vom 15.2.1973: Rettet die Safranzunft. Und: Basler Nachrichten vom 16.2.1973.
292 Basler Nachrichten vom 20.2.1973.
293 Basler Volksblatt vom 22.2.1973.
294 National-Zeitung vom 9.3.1973: Bedrohte Safranzunft.
295 Siehe Broschüre Basler Heimatschutz/Freiwillige Basler Denkmalpflege, Zunfthaus zu Safran, Projekt für einen Umbau, Juni 1973.
296 Basler Nachrichten vom 19.1.1977.
297 Gemäss Basler Zeitung vom 5.1.1979.
298 Vgl. Uta Feldges/Markus Ritter, Das Zunfthaus zu Safran, Basler Stadtbuch 1979, S. 103–120.
299 Vgl. Basler Zeitung vom 22.8.1977
300 Rudolf Wirz, Jahresbericht 1970/71, S. 12. STABS PA 726 E.
301 Vgl. Basler Nachrichten, Nr. 266, vom 28. Juni 1965.
302 Bericht 7682 der Grossratskommission vom 19. März 1983 zum Ratschlag 7643 vom 26. Juni 1981. STABS DS BS 9.
303 Barbara und Kurt Wyss, Grün war «in»: Ja zum Bäumlihof-Ankauf, Basler Stadtbuch 1982, S. 166.
304 Vgl. National-Zeitung, Nr. 286, vom 13. Sept. 1974.
305 Rolf Brönnimann, Jahresbericht 1974/75, S. 4. STABS PA 726 E.
306 Uta Feldges, Blick zurück im Zorn, National-Zeitung vom 6. Dezember 1975.
307 Rolf Brönnimann, Jahresbericht 1974/75, S. 13. STABS PA 726 E.
308 Jahresbericht 1975/76, S. 21–22.
309 Der Fassadenentwurf stammt von Architekt Walter Zürcher, der aber nur kurz für Diener + Diener tätig war.
310 Ein erster Versuch war 1942 durchgeführt, aber im nächsten Jahr wieder aufgeben worden.
311 1980 führte dann das Baudepartement die Prämierung von Neubauten ein.
312 Heimatschutz im Wenkenhof. Bericht über die Jahresversammlung des Heimatschutzes in der National-Zeitung, Nr. 397, vom 1. Sept. 1969.
313 Jahresbericht 1980/81, S. 18.

314 National-Zeitung vom 23.2.1968: Grosszügige Projekte in Basels City.
315 Ratschlag 5230 betreffend Festsetzung der Bau- und Strassenlinien für die Neubebaung zwischen dem Marktplatz, der Schneidergasse, der Spiegelgasse und dem Fischmarkt, vom 13. April 1965.
316 Siehe Basler Volksblatt, Nr. 45, vom 23. Februar 1968: Pläne, welche die Innerstadt verändern.
317 Siehe Jahresbericht Basler Heimatschutz 1969/70, S. 8 und Jahresbericht 1970/71, S. 14. STABS PA 726 E.
318 National-Zeitung vom 16. Juni 1973.
319 Uta Feldges, Verliert Basel seine Identität? Ein umstrittenes Bauprojekt am Marktplatz. NZZ, Nr. 380, vom 16. August 1973.
320 Basler Nachrichten, Nr. 210, vom 8.9.1973; Nr. 212, vom 11.9.1973 und Nr. 215, vom 14.9.1973.
321 Protokoll der Grossratskommission betref. Ratschlag 7010, vom 28. März 1974, S. 4. STABS Akten Freiw. Basler Denkmalpflege, PA 907 L.5.3.5.
322 Urs Weber, Wie der «Märthof» entstand, Basler Stadtbuch 1983, S. 188–192.
323 Ratschlag 7140 betreffend Umbau und Sanierung von 40 Altstadtliegenschaften sowie Erstellung eines Neubaus an der Rheingasse. STABS DS BS 9.
324 Uta Feldges, Neubauten hinter gotischen Fassaden, National-Zeitung vom 6. November 1975.
325 Wolfgang Bessenich, Unterirdisches Parkhaus im Basler Münsterhügel, National-Zeitung, Nr. 422, vom 12. September 1961.
326 Einstellhalle mit 870 Plätzen im Münsterhügel, Basler Woche vom 18.9.1970.
327 Jahresbericht 1978/79, S. 13.
328 Urs Weber, Wird Münsterplatz-Parking zur Planungsleiche? Basler Zeitung vom 28.7.1979.
329 Von Verena Schulthess, Stefan Baader und mir. Ich gebe gern zu, dass diese ganze Sache vor allem mein Werk war. Und durch die politische Gunst der Stunde war mit Mathias Feldges ein Grossrat gewählt worden, der diese Ideen auf politischem Feld auch umsetzen konnte. Ohne ihn wäre das nicht möglich gewesen.
330 Anzug Miville und Konsorten betreffend Revision des Zonenplanes im Sinne der Abzonung weiterer Gebiete unserer Stadt, vom 10. März 1977, abgedruckt im Ratschlag 7907 betreffend Revision des Zonenplans für das Gebiet der äusseren Stadt, vom 25. April 1986, S. 89/90. STABS DS BS 9.
331 Bernhard Christ, Die Zonenplanrevision 1984/88, Basler Stadtbuch 1988, S. 37–45.

332 Hauptverantwortliche für diese Eingabe waren Othmar Birkner u. Martin Koepp.
333 Siehe Ratschlag und Entwurf Nr. 7150 zu einem Gesetz über den Denkmalschutz, vom 10. April 1975, S. 14. STABS DS BS 9.
334 Schreiben an den Grossen Rat, Nr. 4690, vom 29. Januar 1980. STABS, DS BS 10.
335 Siehe Basler Zeitung vom 22. März 1980.
336 Gekürzte Fassung im Jahresbericht des Basler Heimatschutzes 1979/80, S. 8–9.
337 Am 13. Juli 1982. Vgl. Basler Heimatschutz, Jahresbericht 1981/82, S. 7.
338 Jahresbericht 1981/82, S. 15.
339 Basler Zeitung, Nr. 304, vom 30. Dezember 1981.
340 Basler Zeitung, Nr. 305, vom 30. Dezember 1982.
341 Uta Feldges, Ein Park wird für Hochhäuser geopfert, National-Zeitung, Nr. 264, vom 25. August 1976.
342 Basler Heimatschutz, Jahresbericht 1983/84, S. 10/1.
343 Rolf Brönnimann, Basler Bauten 1860–1910, Basel 1973. Derselbe, Villen des Historismus in Basel, Basel 1982.
344 Basler Zeitung vom 15.2.1996.
345 Basler Zeitung vom 23.2.1981.
346 Vgl. Basler Zeitung vom 24.3.1981.
347 Vgl. Barbara und Kurt Wyss, Nachruf auf das Opéra-Haus, Basler Stadtbuch 1985, S. 190.
348 Vgl. Jahresbericht 1979/80, S. 9.
349 Urs Weber, Schonzone: Baukubus muss gewahrt bleiben, Basler Zeitung vom 19.7.1983.
350 Vgl. Jahresbericht 1982/83, S. 11 und Jahresbericht 1985/86, S. 10.
351 Jahresbericht 1985/86, S. 5.
352 Jahresbericht 1999/2000, S. 18.
353 Jahresbericht für 1985/86, S. 16.
354 Am 13.8.1988. Vgl. Basler Zeitung vom 14.9.1988.
355 Unter André Frossard. Vgl. Basler Zeitung vom 25.8.1989.
356 Vgl. Basler Zeitung vom 3.11.1994.
357 Raphael Suter, Verwaltungsgericht pfeift BS-Regierung zurück, Basler Zeitung, Nr. 275, vom 24.11.1995.
358 Rudolf Suter, Die Sanierung des St. Alban-Tals im Rückblick, Basler Stadtbuch 1988, S. 23–36.
359 Vgl. Basler Zeitung vom 19.9.1980 und AZ vom 30.6.1981.
360 Vgl. AZ vom 3.10.1978.
361 Ratschlag 7699, betr. den Neubau der Wettsteinbrücke, vom 6. August 1982. STABS DS BS 9.
362 Ratschlag 7699, a.a.O., S. 27 ff. Vgl. auch Basler Zeitung vom 13.8.1982.

363 Vgl. Basler Volksblatt vom 27.5.1982.
364 Vgl. Basler Zeitung vom 20.10.1982.
365 Bericht des Regierungsrats zum Initiativbegehren zum Schutz der Wettsteinbrücke, Nr. 7779, vom 2. Dezember 1983, S. 15. STABS BS DS 9.
366 Bericht der Grossratskommission zum Ratschlag 7679 betr. den Neubau der Wettsteinbrücke, Nr. 7795, vom 2. März 1984, S. 49 ff. STABS DS BS 9.
367 Am 13. April 1984 bewilligt der Grosse Rat 28,8 Mio. für den Neubau der Wettsteinbrücke.
368 Konkret wurde über den Kreditbeschluss von 28,8 Mio. für den Neubau abgestimmt. Das Ergebnis lautet 37 681 zu 30 324 gegen den Beschluss; also 55 % Nein-Stimmen.
369 Siehe Ratschlag 8041, vom 17. März 1988, S. 11. STABS DS BS 9.
370 Ratschlag 8041, a.a.O., S. 12/13.
371 Basler Zeitung vom 21.2.1987: Neue Variante für die Wettsteinbrücke.
372 Basler Zeitung vom 13.3.1987.
373 Ronald Grisard, Eingabe betreffend Wettsteinbrücke, vom 11. März 1987. Erhalten in den Akten der Freiw. Basler Denkmalpflege. STABS PA 907 M 89.
374 Basler Zeitung vom 16.4.1988: Calatrava löst Grundwelle der Begeisterung aus.
375 Jahresbericht 1987/88, S. 8.
376 Der Basler Baudirektor zur Calatrava-Wettsteinbrücke: Wir wollen doch kein Trampolin, Nordschweiz vom 9.4.1988.
377 Konkret wurde über den Kreditbeschluss von 37,1 Mio. für das Neubauprojekt Bischoff + Rüegg abgestimmt, gemäss Ratschlag 8041.
378 Basler Zeitung vom 29./30. Juli 2000: Neue Wettsteinbrücke kostete 69 Millionen.
379 Basler Heimatschutz, Jahresbericht 1989/90, S. 1.
380 Robert Schiess, Jahresbericht des Basler Heimatschutzes 1995/96, S. 14, 15.
381 Schweizer Heimatschutz, Leitbild, 1999.
382 Robert Schiess, Jahresbericht 2000/1, S. 40/41.
383 Dorothee Huber, «Heimat von morgen». Die Bautenprämierungen des Basler Heimatschutzes. Jahresbericht 2000/1, S. 5–22. Dorothee Huber präsidierte jahrelang die Bautenprämierungs-Gruppe des Vorstands.
384 Siehe Jahresberichte des Basler Heimatschutzes 1998/99, S. 24; 1999/2000, S. 12–14; 2000/1, S. 26.
385 Robert Schiess, Jahresbericht 2001/2, S. 21–23.
386 Robert Schiess, Jahresbericht 2002/3, S. 15–16.
387 Robert Schiess, Jahresbericht 2002/3, S. 17 und Jahresbericht 2003/4, S. 21.
388 Lukas Stoecklin, Jahresrückblick, Basler Zeitung vom 30. Dezember 1992.
389 Füglistaller integral geschützt, Basler Zeitung vom 29. September 2005
390 Heimatschutz Basel, Jahresbericht 2002/3, S. 11.

Bildnachweis

Im Folgenden sind die Abbildungen gemäss Seitenzahlen angegeben:

16/17	Luftaufnahme von Basel, vor 1920. Foto Swissair, Staatsarchiv Basel-Stadt, Bildersammlung 43, 6.
17	Münsterplatz. Foto Eidenbenz, Basler Denkmalpflege.
22	Repro aus dem Basler Stadtbuch, 1912, S.1.
27	Titelseite der Zeitschrift Heimatschutz, 1905/6.
27	Repro, Akten Heimatschutz, Staatsarchiv Basel-Stadt.
30/31	Foto Swissair vor 1920. Staatsarchiv Basel-Stadt, Bildersammlung 43, 6.
33	Repro, Basler Bilder, Akten Heimatschutz, Staatsarchiv Basel-Stadt.
33	Repro, Schweizerische Bauzeitung, Nr. 54, 1909, S.115.
35	Staatsarchiv Basel-Stadt, Plansammlung U2, 114.
38	Fotomontage 1913, Staatsarchiv Basel-Stadt, Planarchiv X 6, 159.
39	Fotomontage 1913, Staatsarchiv Basel-Stadt, Planarchiv X 6, 159.
41	Kantonsblatt vom 7. August 1915, Staatsarchiv Basel-Stadt.
44/45	Der Abbruch am Petersberg. Foto Wehrli, 1938, Basler Denkmalpflege.
45	Kleines Klingental. Foto A. Jehle, 1943, Basler Denkmalpflege.
47	Repro. Zeitschrift Heimatschutz, 22. Jg., 1927, S. 48.
48	Basler Plakatsammlung.
49	Foto um 1900, Staatsarchiv Basel-Stadt, Zeitungsausschnitte.
52/53	Genereller Bebauungsplan zum Ratschlag 2994 vom 23. Januar 1930, Staatsarchiv Basel-Stadt.
55	Foto um 1930, Bildarchiv Foto Marburg.
57	oben: Zeitschrift Heimatschutz, 27. Jg., 1932, S. 14/15.
57	unten, links: Basler Vorwärts vom 27. Januar 1932.
57	unten, rechts: Fotoarchiv Christoph Teuwen, Aufnahme 1992.
59	Foto Historisches Museum Basel.
61–65	Zeitschrift Heimatschutz, 30. Jg., 1935, S. 86–91.
66	oben: Foto Basler Denkmalpflege.
66	unten: Basler Plakatsammlung.
68	Foto Wolf, 1938, Basler Denkmalpflege.
69	Foto Wehrli, 1936, Basler Denkmalpflege.
73	Ratschlag 3769 betreffend die Festsetzung von zwei Zonenplänen für das Gebiet des Kantons Basel-Stadt, vom 13. April 1939, Staatsarchiv Basel-Stadt.
76	Repro Schweizerische Bauzeitung vom 10. September 1949, S. 9.
77	Fotoarchiv Christoph Teuwen, Aufnahme 1986.
81	Foto E. Schulz, 1951, Basler Denkmalpflege.
82	Repro aus: Die schöne Altstadt, Basel 1949, S. 39.
84/85	Marktplatz, Foto Staatsarchiv Basel-Stadt, Fotoarchiv BVB 312/33.
85	Petersgraben 27, 29. Foto Basler Denkmalpflege.
89	Plan aus Bericht der Grossratskommission 4531 zu Ratschlag 4224, vom 7. Juli 1949, Staatsarchiv Basel-Stadt.
90	links: Repro aus: Die schöne Altstadt, Basel 1949, S. 49.
90	rechts: Fotoarchiv Peter Heman, Aufnahme 1968.
91	Foto Eidenbenz 1949, Basler Denkmalpflege.
92	Basler Plakatsammlung.
93	Fotoarchiv Peter Heman, Aufnahme 1952.
94	Foto Ochs, ca. 1940, Basler Denkmalpflege.
95	Fotoarchiv Peter Heman, Aufnahme 1953.
97	oben: Foto um 1940, Staatsarchiv Basel-Stadt, Zeitungsausschnitte.
97	unten: Foto Christen, 1972, Basler Denkmalpflege.
105	oben: Foto Basler Denkmalpflege.
105	unten: Fotoarchiv Peter Heman, Aufnahme 1957.
106	Fotoarchiv Peter Heman, Aufnahme 1957.
107	Fotoarchiv Peter Heman, Aufnahme 1967.
109	Fotoarchiv Peter Heman, Aufnahme 1955.
111	Aufruf des Basler Heimatschutzes, 1954, Akten Heimatschutz, Staatsarchiv Basel-Stadt.
113	Foto Rostetter, 1965, Basler Denkmalpflege.
114	Aufruf Protestmarsch, Einzeldruck, Staatsarchiv Basel-Stadt, Zeitungsausschnitte.
115	oben: Foto Bertolf, Staatsarchiv Basel-Stadt, Fotosammlung.
115	unten: Foto Bertolf, Staatsarchiv Basel-Stadt, Fotosammlung.
116	Fotomontage des Stadtplanbüros 1964, Akten Heimatschutz, Staatsarchiv Basel-Stad.
117	Foto Ludwig Bernauer, 1963, Basler Denkmalpflege.
120	Fotoarchiv Peter Heman, Aufnahme 1960.
122	Fotoarchiv Peter Heman, Aufnahme 1951.
123	Fotoarchiv Christoph Teuwen, Aufnahme 1974.
125	National-Zeitung vom 18.1.1968.

127	oben: Fotoarchiv Peter Heman, Aufnahme 1968.	179	oben: Foto Christian Lichtenberg, 1987, Basler Denkmalpflege.
127	Mitte: Flugblatt Basler Heimatschutz 1968, Akten Heimatschutz, Staatsarchiv Basel-Stadt.	179	unten: Fotoarchiv Christoph Teuwen, Aufnahme 1988.
127	unten Flugblatt Basler Heimatschutz 1968, ebda.	182/83	Das Elsässertor am Bahnhof (Westseite), von Herzog & de Meuron; im Spiegelbild das Geschäftshaus von Architekt Richard Meier. Foto: M. Feldges 2005.
129	links: Foto Basler Denkmalpflege.		
129	rechts: Basler Nachrichten vom 10. März 1970.		
130	Fotoarchiv Christoph Teuwen, Aufnahme 1974.	183	Die Bahnhof-Passerelle von Cruz, Ortiz u. Ortiz und Giraudi & Wettstein, Fotoarchiv Ruedi Walti, Basel, 2003.
131	Foto Bruno Thüring, 2005, Basler Denkmalpflege.		
135	Zeichnung von J. J. Stehlin, aus: Architectonische Mittheilungen aus Basel, Stuttgart 1893, Fotoarchiv Christoph Teuwen, Aufnahme 1972.	190	Foto Bruno Thüring, 2002, Basler Denkmalpflege.
		191	Foto Christian Richters (Münster), 2005, Büro Diener + Diener.
135	rechts: Foto 1975, Basler Denkmalpflege.		
136	Foto Basler Denkmalpflege.		
137	Fotoarchiv Christoph Teuwen.		
140	Das Foto zeigt den Strassburgerhof, Staatsarchiv Basel-Stadt, Sammlung Wolf.		
142/43	Die Sprengung des alten Stadttheaters, Foto 1975, Basler Denkmalpflege.		
143	Der renovierte «Märthof» 1983. Foto Basler Denkmalpflege.		
144	Basler Plakatsammlung.		
145	Foto Christen, 1970, Basler Denkmalpflege.		
149	Basler Nachrichten vom 12. September 1961.		
158/59	Das St. Alban-Tal von oben. Foto E. u. P. Merkle, Basler Denkmalpflege.		
159	Museum für Gegenwartskunst. Foto Niggi Bräuning, 1980.		
161	links: Fotoarchiv Christoph Teuwen, Aufnahme 1979.		
161	rechts: Fotoarchiv Christoph Teuwen, Aufnahme 1979.		
163	Fotoarchiv Christoph Teuwen, Aufnahme 1983.		
165	oben: Foto Erik Schmidt, Basler Denkmalpflege.		
165	unten: Foto Bruno Thüring, 1992, Basler Denkmalpflege.		
167	oben: Foto Bruno Thüring, 2002, Basler Denkmalpflege.		
167	unten: Foto Hoffman, Basler Denkmalpflege.		
169	Foto Basler Denkmalpflege (Repro aus: Der Badische Bahnhof, Frobenius 1914).		
170	Foto P. u. E. Merkle, Basler Denkmalpflege.		
171	Foto A. Wyss, Basler Denkmalpflege.		
173	oben: Foto: M. Feldges, 2005.		
173	unten: Foto: M. Feldges, 2005.		
175	Historische Aufnahme, Privatbesitz, Repro Teuwen.		
176/77	Modell-Foto H. Höflinger, 1988.		

Liste der Obmänner des Basler Heimatschutzes

1905 – 1908 **Prof. Dr. Eduard Hoffmann-Krayer**
Lehrstuhl für germanische Philologie an der Universität Basel, Begründer der Schweizerischen Gesellschaft für Volkskunde (1896) und des Volkskundemuseums in Basel (1910).

1908 – 1911 **Dr. Albert Oeri**
Redaktor, 1925 – 49 Chefredaktor der «Basler Nachrichten»

1912 – 1915 **Karl A. Burckhardt-Koechlin**
Architekt

1915 – 1918 **Dr. Gerhard Boerlin**
Appellationsgerichtspräsident, von 1921 – 30 und 1934 – 1950 Präsident des Schweizerischen Heimatschutzes

1918 – 1922 **Robert Grüninger**
Architekt

1923 – 1929 **Rudolf Dürrwang**
Kunstmaler

1929 – 1938 **Dr. Karl Huber**
Departementssekretär (Sanitätsdepartement)

1938 – 1942 **Dr. Lukas Burckhardt**
Sekretär des Einigungsamts des Kantons Basel-Stadt, 1957 Sozialattaché bei der Schweiz. Botschaft in Washington

1942 – 1947 **Christoph Bruckner**
Kaufmann

1947 – 1951 **Dr. Lukas Burckhardt**
(zum zweiten Mal)

1951 – 1954 **Dr. Dietrich Barth**
Journalist

1954 – 1958 **Dr. Rudolf Massini**
Lehrer

1958 – 1963 **Dr. René Nertz**
Lehrer

1963 – 1969 **Dr. Hans Rudolf Hockenjos**
Lehrer

1969 – 1974 **Rudolf E. Wirz**

	Architekt
1975 – 1977	ROLF BRÖNNIMANN
	Lehrer
1977 – 1980	HANSJÜRG WEDER
	Parteisekretär (Landesring)
1980 – 1987	RONALD GRISARD
	Dipl. Ing., Unternehmer
	1988 – 1995 Präsident des Schweizerischen Heimatschutzes
1987 – 1991	PETER BURCKHARDT
	DR. LIENHART LÖTSCHER
	DR. CHRISTIAN OTT
seit 1991	ROBERT SCHIESS
	Kunsthistoriker, Kunstkritiker